高等学校水利类教材

水利工程经济

■主　编　王丽萍
■副主编　高仕春

武汉大学出版社

SHUILI GONGCHENG JINGJI

图书在版编目(CIP)数据

水利工程经济/王丽萍主编;高仕春副主编.—武汉:武汉大学出版社,2002.5(2015.7 重印)
高等学校水利类教材
ISBN 978-7-307-03493-8

Ⅰ.水… Ⅱ.①王… ②高… Ⅲ.水利工程—工程经济学 Ⅳ.F407.9

中国版本图书馆 CIP 数据核字(2002)第 013240 号

责任编辑:瞿扬清　　责任校对:黄添生　　版式设计:支　笛

出版发行:武汉大学出版社　(430072　武昌　珞珈山)
(电子邮件:cbs22@whu.edu.cn 网址:www.wdp.com.cn)
印刷:武汉珞珈山学苑印刷有限公司
开本:787×1092　1/16　印张:11.375　字数:269 千字
版次:2002 年 5 月第 1 版　2015 年 7 月第 6 次印刷
ISBN 978-7-307-03493-8/F·728　定价:17.00 元

内容提要

本书在介绍国内外水资源开发工程进行经济评价时所涉及的基本理论的基础上，系统介绍了水利工程经济的计算分析与评价方法。主要包括：水利工程的主要技术经济指标及价格理论；资金的时间价值及基本计算方法；工程经济评价方法；水利建设项目的经济评价；综合利用水利工程的投资费用分摊；综合利用水利工程的投资与效益计算；水利工程经济风险分析等内容。

本书可作为高等学校水利类专业本科教材，也可作为工程技术人员和经济管理人员以及广大水利工作者的参考书。

前　　言

水利是整个国民经济的基础产业，在社会经济建设过程中占有重要地位，无论在规划，设计、施工以及经营管理阶段，经济效益都是水利工程建设的核心问题。做好水利建设项目的经济评价是水利项目决策科学化、提高经济效益的重要措施。

水利工程经济学涉及的内容十分广泛，本书首先介绍了水利工程的主要技术经济指标，并对经济计算中的价格问题进行了讨论；接着，考虑经济分析中的时间价值观念，对资金在各种情况下的等值折算方法进行了详细的介绍；第三，介绍了目前国内外主要的经济评价方法及其应用；第四，介绍了财务评价、国民经济评价以及不确定性分析的方法及其应用；第五，针对综合利用水利工程的经济特点，介绍了国内外主要的投资费用分摊方法；第六，介绍了水利工程各部门的投资费用和经济效益的分析计算方法；最后，简要介绍了水利工程经济风险分析的原理与方法。在大部分章节中，列举了大量实例并附有习题，以利于读者加深对基本理论的理解，掌握正确的思想方法，培养独立解决实际问题的能力。

本书是基于编者长期从事水利工程经济课程的教学实践经验，并在广泛参阅了国内外水资源工程经济的教科书、文献和资料的基础上编写而成的。全书由王丽萍任主编。其中第一章、第二章第一节和第八章由王丽萍编写；第七章第三节和第四节由洪林编写；第二章和第七章其他节、第五章、第六章由高仕春编写；第三章和第四章由万飚编写。

本书可作为水利学科各专业《水利工程经济》课程与相关课程的教材，也可作为水利部门的培训教材以及广大水利工作者参考书之用。

由于编者的水平有限，书中疏漏不足、缺点错误在所难免，恳请读者批评指正。

编　者

2001 年 10 月

目　　录

第一章　绪　　论

第一节　水利工程经济概述

水利工程经济是一门技术学与经济学交叉的学科，它是工程经济学的一个分支，是水利工程学科与工程经济学相互交叉的一门边缘学科。众所周知，工程经济学是指应用理论经济学的基本原理，研究国民经济各部门、各个专业领域的经济活动和经济关系的规律性，或对非经济活动领域进行经济效益、社会效益的分析而建立的经济学科。水利工程经济学是一门应用工程经济学基本原理，研究水利工程经济问题和经济规律，研究水资源领域内资源的最佳配置，寻找技术与经济的最佳结合以求可持续发展的科学。

水利工程经济研究的问题有：对于新建工程，需要根据水利方面的技术要求、水利建设规章制度、规程规范和财务部门的有关规定，通过经济计算，对不同工程措施或方案进行经济效果的评价，为决定工程方案的优劣和取舍提供依据；另一方面，通过经济计算和经济效果评价，也可以用来修订水利的技术政策、规章制度、规程规范和财务规定；此外，还可以通过对已建水利工程的经济效果进行评价分析，改进现有的经营管理模式，以及制定符合实际情况的水费标准和管理办法等。

一、水利工程的经济特点及经济评价的目的

水利工程，特别是大型水利工程有以下几方面的基本经济特点：

(1)投资额大。按20世纪90年代初价格水平计算，直接静态投资需要几亿元至几百亿元，投资效果好坏对国计民生具有举足轻重的影响。

(2)建设期长。一般都要几年或更长时间才能开始发挥效益，总工期长达数年以上；总投资受物价影响大，建设期利息负担很重。

(3)有些大型水利工程的水库淹没损失大，对库区农业经济影响大，移民任务艰巨。

(4)很多大型水利工程具有综合利用效益，可以同时解决防洪、防凌、治涝、发电、灌溉、航运、城镇及工业供水等中的两项以上的国民经济任务。

(5)工程建成投产后，不仅直接经济效益很大，间接经济效益也很大。

(6)涉及部门较多，影响范围较广，它的建设对国家生产力布局、产业结构调整、经济发展速度和地区及部门经济发展，都有很大影响。

(7)由于工程技术较复杂、投资集中、工期长，因此，不确定性因素较多。

(8)大型水利工程的建设对社会经济发展影响深远，许多效益和复杂的影响不能用货币表示，甚至不能定量计算。

国家计划委员会和建设部1993年4月7日发布的《关于建设项目经济评价工作的若干

规定》中指出:"建设项目经济评价是项目建议书和可行性研究报告的重要组成部分,其任务是在完成市场预测、厂址选择、工艺技术方案选择等研究的基础上,对拟建项目投入产出的各种经济因素进行调查研究、计算和分析论证,比选最佳方案"。"为建设项目方案的比选决策提供科学、可靠的依据。"

开展水利建设项目经济评价,是把软科学列入决策程序,实现建设项目决策科学化、民主化,减少和避免投资决策失误,把有限的资源用于经济效益和社会效益真正好的项目,提高经济效益的重要手段和有效措施。可见,水利工程经济评价的目的在于最大限度地避免风险,提高投资效益,即如何以较省的投资、较快的时间获得较大的产出效益。

从国民经济的宏观管理看,经济评价可使社会的有限资源得到最优的利用,发挥资源的最大效益,促进经济的稳定发展。经济评价中采用的内部收益率、净现值等指标及体现宏观意图的影子价格。影子汇率等国家参数,可以从宏观的、综合平衡的角度考察项目对国民经济的贡献。借以鼓励或抑制某些行业或项目的发展,指导投资方向,促进国家资源的合理配置。通过充分论证和科学评价,合理地进行项目排队和取舍,也有利于提高计划工作的质量。

从具体的建设项目来看,经济评价可以起到预测投资风险,提高投资效益的作用。由于经济评价方法和参数设立了一套比较科学严谨的分析计算指标和判别依据,项目和方案经过"需要——→可能——→可行——→最佳"这样步步深入的分析、比较,有助于避免由于依据不足、方法不当、盲目决策造成的失误,使工程获得最好的经济效益,保持良性循环或良性运行。

水利工程经济评价是水利建设项目或方案取舍的重要依据,但不能惟经济而断,同时还要把拟建项目的工程、技术、经济、环境、政治及社会等各方面因素联系起来,进行多目标综合评价,统筹考虑、筛选最佳方案。

二、水利工程经济评价的内容与方法

1. 水利工程经济评价的内容

在进行经济评价时,能够量化的指标一定要量化。对不能量化的指标必须进行定性分析,对能够量化的指标则进行定量分析。定量分析一般包括国民经济评价和财务评价两项基本内容。国民经济评价是从国家整体角度分析、计算项目对国民经济的净贡献,据此判别项目的经济合理性。财务评价是在国家现行财税制度和价格体系的条件下,从项目财务核算单位的角度分析、计算项目的财务盈利能力和清偿能力,据以判别项目的财务可行性;对属于社会公益性质的水利建设项目,当项目本身无财务收入或财务收入很少时,在进行财务分析计算时,应按国家有关规定核算运行管理费、工程维护维修费、折旧费等,提出这部分经费的来源(包括由国家补贴的资金数额和需要采取的经济措施及有关政策),以确保项目投产后的正常运行。对于大型建设项目,还应在国民经济评价与财务评价的基础上,采用定量分析和定性分析相结合的方法,从宏观上进行综合经济分析研究,以便全面衡量建设项目在经济上的各种得失和利弊,正确评价其合理性和可行性。

由于水利经济评价中所采用的数据绝大多数来自于测算和估算,加上水利工程建设涉及的因素多,牵涉面广,许多因素难以定量;所采用的预测方法手段又有一定局限,因而,项目实施后实际情况难免与预测情况产生差异。换句话说,就是立足与预测估算的项目的经济评价结果存在不确定性。为了分析这些不确定因素对经济评价指标的影响,考察经济评价结果的可靠程度,还必须在经济评价中进行相应的不确定性分析。不确定性分析包括敏感性分析、盈亏平衡分析和风险分析(概率分析)。

盈亏平衡分析主要是研究在一定市场条件下,在拟建项目达到设计生产能力的正常生产年份,产品销售收入(产品价格与产品结构一定时)与生产成本(包括固定成本和可变成本)的平衡关系。盈亏平衡分析的主要依据是产品的生产成本。

敏感性分析是研究建设项目主要敏感因素发生变化时,项目经济效果发生的相应变化,并据以判断这些因素对项目经济目标的影响程度。

风险分析主要是研究敏感因素在未来出现的概率以及建设项目承担的风险有多大。《水利建设项目经济评价规范》规定,对于特别重要的大型水利建设项目,应通过模拟法确定主要经济评价指标的概率分布,确定其投资风险程度和主要风险因素,研究提出减少风险的对策。

水利建设项目经济评价内容如图 1-1 所示。

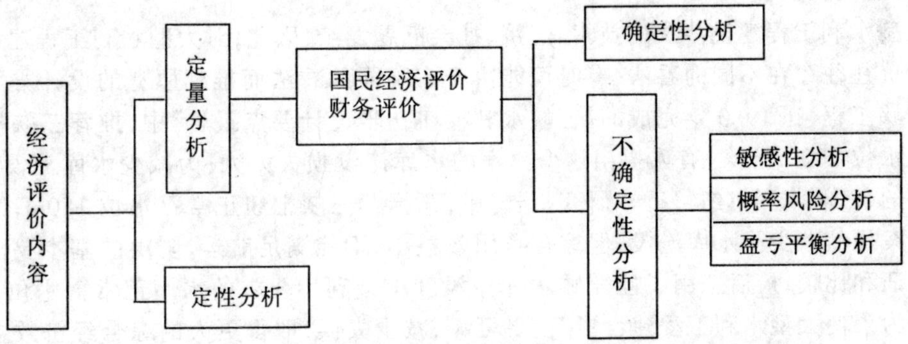

图 1-1　水利建设项目经济评价内容示意图

2. 方法

(1)定量分析与定性分析相结合的方法

水利工程是国民经济和社会发展的基础设施和基础产业,影响范围大,涉及的问题多且复杂,有许多费用与效益(包括影响)不能用货币表示,甚至不能定量。因此,对大型水利工程进行综合经济评价时应采用定量分析与定性分析相结合的方法,以全面反映其费用、效益和影响。

(2)多目标协调与主目标优化相结合的方法

大型综合利用水利工程的综合经济效益是由参与综合利用各部门的经济效益组成的,也是各部门经济效益协调平衡的结果,从本部门的效益着眼往往对个别部门甚至所有部门,都很可能不是效益最好的方案(但仍是较优的方案),但从国民经济整体来说,却是比较合适的总体方案,是总体效益最佳的方案。但世界上任何事物的发展变化都不是半斤对八两的,综合利用水利工程也是如此,必有一个或二个主导目标,它对大型综合利用水利工程的兴建起关键性的作用,例如 20 世纪 50～60 年代兴建丹江口、三门峡工程,就是因为汉江、黄河的防洪问题很突出。因此,对大型综合利用水利水电工程的综合经济分析与评价应采取多目标协调和主导目标优化相结合的方法。通过协调平衡，从宏观上（定性）拟定能正确处理各部门之间、各地区（干支流、上下游、左右岸）之间关系的合理方案（往往是一个合理的范围）；通过计算分析选出综合效益最大和主导目标最优（或较优）的方案。

(3)总体评价与分项评价相结合的方法

大型水利工程建设往往涉及多个部门和多个地区，为了全面分析和评价国家和各有关部门、有关地区的经济效益，对大型水利工程的经济评价应采用总体评价与分项评价相结合的方法，首先将大型水利工程作为一个系统，计算其总效益和总费用，进行总体评价；然后，用各部门、各地区分摊的费用与获得的效益作为子系统，评价其经济效果。

(4)多维经济评价方法

大型水利工程建设涉及到技术、经济、社会等多方面的问题，因此，对大型水利工程应实行多维经济评价方法，要在充分研究工程本身费用和效益的基础上，高度重视工程与地区、流域、国家社会经济发展的相互影响，从微观、宏观上分析与评价大型水利工程建设对行业、地区（或流域）甚至全国社会经济发展的作用和影响。

(5)逆向反证法

大型水利工程建设涉及的技术、经济、社会问题复杂，因此，对大型水利工程建设和综合经济评价往往存在不同的看法，有时可能由于有不同的看法而推翻原有的设计方案。例如长江三峡工程，在1960年完成的《三峡水利枢纽初步设计要点报告》中，推荐三峡枢纽水库正常蓄水位200m方案，有人提出这个方案的水库淹没损失太大；为减少水库淹没，在1983年完成的《三峡水利枢纽可行性研究报告》中，又推荐三峡枢纽正常蓄水位150m；又有人提出该方案虽然减少了水库淹没，但综合利用效益小，不能满足航运、防洪的基本要求。经过反复论证和比较，最后选用了能兼顾水库淹没和综合利用要求的水库正常蓄水位175m的方案。为了使大型水利工程建设更"稳妥可靠，减少失误，取得更大的综合经济效益"，在进行大型水利工程的综合经济分析与评价时，应重视运用逆向反证法，注意从与正面论证结论不同的意见（包括看法、作法、措施、方案）中吸取"营养"，通过研究相反的意见，或更肯定（证明）原方案的合理性，或补充和完善原方案，加强原方案的合理性；或修正（修改）原方案，避免决策失误，提高水利工程建设的经济效益。

第二节　国内外水利工程经济发展概况

一、我国水利工程经济发展概况

我国水利工程经济分析按其特点和深度、广度来说，大体上可以分为三个阶段。

1.1949年以前的概况

新中国成立前，我国的水利工程为数很小，故未形成自己的水利工程经济学科。但也有一些零星的、初步的研究。如早在两千多年以前，我国修建的世界闻名的都江堰水利灌溉工程，就考虑了工程的所费（稻米若干石）和所得（灌溉农田若干亩），进行了很粗略的水利经济计算。1934年冀朝鼎编著的《中国历史上的基本经济区与水利事业的发展》，从宏观经济上分析和论证了水利经济效益。1945年在《扬子江三峡计划初步报告》中按当时欧美的方法计算了三峡工程的发电、灌溉、防洪、航运、给水、游览等效益，并进行了投资分摊和投资偿还的计算。

2.1950～1978年的概况

新中国成立后，我国开展了大规模水利工程建设，在水利水电规划、水利工程设计、施工、运行管理中，遇到了许多经济问题。20世纪50年代初期到中期，政府强调水利规划和水利工程设计文件中必须进行技术经济分析，并且要提出书面报告作为审批工程的重要文件。1956年制定的我国科学发展规划中，曾包含了一定的技术经济内容。1954年至1957年间，水利界的某些部门也曾开始了水利技术经济问题的研究。一些设计单位成立了动能经济专业、综合经济专业进行工程规划设计方案的技术经济比较和综合经济分析。但自20世纪50年代末期到20世纪70年代末期，在"左"的思想影响下，过分强调经济服从政治。1964～1965年国家科委制定的技术经济学科发展规划虽然列入了水利经济研究的课题，但未能付诸实施。由于不重视经济分析，不计算经济效益，造成了这一时间修建的水利工程"建设成绩很大，浪费也很大。"

这一阶段水利工程经济的特点，除上述政治因素影响外，从经济评价方法来说，主要是采用前苏联的技术经济原理和方法，采用"抵偿年限法"或"计算支出法"，其特点是：①对能同样满足国民经济发展需要的若干不同技术方案的投资与年费用进行比较，当计算的每两个方案的补充投资与所节约的年运行费用之比，小于国家规定的标准抵偿年限或年计算支出最小的方案，即为诸方案中经济合理的方案。但最终选择方案还要考虑社会、技术、环境等许多因素。②各比较方案一般不考虑资金的时间价值，所进行的是静态经济分析。该方法在我国基本建设投资全部由财政拨款时期，对建设项目的决策曾起到了积极的作用。

3.1979年以后的概况

党的十一届三中全会制定了以经济建设为中心的方针，强调经济建设要实事求是，讲求经济效果。建设项目经济评价和水利项目综合经济评价的理论方法和实践都得到很大重视，并且逐步引进了西方发达国家动态经济分析的理论方法，规定了建设项目经济评价是项目建议书和可行性研究报告的重要组成部分。

1979年，国家决定试行项目投资由财政预算拨款改为银行贷款，即所谓"拨改贷"。同年，国家科委下达了"可行性研究与经济评价"研究课题。

1980年，中国水利经济研究会成立，提出要普及水利经济科学知识，结合水利建设实际，大力开展重要水利经济问题的调查研究，逐步形成具有中国特色的水利经济学科。

1982年，国务院发展中心召开"建设和改建项目的经济评价讨论会"，探讨了理论方法，对今后项目评价工作提出了建议，促进了方法的逐步实施。同年，原电力工业部颁发了《电力工程经济分析暂行条例》(1982年)。

1983～1985年，国家计委下文发布了《建设项目可行性试行管理办法》(1983年)、原水利电力部发布了《水利经济计算规范》(1985年)、国务院发布了《水利工程水费核定、计收和管理办法》(1985年)、原水利水电工程管理局发布了《水力发电工程经济分析暂行规定》(1983年)。水利、水电两个规范性文件对水利水电工程的经济分析的内容、方法做了全面规定，但对财务分析的内容和方法未做规定。

1987年，国家计委发布了《关于建设项目经济评价工作的暂行规定》、《建设项目经济评价方法》、《建设项目经济评价参数》、《中外合资经营项目经济评价方法》等四个规定性的文件，统一了全国各部门建设项目经济评价的基本原则和基本方法。经过几年实践，1990年国家计委、建设部修订了《建设项目经济评价参数》，1993 年全面修订并发布了《方法与参数》(第二版)。

《方法与参数》发布后，各部门结合本部门的特点制定了实施细则，其中与水利工程有关的主要有：《水电建设项目经济评价实施细则》(1990 年)、《水利建设项目经济评价规范》(1994 年)、《水电建设项目财务评价暂行规定(试行)》(1994 年)、《水利建设项目经济评价方法》(1988 年)、《电力建设项目经济评价方法实施细则(试行)》(1994 年)。对水利工程国民经济评价和财务评价的内容和方法作了全面的规定。

进入 20 世纪 80 年代以来，建设项目经济评价的理论和方法，广泛地应用到水利工程规划设计和可行性研究中，大大丰富了我国水利经济学科的内容，特别是长江三峡工程涉及到各方面的水利经济问题，如防洪、发电、航运和综合效益的计算、集资方式、投资分摊、国民经济承受能力分析、对地区经济发展影响、投资风险分析、替代方案经济比较、建设适宜时间分析、国民经济评价、财务评价、综合经济分析等。通过对这些问题的研究和解决，又促进了我国水利经济学科的发展。

我国水利经济研究和实践，虽然起步比较晚，基础比较薄弱，但通过引进吸收国外先进成果，紧密结合我国水利建设中迫切需要解决的问题开展研究，近十多年来，进展很快。目前我国水利经济学术水平，在某些理论和方法方面已达到或接近世界先进水平，有的方面还有比较突出的特点，如既从宏观上研究水利事业在国民经济中的地位和作用，又研究水利工程项目经济评价的理论和方法，与国外比较，我国在这两个方面结合得比较紧密，研究的主要内容更加完备、更加系统。但在实际应用的普遍性和广泛性方面存在一定的差距，特别是在水利经济分析论证制度化、法律化方面还要做很大的努力。

目前我国水利建设项目经济评价方法的主要特点是：

(1)动态分析与静态分析相结合，以动态分析为主。现行方法强调考虑时间因素，利用复利计算方法将不同时间内效益费用的流入和流出折算成同一时间点的价值，为不同方案和不同项目的经济比较提供了相同的基础，并能反映出未来时期的发展变化情况。

强调动态指标并不排斥静态指标。在评价过程中可以根据工作阶段和深度要求的不同，计算静态指标，进行辅助分析。

(2)定量分析与定性分析相结合，以定量分析为主。经济评价的本质要求是通过效益和费用的计算，对项目建设和生产过程中的诸多经济因素给出明确、综合的数量概念，从而进行经济分析和比较。现行方法采用的评价指标力求能正确反映生产的两个方面，即项目所得(效益)和所费(费用)的关系。但是一个复杂的建设项目，总是会有一些经济因素不能量化，不能直接进行数量分析，对此则应进行实事求是的、准确的定性描述，并与定量分析结合在一起进行评价。

(3)全过程经济效益分析与阶段性经济效益分析相结合，以全过程分析为主。经济评价的最终要求是要考察项目计算期的经济效益。现行方法强调把项目评价的出发点和归宿点放在全过程的经济分析上，采用了能够反映项目整个计算期内经济效益的内部收益率。净效益等指标，并以这些指标作为项目取舍在经济方面的依据。

(4)宏观效益分析与微观效益分析相结合，以宏观效益分析为主。对项目进行经济评价，不仅要看项目本身获利多少，有无财务生存能力，还要考察项目的建设和经营(运行)对国民经济有多大的贡献以及需要国民经济付出多大代价。现行方法经济评价的内容包括国民经济评价和财务评价。国民经济评价与财务评价均可行的项目,应予通过;反之,应予否定。国民经济评价结论不可行的项目,一般应予否定。对某些国计民生急需的项目,如国民经济评价结论好,但财务评价不可行的项目,可进行“再设计”,必要时可提出采取经济优惠措施的建议。

(5)价值量分析与实物量分析相结合,以价值量分析为主。项目评价中,要设立若干价值指标和实物指标,现行方法强调把物资因素、劳动因素、时间因素等量化为资金价值因素,在评价中对不同项目或方案都用可比的同一价值量进行分析,并据以判别项目或方案的可行性。

(6)预测分析与统计分析相结合,以预测分析为主。进行项目经济评价,既要以现有状况水平为基础,又要做好有根据的预测。现行方法强调,进行经济评价,在对效益费用流入流出的时间、数额进行常规预测的同时,还要对某些不确定性因素和风险性作出估计。包括敏感性分析和概率分析。

二、国外水利水电工程经济发展概况

国外水利水电工程经济计算方法,按其是否考虑资金的时间因素分为动态经济分析与静态经济分析两大类,前者以美国为代表,后者以前苏联为代表。美国等西方国家在进行项目的经济分析时,把时间因素放在突出重要的位置上,并且对时间因素考虑得越来越细,由单利计算发展到按复利计算,有的企业决策中还考虑“连续复利”的计算方法。前苏联在1960年前进行项目经济分析时基本上是完全静态分析,1960年以后,也规定要考虑新建工程在施工期资金积压所引起的经济损失,并规定时间对资金影响的年标准换算系数为0.08,但对工程建成后运行期间的年运行费、效益等仍没有考虑时间因素的影响。

1.美国水资源经济发展概况

(1)早期阶段

19世纪初,美国就把效益超过费用作为衡量工程项目经济评价的基本准则。1808年,当时美国的财政部长加勒廷就提出:“当某一条航运线路的运输年收入超过改善交通所花的利息和工程的年运行费(不包括税收)之和时其差额即为国家的年收入。”随后,国会逐步强调判别工程的基本准则是要有一个有利的效益与费用的比值,即 R 必须大于1.0。1930年格兰特编著的《工程经济学原理》一书,采用复利计算方法,研究判别因子和短期投资评价,首次系统地阐述了关于动态经济计算方法。1936年国会通过的《洪水控制法案》规定:“兴建的防洪工程与河道整治工程,其所得效益应超过所花费用。”自此以后,美国陆军工程师团所编制的大型工程规划设计文件,都必须有效益费用分析报告,才能送请国会审批。

(2)中期阶段

美国于1946年成立了“联邦河流流域委员会效益费用分会”,该分会在1950年提出了《河流流域工程经济分析的建议方法》(封面是绿色的,故简称绿皮书)。书中规定,每项计划工程都应以获得最大的经济净收益为基本指标。对工程方案的选择要求是:①使经济资源得到最好的利用,做到净效益最大,而不是效益费用比最大或其他;②对工程的任何独立组成部分,都应比达到同一目的的任何其他措施更为经济有利。《绿皮书》是美国水利经济发展史上的一个重要文献,它提出的方案选择标准和具体计算方法,有很大一部分,如净效益最大法、效益费用比法、可分费用—剩余效益分摊法等至今仍在使用。

根据肯尼迪总统1961年10月指示，陆军部、农业部、内务部等共同起草了《水土资源工程评价的新标准和准则》，该文件于1962年由参议院批准，以SD-97号文件颁布执行；故简称参议院SD-97号文件。该文件内容比《绿皮书》更具体。它提出工程项目的规划目标为：①通过全面改善水土资源条件的各项措施，促进国家的经济发展；②保护国家自然资源；③工程布局要注意地区平衡，发展全国的每一个地区；④提高全体人民的福利水平。

(3)近期阶段

1969年颁布《国家环境政策法》，要求对水资源工程评价，除了要考虑经济效益外，要同时重视环境保护。

1973年美国水资源理事会提出了《水土资源规划的原则和标准》并经尼克松总统批准于1973年生效。要求水资源规划除考虑国家经济发展和环境质量两项目标外，还要同时考虑地区经济发展和社会福利两个目标。规定"编制规划的目标在于：加速社会优先考虑的国家经济发展和改善环境质量，以满足人民当前和长远的需要，解决人民希望解决的问题，并要建立系统分析资料，研究每一个工程计划对地区发展和社会福利的有利和不利的影响，从而为各种方案的比较提供基础"。

1979年修订了《水土资源规划的原则和标准》并经卡特总统和水土资源理事会主席批准生效。提出在水资源规划中，要安排最经济有效和对环境有益的工程优先施工；今后除了考虑工程本身的投资外，还要同时安排环境投资；经济计算要运用新准则和新方法来计算工程费用和工程效益。美国水资源理事会在此基础上，于1980年提出了《水资源规划中，国家经济发展效益和费用评估程序》，规定了工程项目具体的评估方法和步骤。

1982年底，美国水资源理事会提出并通过了新的《水土资源开发利用的经济和环境原则与准则》，1983年经里根总统批准生效。新的《原则》代替了以前公布的《原则和标准》。它的主要目标是促进国民经济的发展和环境保护，并着重指出：①所制定的水土资源规划应在实现这个目标方面兴利除害；②所谓促进国民经济发展是以货币表示的、全国的商品和劳务(含服务行业)净产值的增加。在水电方面有两个特殊变化：一是对已建的联邦工程，可用市场适销性分析代替需求分析的新增或扩建水电容量范围，由2.5万kW以下增至8万kW以下；二是对100%由非联邦政府投资的水电工程，可用财务分析代替国民经济发展效益分析。

2.前苏联水利经济发展概况

(1) 早期阶段

前苏联在建国初期，曾接受西方国家"资金利率"的概念，并应用于编制国家的基本建设计划中。在方案比较中，考虑资金的时间因素，将工程投入运行的年份作为计算基准年。规定建设投资要考虑报酬，报酬与基建投资的比值取名为经济效率系数，它取决于国家所拥有的资金数量和国民经济的年增长速度。前苏联国家计委曾规定这一系数为6%。在前苏联，这一方法一直使用到20世纪30年代中期。

(2) 中期阶段

在20世纪30年代中期，由于有人认为"资金利率"属于资本主义经济的范畴，对建国初期规定的计算方法做了很大的修改，修改后的内容以劳动量作为价值的主要尺度。经济评价的方法不计入资金的时间价值。方案比较采用相对比较的方法，即在同样满足国民经济发展需要的前提下，比较其节约的总劳动消耗量，而不是比较所选方案的直接最大利润。在方案比较中,引进了抵偿年限的概念,以此作为选择方案、确定运行参数、进行经济核算的基础。在工程方案的经济比较中,通常采用抵偿年限法和计算支出最小法,并规定了各经济部门的标准抵偿年限。这里的所谓抵偿年限,即是两个方案的补充投资(投资差额)与所节约年运行费用之比;所谓计算支出,即是指方案的年运行费用和年折算投资之和,而年折算投资为方案投资除以标准抵偿年限得出的,是不考虑利率的。这一阶段,国家经济建设的资金是由国家无偿拨付,不考虑利息,不考虑资金的时间价值。

(3) 近期阶段

由于无偿使用生产建设资金,导致了固定资产和流动资金的大量积压浪费,拖延了施工进度。1960 年前苏联颁布了《新的基本建设投资经济计算典型方法》。其中规定要考虑新建工程在施工期投资的利率,改无偿使用资金为有偿使用,把基本建设由拨款改为银行贷款,到期收取本金和利息,并以利润及利润率作为评价企业经营好坏的主要指标。经过近 10 年的试行,收到了较好的经济效果。在此基础上,1969 年前苏联国家计委、国家建委和科学院联合颁布了《确定投资经济效果的标准方法》,又称《标准方法》第二版,其中规定标准投资效果系数为 12%,不同时期的年标准换算系数为 8%。前苏联土壤改良和水利部根据《标准方法》第二版,在 1972 年制定了《确定灌溉、排水和牧场供水投资经济效益规程》,其中规定,方案比较要以资金的总经济效益系数、抵偿年限和计算支出作为衡量工程取舍的标准,并规定水利工程的最小效益系数为 0.1,抵偿年限不得大于 10 年。1977 年前苏联国家计委和科学院又颁布了《在国民经济中采用新技术发明和合理化建议的经济效果计算方法(基本原则)》,作为计算新技术经济效果的基本方案和指南。1980 年,前苏联国家计委和国家建委又颁布了《确定投资经济效果的标准方法(第三版)》。新的标准计算方法要求对投资分期投放,年运行费又随时间发生变化,须考虑时间换算系数。其中指出经济效果系数是指国民收入增长额与相应投资之比,并规定各部门的标准效果系数为:工业 0.16,农业 0.07,运输及邮电业 0.05,建筑业 0.22,商业、采购、物质技术供应和其他部门为 0.25。经前苏联动力和电气化部、国家计委批准的《水电工程设计中投资经济效益计算方法指示》规定,一般工程建议采用额定系数 $E_H=0.12$;对于在北极及其他相似地区的水电工程,对于发展和配置生产力、形成地区基础结构具有重大意义的水电工程,对于在综合体中可以解决诸如发电、灌溉、航运、防洪等一系列任务的水电工程,系数 E_H 允许降低到 0.08。

1988 年 11 月 10 日,前苏联国家计委批准颁布了《苏联投资效果的计算方法》(第四版)。规定在编制计划前期、计划、设计前期、设计等文件时,均要计算投资效果。在计算中,要计算总经济效果,即效益与带来该效益的投资之比。在向经济核算及自筹资金过渡,并同时大大扩大企业和地区管理权力的条件下,效果的计算应以综合的国民经济的观点为基础,既要考虑投资总和,也要考虑由此而得到的经济与社会效果。在这种情况下,对费用和效益的计算,均需考虑时间因素。

第三节　水利工程项目基本建设程序

一、建设项目特点

“项目”一词,是一个极其普遍和广泛使用的概念。世界银行对项目的定义,是根据发放贷款的用途来加以解释:项目(Project),一般指同一性质的投资(如设有发电厂和输电线路的水坝),或同一部门内一系列有关或相同的投资,或不同部门内的一系列投资(如城市项目中市区内的住房、交通和供水等)。项目还可以包括向中间金融机构贷款,为它的一般业务提供资金;或向某些部门的发展计划发放贷款。项目通常既包括有形的,如土木工程的建设和设备的提供;也包括无形的,如社会制度的改进、政策的调整和管理人员培训等等。

根据我国对投资项目的有关规定并参照世界各国有关投资项目管理资料,构成投资项目的主要条件及其特点有:

(1) 在一个总体设计或总概(预)算范围内,由几个互有内在联系的单项工程所组成,建成后在经济上可以独立核算的、行政上可以统一管理的建设单位。

(2) 有明确的建设目标和任务,即:有设计规定的产品品种、生产能力目标和工程质量标准;有竣工验收和投产使用的标准;有工期目标;有投资目标。

(3) 一般具有建筑工程和设备安装工程等有形资产;而有些项目除有形资产以外,还有购买商标、商誉、技术专利、技术许可证等形成的无形资产。

(4) 一般是一次性的。建设任务完成,则投资结束,项目撤消。

(5) 在投资建设过程中都必须依次经过项目成立、可行性研究、评价、决策、设计、项目实施、竣工投产、总结评价、资金回收等阶段。

在我国,按照现有的投资计划管理体制,投资项目可以分为两类:

第一类称为基本建设项目,简称基建项目,它构成我国投资项目的主要部分。一般是指在一个或几个施工场地上,按照一个总体设计进行施工的各个单项工程的总体。在我国一般以一个企业、一个事业单位或一项独立工程作为一个建设项目,如一个工厂、一条铁路等都可以分别构成一个建设项目。

建设项目是一个完整的概念,在一个总体设计范围内,分期分批进行建设的若干单项工程均算作一个建设项目。建设项目按性质可分为新建、扩建、改建、恢复、迁建等项目;按建设规模可分为大、中、小型项目;除此之外,还可以按隶属关系、管理关系和行业等进行划分的。

建设项目对整个国家宏观经济的影响和促进作用是显而易见的。在一定时期内,要建多少个项目,建什么样的项目,规模多大以及选址都应和国家产业政策、行业和区域规划、生产力布局等相适应。建设项目确定得是否合理与正确,不仅关系到投资的规模、方向、比例、建设和效果,也直接关系到宏观经济目标的最终实现。

第二类是设备更新和技术改造项目,简称更新改造项目,是指对原有企业进行设备更新或技术改造的项目,是我国投资项目的另一个重要组成部分,它和基建项目投资合起来构成全社会的固定资产投资。更新改造与基本建设的主要区别在于:基本建设属于固定资产的外延扩大再生产,而更新改造属于固定资产的内涵扩大再生产。

二、项目的建设程序

我国现行建设项目的程序大致包括四大步骤和八大内容。

四大步骤是投资决策、设计、建设、验收。八大内容包括提出项目建议书、进行可行性研究、经过可行性研究论证,根据最优方案编制初步设计、技术设计、施工图设计、准备并组织施工、生产准备、竣工验收。建设项目程序如图 1-2 所示。下面具体讨论项目建设程序的各个阶段。

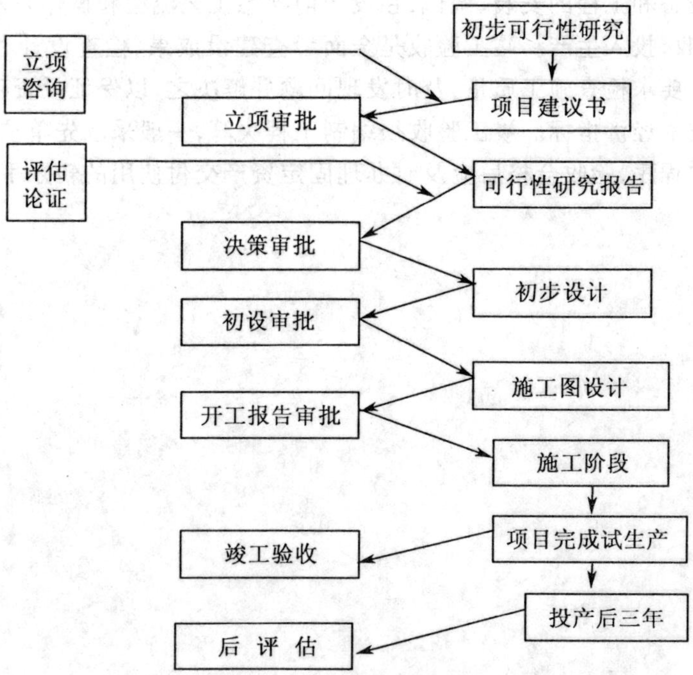

图 1-2　项目建设程序

(1)项目建议书。项目建议书是企事业单位根据国家经济发展长远规划和行业。地区发展规划,结合资源条件和市场预测等,在调查研究、搜集资料、综合分析项目建设的必要性和合理性的基础上提出的。它是拟建项目的轮廓设想,主要申述项目申报的理由及主要依据、项目的市场需求、生产建设条件、投资概算和简单的经济效益和社会效益情况。项目建议书需经各级计划部门汇总、平衡、审批,项目建议书获批准即为立项,意味着可以着手建设前期工作。

(2)可行性研究。可行性研究是投资前期工作的中心环节,是项目决策的依据。可行性研究的目的是论证项目是否适合建设、技术上是否可靠、经济上是否合理。可行性研究内容包括选定建设地点。研究建设条件,以及分析生产成本和利润,预测投资收益等。可行性研究报告在批准的项目建议书的基础上编制。

(3)设计。设计主要包括初步设计和施工图设计。初步设计是项目可行性研究的继续和深化,是对项目各项技术经济指标进行全面规划的重要环节。初步设计一般包括设计概论、建设规模与产品方案、总体布局、工艺流程及设备选型、主要设备清单和材料、主要技术经济指标、主要建筑物、公用辅助设施、劳动定员、“三废”处理、占地面积及征地数量、建设工期计划、总投资概算等文字说明及图纸。

(4)施工准备及施工。施工准备工作的目的是保证施工建设顺利进行,防止疏忽和遗漏,避免施工建设间停带来损失。施工准备的主要内容有:设备和原材料的定购和采购,编制施工组织设计和施工图预算,建筑工程的招标以及征地、拆迁、辅助性临时房屋建设等。

(5)生产准备。建设单位要根据建设项目或主要单项工程生产技术的特点，有计划地做好各项生产准备工作。生产准备工作一般包括：按计划要求培训管理人员和工人，组织生产人员参加主要设备和工程的安装、调试，在投产前熟悉工艺流程和操作技术。

(6)竣工验收，投入生产。竣工验收是全面考查建设成果、检查设计和施工质量的重要环节。按照设计要求检查施工质量，及时发现问题并解决之，以保证投资项目建成后达到设计要求的各项技术经济指标。竣工验收须编制工程决算，一般采取先单项工程逐个验收，后整体工程验收的程序，验收合格后应及时办理固定资产交付使用的转账手续。

第二章　水利工程的主要技术经济指标

水利工程技术经济指标是反映和衡量水利工程建设项目或经营管理单位各项技术政策、方案、措施、生产活动及经济效果大小和优劣的尺度。它可以用实物量或货币量表示，也可以用绝对值和相对值表示。现介绍水利工程经济评价中几个常用的主要技术经济指标。

第一节　价值和价格

一、价值

对商品价值概念的描述有两种观点，即劳动价值观和效用价值观。劳动价值观认为商品的价值是由生产该商品的社会必要劳动时间决定的。价值是凝结在商品中的具体劳动和一般的、无差别的人类劳动(抽象的人类劳动)的结合。具体劳动创造商品的使用价值，抽象劳动形成商品的交换价值。价值是商品交换的共同基础。

根据对价值规律的分析，可以知道，产品的价值 S 等于生产过程中所消耗的生产资料的价值 C、必要劳动价值 V 和剩余劳动价值 M 三者之和，以公式表示，即

$$S = C + V + M \tag{2-1}$$

所消耗的生产资料价值 C，包括厂房、机器设备和生产工具等固定资产的损耗和原料、燃料、材料、辅助材料方面的消耗；必要劳动价值 V 是指为劳动者及其家属所必需的生活资料的消耗费用，也就是支付给劳动者的工资；剩余劳动价值 M 是企业上交给国家的税金和利润以及企业留成利润中用于扩大再生产的少量资金。所消耗的生产资料价值 C 和必要劳动价值 V 之和就是产品的成本 F，必要劳动价值 V 和剩余劳动价值 M 之和为国民收入 N，以公式表示，即：

$$\text{产品成本}\qquad F = C + V \tag{2-2}$$

$$\text{国民收入或净产值}\quad N = V + M \tag{2-3}$$

效用价值观认为商品的价值主要取决于消费者从商品消费中所获得的满足程度。这是一种主观价值观，取决于消费者个体的主观感受。效用价值观广泛应用在市场经济及商品经济分析中。

二、价格

价格是商品价值的货币表现，是商品与货币的交换比率。商品的市场价格总是随着供求关系的变化，围绕着价值上下波动的。在经济计算中涉及的价格种类较多，有现行价格、不变价格、影子价格等。

1. 现行价格

现行价格是指现实经济生活中正在执行的市场价格。它可以反映企业和整个国民经济的现实经营状态。进行财务评价时采用的就是现行价格。

2. 不变价格

不变价格是指国家规定用来计算不同历史时期产品产值的某一时期的价格,又称固定价格或可比价格。在反映不同时期产品产值的变动时,用不变价格计算价值量指标,可消除价格变动的影响,便于进行历史的对比。根据实际需要和核算特点,不变价格的确定有两种方式,一是以基准年商品的现行价格作为该时期的不变价格;二是直接规定不变价格,即在基准年中确定某一时点(如某一天)的一揽子商品(具有代表性的一批商品)的价格为该时期的不变价格。如我国1981~1990年采用1980年的价格为不变价格;自20世纪90年代起,采用直接规定不变价格的方式确定农业和工业部门中的不变价格。随着知识结构的更新和高技术产业的发展,加速了产品更新换代,需要更新基准年份以保持不同年份之间具有较好的可比性,因而需要形成新的不变价格。

3. 影子价格

影子价格是指用线性规划方法计算出来的反映资源最优使用效果的价格,又称最优计划价格。用线性规划方法计算影子价格是在20世纪中期由荷兰经济学家J. 丁伯根和前苏联经济学家Л. B. 坎托罗维奇分别提出的。前者称其为影子价格,后者称其为最优计划价格。它通过解线性规划的对偶规划的最优解或解拉格朗日乘子得到。求线性规划或解拉格朗日函数,就是在一定的约束条件下求极值。对一个企业或对整个国民经济来说,劳动产品、自然资源、劳动力都不是无限的,因而最优的计划应该是充分利用这些有限资源以取得最大社会经济效益的计划。解最优计划的线性规划模型的对偶模型可以得到一组影子价格。这种影子价格反映劳动产品、自然资源、劳动力的最优使用效果。自然资源的影子价格,反映了自然资源的稀缺程度。资源越是稀缺,其影子价格越高;可以充分满足需要的资源,其影子价格为零。

影子价格被广泛地用于投资项目和进出口活动的国民经济评价。由于现行价格往往受各类因素的干扰而偏离其质的规定性,用它评价经济效果可能使结果失真,因而需要借助影子价格排除现行价格的不合理成分。这类影子价格视计算的不同需要而有不同的计算方法和不同的经济内容。常见的有:把边际成本视为影子价格;扣除进出口关税影响的国际市场价格;考虑了税收和补贴的市场价格等。国家计委对许多重要货物都已制定了影子价格,并定期调整发布。

三、市场价格的形成

在任何一种商品的市场上,需求与供给这两种社会力量的相互作用决定着该商品一定时期的成交价格,即市场价格。而价格则为参与市场的消费者和生产者提供据以作为行动决策的信号,从而又影响供给与需求:供求关系决定价格,价格反过来又影响供求。几乎所有的经济问题,都可以为归结为既定的目标与实现目标的多种可能手段之间进行选择的问题,因此如果用需求代表旨在达到的目的,供给代表满足目的的手段,则几乎所有的经济问题都可归结为需求与供给之间的关系问题。

(一)需求曲线

1. 需求(Demand—D)及其规律

消费者在某一特定时间内，在每一价格水平上愿意而且能够购买的商品数量就是需求。它有别于人类无限多样化的需要(Needs)，需求概念同时涉及两个变量：商品的销售价格，与该价格相应的人们愿意并且有能力购买的数量。

商品价格与商品需求量之间存在着相对确定性的关系，可以用需求曲线来表示。需求曲线是一条自左上方向右下方倾斜的曲线，被称为"需求曲线的下倾法则"。如图 2-1 所示。这就是需求规律。社会上的任何一种商品，当它的价格十分昂贵时，能够买得起的消费者总是少数，随着价格的下降，一方面扩大了购买这种商品的新消费者；另一方面原有消费者购买的数量也将进一步增加。

事实上，商品价格与需求量之间的关系还可能受到许多其他因素的影响。因此，商品需求曲线的下倾法则，仍然受到一定条件的限制，只有在不受任何条件影响的自由市场经济情况下，才能反映出这种价格与需求的普遍规律。

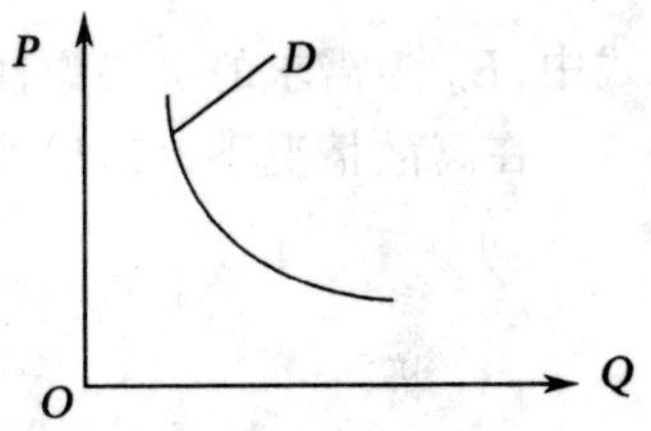

图 2-1 需求曲线

2. 需求曲线的变动

任何一种商品的需求曲线，都不会是固定不变的，由于受到社会各种因素的影响，在不同的条件下，可能发生向上、下移动的变化，甚至发生某些形状的改变。当价格不变时，由于其他因素变化所引起需求量的变化称为需求变动。它是整条需求曲线的位移，说明的是一种需求状态变化。其他因素不变，由于价格变化所引起的需求量的变化称为需求量变动。它表示同一条需求曲线上的点的位移，说明的是一种数量变化(如图 2-2)。

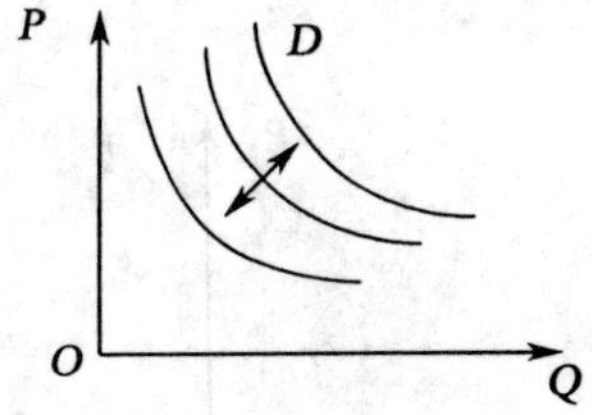

图 2-2 需求曲线的变动

需求曲线上移大致有下列几个原因：

(1)社会人口的增长，扩大了对商品总需求的增长，这是需求增长的根本原因。人类社会人口的增长速度不断加快，必然使对社会商品需求量的要求也随之增长。

(2)国家经济的发展，相应地提高了人民的生活水平，增加了收入，这必然会促进对商品需求量的增长。目前，世界各国经济发展的速度尽管有所差别，但总的来说都呈现发展的趋势。

(3)科学技术的进步，有可能生产出满足人们需要的各种商品，这大大地扩大了需求量的要求。

(4)替代产品价格的变化，有可能引起需求量的改变，当某种商品能找到较便宜的替代原料，降低生产成本从而降低产品价格时，就会使需求量扩大。

(5)生产技术和工艺的改进，提高了产品的质量，降低了生产成本，将会大量增加销售量。

同样，需求曲线下降也有类似的几个原因：

(1)经济衰退。收入减少，社会购买力下降，对商品的需求将普遍的下降。

(2)由于人们爱好的变化，对某些商品需求量会急速下降。

(3)商品质量差，式样、品种单调，落后于先进生产技术水平，在市场上没有竞争能力，需求量就会下降。

(4)可能替代商品价格的下降,会使原有的商品在竞争中失败等。

3. 需求弹性(Elasticity of demand - E_d)

商品价格与商品需求量虽然呈现下倾法则,但对于不同类型的商品,可能会有各种不同的倾斜度,反映出价格变化对需求量有不同程度的影响。在经济上称为需求弹性。弹性(系数)就是一个变量对另一个变量的微小变化(百分比)所做出的反应:

$$E = \frac{\Delta Y}{Y} \Big/ \frac{\Delta X}{X} \tag{2-4}$$

需求的价格弹性(一般直接称需求弹性 E_d)是在其他因素不变时,由于商品的价格变化所引起的需求量的变化:

$$E_d = \frac{\text{需求量变动的百分比}}{\text{价格变动百分比}} = \frac{\Delta Q / Q}{\Delta P / P} = \frac{\Delta Q}{\Delta P} \cdot \frac{P}{Q} \tag{2-5}$$

式中,E_d 为需求的价格弹性(系数);Q 为市场对商品的需求量;P 为商品的市场价格。

在离散情况下,(2-5)式中的 P、Q 取为相邻离散点的平均值:

$$E_d = \frac{\Delta Q \Big/ \frac{Q_1 + Q_2}{2}}{\Delta P \Big/ \frac{P_1 + P_2}{2}} = \frac{\Delta Q}{\Delta P} \cdot \frac{P_1 + P_2}{Q_1 + Q_2} \tag{2-6}$$

需求的价格弹性是用来定量分析价格变动所引起需求量的变化量的一个概念。对不同商品,需求的价格弹性不同。根据弹性系数绝对值的大小,需求的价格弹性基本上可以分为以下几种类型(如图 2-3 所示):

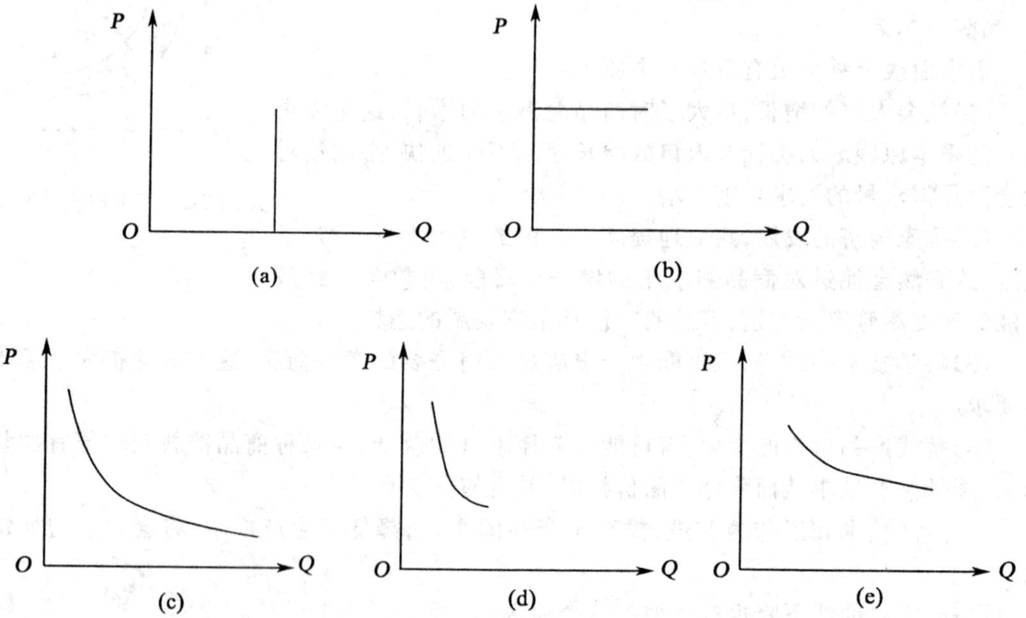

图 2-3　不同需求曲线示意图

(a)$|E_d = 0|$。称为完全无(缺乏)弹性(如图2-3(a)所示),即价格的变动不影响需求

量,也即价格对需求不起作用。例如当某种商品的价格低到不再是确定购买量的因素的情况下,需求就会成为完全无弹性;

(b) $|E_d|=\infty$。称为完全弹性(如图 2-3(b)所示)。表示在既定价格下,需求量可以任意变动,或者说如果涨价便没人买(在买方市场垄断下才会出现)。在商品的定价完全超出市场价格时,就有可能会成为完全弹性的;

(c) $|E_d=1|$。称为单位弹性(如图 2-3(c)所示)。它的特点是需求量的相对变化等于价格的相对变化,即价格变动 1% 所引起的需求量的变化等于 1%;

(d) $0<|E_d|<1$。称为缺乏弹性(如图 2-3(d)所示)。它的特点是需求量的相对变动幅度小于价格的相对变化,即价格变动 1% 所引起的需求量的变化小于 1%;

(e) $1<|E_d|<\infty$。称为富有弹性(如图 2-3(e)所示)。其特点是需求量的相对变动幅度大于价格的相对变化,即价格变动 1% 所引起的需求量的变化会大于 1%。

其中(a),(b)属于非正常情况。一般商品的需求的价格弹性会处在(c),(d),(e)范围内。

需求的价格弹性,一方面与商品的性质有关,那些社会广泛需求的生活必需品的需求强度大且比例稳定,它的需求价格弹性系数就小;相反,消费者对奢侈品的需求强度小且不稳定,其需求的价格弹性系数就大。另一方面,它也反映出社会的富裕和贫困的程度。一般地说,富裕社会的弹性系数较小,贫困社会的弹性系数较大。

对同一种商品,价格越高,弹性越大,即低价时是缺乏弹性,高价时是富有弹性。如图 2-4 所示。

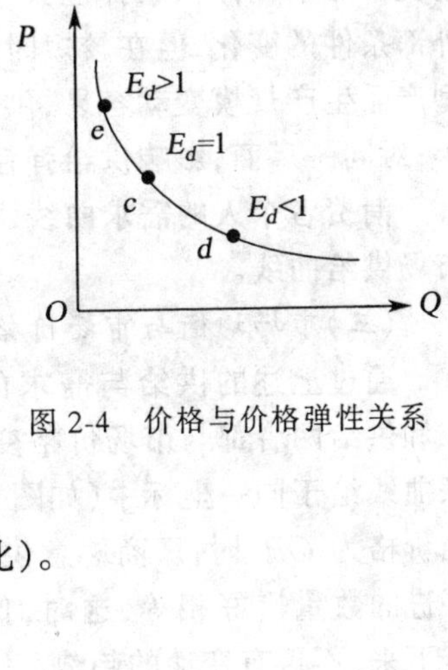

图 2-4 价格与价格弹性关系

影响需求价格弹性的因素:

(1)替代品越多,需求弹性越大。所以把一种商品的范围限定得越窄,它的替代品越多,弹性也越大;

(2)替代品的相近程度越高,弹性越大,有完全相似的替代品时,是完全弹性的(各厂家的同种产品即是这种情况,单个厂商只能按既定价格卖出他愿意销售的任何数量);

(3)商品在购买者家庭预算中所占比例越小,需求弹性也越小;

(4)一种商品的用途越多,其需求弹性越大(多种用途变化)。

(二)供给及供给规律

1. 供给(Supply)及其规律

以上讨论的商品价格与社会需求量的关系表明,商品价格的高低,对消费者购买产品数量的多少有很大影响;同样,商品价格的高低,对于生产者或经营者愿意提供商品的多少也有很大的影响。这是因为任何一个生产者或经营者,从事生产或经营商品最终的目标都是为了获得合理的利润。如果在商品的生产和经营活动中无利可图,甚至亏损,任何生产企业或经营单位,都会在市场经济的竞争中遭到失败。生产者或经营者在某一特定时期中,每一个价格水平上,愿意并且能够出售的商品量称为供给。在产品成本一定的条件下,产品的市场价格越高,产品的供应者可能获得的利润就越多,供应者愿意提供商品的数量也越多;相反,价格降低将会减少供应者的利润,所以,随着价格降低,生产者愿意生产的产品数量不断减少,直至停止生产。为了表明商品生产者愿意生产产品数量的多少与价格的关系,同样可以用“供给曲线”表示。供给曲线是一条向右上方倾斜的线。如图 2-5 所示。

影响供给的其他因素不变,只是商品本身的价格变动引起的供给量 Q_S 的变动称为供给量变动。表现为在同一条线上的移动。商品本身的价格不变,其他因素变动所引起的供给量的变动称为供给变动。例如技术进步使供给曲线右移;生产要素价格水平变化引起供给曲线的左移或右移。供给变动表现为供给曲线的移动。

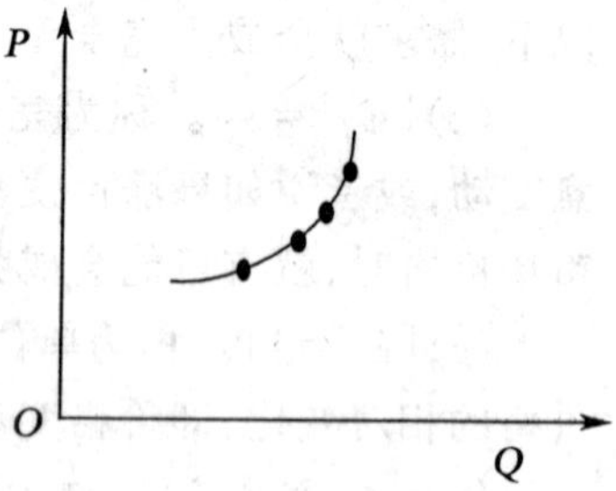

图 2-5　供给曲线

2. 供给弹性(Supply elasticity)

根据供给曲线向上倾斜的法则,各种商品也可能有不同的向上倾斜度,它反映出商品价格的变化对供给量可能产生不同程度的影响,这在经济学上称为供给弹性。相应也可采用下列供给弹性系数来表示,即:

$$E_s = \frac{\Delta Q}{Q} \Big/ \frac{\Delta P}{P} = \frac{\Delta Q}{\Delta P} \cdot \frac{P}{Q} \tag{2-7}$$

供给弹性(系数)反映了价格变动引起的供给量的变动程度,是用来定量分析价格变动所引起的供给量变化量的一个概念。

与需求弹性相似,供给弹性系数也分 5 种情况,但常出现的只有富有或缺乏弹性这两种情况。影响商品供给弹性大小的因素,对不同厂商就长期来说是比较复杂的,取决于内部和外部条件的变化,但在较短时间内,主要取决于商品生产的难易程度。一般来说,劳动密集型产品生产规模变动容易,供给弹性就大;资本密集型产品生产规模变动困难,供给弹性就小;对同一厂商,影响供给弹性的因素主要有分析时期的长短,生产成本和供应能力。

消费者个人的需求曲线水平相加得市场需求曲线;单个生产者的供给曲线水平相加得市场供给曲线。

(三)市场均衡与市场价格的确定

通过上述的供给与需求的讨论,我们会发现,需求和供给两者都与市场价格变化有直接关系,把这两条曲线绘于同一坐标中(如图 2-6 所示),交点 E 表示当价格为 OP_e 时,厂商愿意供给的数量和消费者愿意买进的数量恰好相等,这时,价格将在这个价位下稳定下来,不再有变动的趋势,称为市场达到均衡状态。这种使得需求量恰好与供给量相等的价格,称为均衡价格,与均衡价格相应的供(需)量称为均衡产(销)量或均衡交易量。

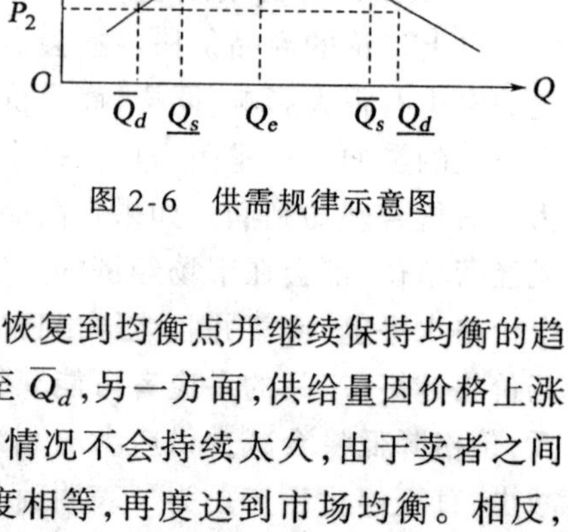

图 2-6　供需规律示意图

所谓均衡即在经济活动中,各种变动的、对立的因素处于一种力量相当,相对静止,暂时不变的状态。在自由的市场中,如果市场价格背离均衡价格,将有自动恢复到均衡点并继续保持均衡的趋势。例:如果价格上升到 $\overline{P}$,则需求会减少,购买量下降至 $\overline{Q}_d$,另一方面,供给量因价格上涨而增加到 $\overline{Q}_s$,于是 $\overline{Q}_s - \overline{Q}_d$ 就是供过于求的数量。这种情况不会持续太久,由于卖者之间的相互竞争,又使价格下降回到 P_e,出售量与购买量再度相等,再度达到市场均衡。相反,如果价格下降至$\underline{P}$,则需求增加至$\underline{Q_d}$,另一方面由于价格降低使供给量减少至$\underline{Q_s}$,于是$\underline{Q_d} - Q_s$就是供不应求的数量。同样,这种情况也不会持久,由于买者争购,又使价格上升,再回到均衡价格,达到市场均衡。

由于市场中供求两方面竞争力量的作用,存在着自我调节的机制,均衡是市场的必然趋势,也是市场的正常状态,因此,均衡价格是一种能够持久的价格。但是,由于市场商品繁多,各种商品的生产周期不同,生产对销售信息的响应速度不同,卖、买方的个体众多,因此,市场均衡是在运动过程中不断变化的,均衡是暂时的,一种均衡被打破,将由又一新的均衡所代替。

市场价格就是在市场上形成的、由市场供求情况决定的价格,它具有不断趋向均衡价格的特性。

(四)税金和补贴对价格的影响

在某些情况下,商品的价格会受到政府的干涉,最明显的是利用税收和补贴的手段,来人为地调整商品价格。政府对商品采用不同税收和补贴政策,都会使商品价格及供需关系发生变化,如图2-7所示。

在没有征税和补贴之前,供给与需求曲线分别为ss'和dd',它们的均衡价格点为B,相应价格为P_B,销售量为ON。

征税后,产品的价格因销售成本的增加而提高,这时供给曲线向上移动到TT'的位置,供需均衡点也从原来的B移到了H,均衡价格由P_B提高到P_H,销售量则由ON减少到OL。可见因征税使价格提高了$(P_H - P_B)$,销售量减少了$(ON - OL = LN)$。

政府对商品实行补贴,其结果则与征税产生的影响相反,它使原来的供给曲线由SS'下移到LL'的位置,与需求曲线的原交点由B移到K。因补贴使均衡价格降低,销售量则由ON增加到OM,增加了NM的销量。

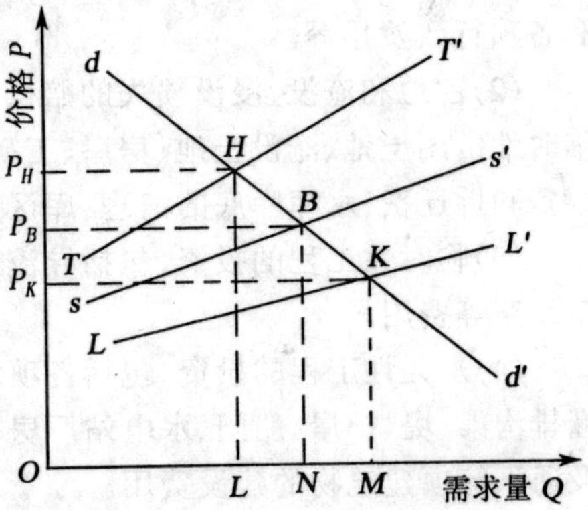

图2-7 税金和补贴对价格的影响

由此可见,政府可以通过对商品征税和补贴的办法,对商品的价格和销量进行适当的控制和调整。尤其可以通过征税来控制国外商品的输入,以保护国产商品的发展。同样,为了增加外汇收入,可以采取补贴,扩大商品的出口额。

市场商品价格的变化,除了受到供求关系、税收和补贴影响之外,还受到垄断、竞争和国家经济政策等因素的影响。

第二节 投 资

广义的投资是指人们的一种有目的的经济行为,即以一定的资源投入某项目,以获取所期望的报酬。所投入的资源可以是资金,也可以是人力、技术或其他的资源。本书所指的投资是狭义的投资,专指资金。

一项工程的总投资一般包括基本建设投资、流动资金投资、建设期的借款利息、以及投资方向调节税。

项目建成投产后最终形成固定资产、无形资产和递延资产。固定资产指使用期限较长(一般在一年以上),单项价值在规定限额以上,能多次使用而不改变其物质形态,仅将其价值逐渐转移到所生产的产品中去的资产。例如在生产过程中所使用的机器设备、厂房以及水利工程中的各种水工建筑物等。有些资产虽然多次使用但不具备上述两个条件的称为低值易耗品。无形资产是指企业长期使用,能为企业提供某些特权或利益但不具有实物形式的资产,如专利技术、商标权、土地使用权等。递延资产是指集中发生但不能全部计入当年损益,应当在以后年度内分期摊销的费用,包括开办费、租入固定资产的改良支出等。

一、固定资产投资

1. 固定资产投资的构成

基本建设投资为自前期工作开始至工程建成投产达到设计效益时所需投入的全部基本建设资金。水利工程投资主要是固定资产的投资,其内容一般包括下列各项:

(1)前期工作及施工管理费用,包括勘测、规划、设计、试验、招标、施工及管理人员工资和各项行政费用等。

(2)占地和淹没、浸没损失的赔偿费和拆迁费,包括工程的永久性占用土地和施工时的临时性借用土地、淹没土地、房屋、工矿、企业、铁路、道路、电讯及其他经济资源和设施的赔偿费和拆迁费,水库库底的清理、库区周围的防护费,移民的迁移安置和生产开发费用等。

(3)临时性工程的投资,包括导流工程、围堰工程、临时道路和桥梁、临时房屋和电讯设备线路等费用。

(4)永久性工程的投资,包括各项水利工程的建筑物,如坝、溢洪道、水闸、渠系建筑物、灌排沟渠、堤、护岸、船闸、水电站厂房、水工隧洞、房屋、道路、桥梁以及为管理所必需的观测及通讯等项建筑物的建设费用。

(5)机电设备和金属结构的购置和安装费,包括机电设备和金属结构(如水轮机、水轮发电机、水泵、电动机、闸门启闭机、金属闸门、钢管道、各种钢结构等)的购置费和安装费等。

(6)其他投资,包括预备费和不可预见费等。考虑施工期间可能发生的自然灾害、各种意外和物价上涨等因素,列出预备费或不可预见费,以造价的某一百分数估算。有时还包括一部分相关投资,例如给有关部门提供用以扩大动力和燃料供应、改善交通运输条件或生态环境所需的投资。

一般的计算方法是针对各个具体建筑物,分别计算工程各部分(如混凝土、土石方等)的工程量、材料以及用工数量,然后根据各种工程单价及工资,计算工程的总价格。再加施工管理费、施工设备折旧费以及其他各项费用等,即为该工程的总基本建设投资。在初步估算时可简化计算。

计算一个工程的投资时,应该进行详细的调查研究,收集各种材料的单价、施工定额,确切估算各项工程的工程量,尽量使估算的投资总额与实际需要的投资额相近。要特别注意为获得工程的批准而在估算过程中有意压低投资的现象。

2. 固定资产的几个相关概念

(1)固定资产的造价:是指在水利工程投资中扣除净回收余额、应该核销和转移的投资后，称为造价，也可以称为净投资。

(2)净回收余额：指施工期末可回收的残值扣除清理处置费后的余值。水利工程可回收的残值分为两部分：一是临时工程残值，包括临时性房屋、铁路、通讯线路、金属结构物以及其他可以回收设施的残值等；二是施工机械和设备的残值。

(3)应该核销的投资：例如施工单位转移费、子弟学校经费、劳保支出、停缓建工程的维修费等。

(4)转移投资：水利工程完工后移交给其他部门或地方使用的工程设施的投资，例如铁路专用线、永久性桥梁、码头及专用的电缆、电线等投资。

(5)固定资产形成率：工程净投资(造价)与固定资产投资的比值，称为固定资产形成率，一般水利水电工程的固定资产形成率为0.8～0.9左右。

(6)固定资产原值：指固定资产净投资、建设期内贷款利息、投资方向调节税三项之和，扣除无形资产价值和递延资产价值之后的价值 。

(7)固定资产折旧：在生产过程中，固定资产虽仍能保持原来的实物形态，但其价值逐年递减，随磨损程度以折旧形式逐渐地转移到产品的成本中去，并随着产品的销售而逐渐地获得补偿。这种随固定资产损耗而发生的价值转移称为固定资产折旧。

(8)固定资产净值：指固定资产原值减去历年已提取的折旧累计值后的余值。亦称固定资产的账面价值。

(9)固定资产重置价值：在许多情况下，由于各种原因，固定资产净值往往不能反映当时的固定资产真实价格，需要根据社会再生产条件和市场情况对固定资产的价值进行重置价值的评估，重新评估所确定的固定资产价值称为重估价。固定资产重估价值，应根据资产原值、净值、新旧程度、重置成本、获利能力等因素进行评估。

(10)固定资产期末残值：项目寿命期末固定资产的残余价值称为固定资产期末残值。它是一笔项目寿命期末可回收的资金。

3. 与年限有关的概念

(1)物理使用寿命

在自然界中任何一种物质(设备、机械、建筑物以及房屋建筑等)，在使用的过程中一方面因使用受到的各种损耗；另一方面因自然界的各种破坏因素的侵蚀，使他们逐渐失去正常的功能，直至失去全部功能为止，这时它们只能报废。这样的全过程所持续的时间，就称之为物理使用寿命。

(2)技术寿命

在科学技术迅速发展的时代，产品设备的更新期，其中尤以机械、电子产品的更新期愈来愈短。对于某种设备，如果从功能或经济效益来衡量，它仍有使用价值，但因新技术的发展而制造出的同类新设备，它的高效、快速能创造出更多的经济效益。这样，必然会将原来的设备淘汰。那么，被淘汰的设备是因技术的改进或创新所造成的，故称这种使用时间为技术寿命。

(3)经济寿命

任何一种物质，在实际使用的过程中，总是通过不断的维护和修理来保持它的正常工作，甚至还需更换各类零部件。这就是说，为保持设备或各种建筑物的正常功能，在日常的维护中，必须耗费一定的维护修理费用。随着这些设备、建筑物的磨损和受损的程度愈来愈严重时，相应需要耗费的费用亦就愈来愈多。到一定的时间之后，这种维护修理所耗费的费用甚至超过了它本身所能获得的经济效益。显然，这时对原来的设备等进行继续维护修理，在经济上已不合算，我们把设备、建筑物等年均总费用最低的年限，称为经济寿命。

技术寿命对水利工程的影响不大，水利工程经济计算期的选择，主要是由工程的主要建筑结构和大型设备来决定的。因为一项工程中的主要建筑结构失去作用，其他次要的部分，即使完好无损，它亦不会再产生什么经济效益。大型水利工程的计算期一般采用 50 年，甚至更长；对中小型工程要短些，一般为 20～30 年。

水利工程中，有些设备的经济寿命比所规定的工程的经济计算期短(金属结构、水力发电机组的经济寿命往往只有 20 年左右)，对这些设备就要考虑投入更新费用；而对一些在工程建设中使用的施工机械设备，在工程建成后仍可继续使用的，按折价出售值进行回收。

下表列出了常见水利工程及设备的一般经济寿命。水利工程的计算期包括建设期、运行初期和正常运行期(经济寿命)。

表 2-1　各类水利水电工程及设备的经济寿命　(单位：年)

工程及设备类别	经济寿命	工程及设备类别	经济寿命
防洪、治涝工程	30～50	机电排灌站	20～25
灌溉、城镇供水工程	30～50	输变电工程	20～25
水电站(土建部分)	40～50	火电站	20～25
水电站机组设备	20～25	核电站	20～25
小型水电站	20		

4. 固定资产折旧

固定资产在使用过程中要经受两种磨损，即有形磨损和无形磨损。有形磨损是指由生产因素或自然因素(外界因素和意外灾害等)引起的磨损。无形磨损是由于技术进步使修建同等工程或生产同种设备的成本降低，从而使原工程的固定资产价值降低；或者由于出现新技术、新设备从而引起原来效率低的、技术落后的旧设备贬值甚至报废等。由固定资产的磨损所引起的价值损失，可在经济寿命期内通过提取折旧费的方式予以补偿。固定资产在使用过程中，一方面其实物形态上的价值是逐年递减的；另一方面以折旧基金形式所积存的价值则逐年递增，直到固定资产到达经济寿命，此时所积存的全部折旧基金便可用来更新固定资产，进行再生产。

一般情况下常以经济寿命当作折旧年限，水利工程固定资产的折旧年限应参照有关财务规定。

根据折旧年限计算每年应提取的折旧费。折旧费的计算方法很多，按折旧速度分有均匀折旧法、加速折旧法、慢速折旧法。如表 2-2 所示。但在实际应用中，较常用的方法有直线折旧法、工作小时折旧法、余额递减法(或称固定百分率法)和年数和法。

表 2-2　固定资产折旧方法分类表

分类	折旧方法	考虑时间价值
均匀折旧法	使用年限折旧法 工作小时折旧法	不考虑
加速折旧法	余额递减法 年数和法	
慢速折旧法	偿债基金折旧法 年金折旧法	考虑

(1)直线折旧法

直线折旧法是目前最常用的计算方法，或称均匀折旧法，即假设固定资产净值随使用年限的增加而按比例直线下降，因而每年的折旧费相同，其计算公式如下：

$$\text{年折旧费}\ f=\frac{(\text{固定资产原值}-\text{期末净残值})}{\text{折旧年限}\ T} \tag{2-8}$$

式中期末净残值，为期末回收的残值减去清理费用后的余额，一般占原值的3%～5%。各类固定资产的折旧年限由财政部统一规定。

实际工作中常用折旧率计算固定资产折旧费。年折旧率的计算公式为：

$$\text{年折旧率}\ d=\frac{\text{年折旧费}}{\text{固定资产原值}}\times 100\%=\frac{1-\text{净残值率}}{\text{折旧年限}} \tag{2-9}$$

(2)工作小时折旧法

因为在一年中有的设备工作时数多，有的设备工作时数少，将设备的使用年限用实际的工作时数表示则较反映实际的情况。其计算公式为：

$$\text{单位工作小时折旧额}=\frac{(\text{固定资产原值}-\text{期末净残值})}{\text{总工作小时}} \tag{2-10}$$

$$\text{年折旧费}\ f=\text{单位工作小时折旧额}\times\text{年工作小时数} \tag{2-11}$$

(3)余额递减折旧法

余额递减法或称固定百分率法。余额递减法的原理是在不考虑固定资产的净残值下，取一固定折旧率 d，年折旧费为年初固定资产的净值乘以固定折旧率 d。计算公式为：

$$\text{年折旧费}\ f=\text{固定资产净值}\times\text{固定折旧率} \tag{2-12}$$

当固定折旧率 d 取为直线折旧率的2倍时，即 $d=2/\text{折旧年限}\ T$，这时称为双倍余额递减折旧法。

利用这一方法计算折旧费，各年的折旧费不等，早期大，后期小，这样可以尽快回收投资。同时因为固定资产在使用过程中效能逐渐降低，早期的效能高，提供的经济效益也大，以后效能逐年降低，所提供的经济效益也逐年减少。所以，前几年分摊的折旧费应高于后几年。这一方法有利于较快地回收资金，有利于设备的更新，其缺点是计算比较麻烦。

(4)年数和折旧法

年数和折旧法也是尽快回收资金的一种折旧方法。年折旧率等于年初剩余的使用年限除以使用年限总和，其计算公式为：

$$\text{年折旧率}=\frac{\text{折旧年限}-\text{固定资产已使用的年数}}{\text{折旧年限}\times(\text{折旧年限}+1)\div 2}\times 100\% \tag{2-13}$$

$$年折旧费=(固定资产原值-期末净残值)\times当年折旧率 \qquad (2\text{-}14)$$

二、流动资金

流动资金是维持项目正常运行所需的全部周转资金。当建设项目将建成投产时，即须筹措流动资金，以便用于购置原材料、燃料、备品、备件和支付工资等费用。在生产过程中流动资产完全改变其实物形态，并将其价值一次性地转移到新产品中作为产品成本中的一部分，待产品销售后即可收回原先垫付的流动资金。如此往复循环周转使用，其周转期一般较短，最长不超过一年。因此，流动资金的特点是在整个项目寿命期内，始终被占用并循环周转使用，到项目寿命期末，流动资金才能退出生产与流通，以货币形式一次收回。

三、建设期的借款利息和固定资产投资方向调节税

建设期借款的利率是根据借款的资金来源不同进行加权平均后计算得出的。国外贷款则按协议规定计算，引用外资的汇率按国家规定执行。

建设期借款的利息计算方法有个假设前提，即借款自年初至年末陆续支用，平均起来就是当年借款均在当年年中支用，故按半年计息，其后年份按全年计息。以公式表示如下：

$$建设期每年应计利息=(年初借款本息累计+本年借款额/2)\times年利率 \qquad (2\text{-}15)$$

建设期利息为建设期各年利息之和。对于试运行期较长的工程项目，运行初期的利息一部分计入固定资产，一部分计入项目的总成本费用。具体计算时，可以当年还款资金大于当年应付利息为分界线，即当年还款资金出现大于当年应付利息之前的一段时间内发生的借款利息计入固定资产；当年之后发生借款利息计入项目总成本费用。

固定资产投资方向调节税是根据国家的产业政策和项目经济规模，对项目的固定资产投资额实行差别税率征收的一种税。税率分别为0%，5%，10%，15%和30%五档。目前国家规定水利建设项目固定资产投资方向调节税为0%。

四、更新改造投资

更新改造投资是指工程用于固定资产更新和技术改造的专用投资，是保证工程固定资产在新技术基础上进行简单再生产的资金。水利工程的更新改造主要是指水利工程中的金属结构及机电设备等，故其折旧寿命期(一般为25年左右)短于工程项目的经济计算期(一般取50年)，故需要考虑进行一次性更新改造。其主要来源是工程按规定比例提取和留用的基本折旧资金、原固定资产的变卖收入和由上级从集中的折旧基金中返还给企业的部分。

第三节　年运行费与年费用

一、年运行费

年运行费在财务上也称年经营成本。指工程项目在运行初期和正常运行期间，为维护正常生产，每年需要支出的各项经常性的费用。包括职工工资及福利、材料和燃料及动力费、维护费、大修理费、库区或水源区维护基金以及其他费用等。

1. 职工工资及福利

职工工资＝定员总人数×年平均工资额

定员总人数按有关部门编制的定员标准规定，并参照类似工程近三年来的实际资料分析确定；工资标准采用项目所在地同类工程上一年度的统计值，并考虑工资上涨和调整因素后分析确定。职工福利费按职工工资的14％提取。

职工福利费＝职工工资×14％

2. 材料、燃料及动力费

材料费是指水利工程运行、事故处理等所耗用的材料、备品、低值易耗品等费用，可根据项目所在地区类似工程近期的实际资料计算。

燃料、动力费是指水利工程在运行中所耗用的煤、油、电等费用，它与各年的实际运行情况有关，其耗用的实物量可根据规划设计资料分年核算，求出其年均值，或参照类似工程分析确定。其费用按耗用量(煤、油、电)乘相应单价(煤价、油价、电价)计算。

3. 维护费

维护费是指维护、养护工程设施所需的费用，包括日常维修、养护、岁修和大修理等费用。大修的目的是局部恢复工程的使用价值(或功能)，其特点是修理范围广、费用大，修理次数少，每次修理工作量大。在正常情况下，一般根据工程实际运用情况，每隔3～5年进行一次大修。为简化起见，可将使用期内的大修理费总额平均分到各年。

维护费可按每类建筑项目的建筑物费用的百分数估计。例如土渠一般为3％，主坝为0.5％，混凝土结构为0.1％。另一种方法是按维修计划估算维修费用，在维修计划中所需的人员、设备和供应品的数量按设计或类似工程资料分析确定，其费用按现行价格计算。

4. 其他费用

其他费用指不属于以上各项的其他费用，一般包括办公费、差旅费、科研教育经费以及为消除或减轻水利工程建成后产生的不良影响(如清淤、冲淤、排水、治碱等)每年所需的补救措施的费用。一般可参照类似工程的实际资料分析确定。

5. 库区或水源区维护基金

库区或水源区维护基金是指水利工程建成后，为扶持库区移民生产生活和水源区的补偿(一次性补偿后经常性维护补偿补助费)的费用，一般按供电、供水销售收入的一定比例计算。如原水利电力部、财政部(81)电财字56号规定对部直属水电站，自1981年1月1日起试行发电成本中提取库区维护基金的办法，提取标准为每千瓦时供电量提一厘钱，计算公式为：

库区维护基金(亿元)＝厂供电量(亿kW·h)×0.001元/kW·h

近年来，有关部门建议按厂售电收入的3％～5％提取库区维护基金。对供水工程，水利部有关文件规定，在水费之外按水费标准的10％提取库区维护基金。

上述年运行费是指水利工程达到设计规模后正常运行期各年运行费的平均值。项目运行初期，工程效益尚未达到设计规模，各年的年运行费，可根据其投产规模和实际需要分析确定。

二、年费用

在静态经济分析中，年费用包括年基本折旧费和年运行费两大部分，即

年费用＝年基本折旧费＋年运行费　　(2-16)

在动态经济分析中，年费用包括资金（投资）年回收值和年运行费两大部分，即

$$\text{年费用} = \text{资金年回收值} + \text{年运行费}$$

$$= (\text{固定资金} + \text{流动资金}) \times \text{资金年回收因子} + \text{年运行费} \tag{2-17}$$

式中，资金年回收因子，又称本利年摊还因子；资金年回收值又称本利年摊还值。所谓本利年摊还值，是指工程在经济寿命期内每年应支付占有资金（包括固定资金和流动资金）的利息和每年应摊还的本金，详见第三章。

第四节　工程效益

人们从事任何一项经济活动，一方面要投入一定量的人力、物力、财力；另一方面也将相应地得到一定量的劳动成果，如各种劳动产品或减少损失（如洪灾损失）等。为了便于区分和应用，在经济分析中，一般将前者即经济活动中的劳动"消耗"、"投入"称为费用，而把后者即经济活动中'"劳动成果"、"产出"称为效益。

一、水利工程效益的特点

水利工程的效益与其他工程的效益相比，具有以下几方面的特点：

1. 随机性

水利工程的对象是治水和用水，因此，它的效益受水文现象随机性的影响很大。如防洪效益当遇不到大洪水时就很小，当遇到大洪水时就很大；再如发电效益，遇上丰水年，发电量多，效益大；遇上枯水年，发电量少，效益小；灌溉工程遇干旱年效益就大，风调雨顺年份，灌溉效益就小。所以，水利工程的效益不是（也不能）用某一年指标来代表，而需引入系列的概念，用多年平均指标来代表。但另一方面，由于多年平均的概念有时会淡化工程的作用，所以有时还必须在计算水利工程多年平均效益的基础上，对某些特殊年份的效益进行单独计算。如计算大型水利工程的防洪效益时，若仅计算其多年平均防洪效益，就难以反映工程在防御特大洪水，减免国民经济财产损失方面的地位和作用，此时，就需要计算在某些大洪水（特别是某些特大洪水）条件下的防洪效益，以客观地反映工程的经济效益。再如供水效益，除计算多年平均效益外，还应计算设计年效益和特枯年效益。

2. 复杂性

水利工程往往是综合利用工程，具有多方面的综合利用效益。如防洪、发电、航运、供水、灌溉、旅游等效益中的两项或多项，同时给国民经济带来多方面的好处。但由于各部门对水利工程的要求和获得效益是很复杂的，有时一致，有时矛盾，有时交叉。因此，计算水利工程效益应兼顾不同专业、部门和地区的特点，并划清各功能效益计算的范围，避免遗漏和重复计算。

3. 可变性

水利工程在运行的不同时期，同一水文年型和价格水平的效益也不是恒定的，往往随时间推移而变化，如防洪效益，随着国民经济的发展，防洪保护区内的工农业生产也随之发展，在同一频率洪水条件下现在遭受损失远较将来遭受的损失小，即随时间的推移，防洪效益随之增大；再如航运效益，也是随经济的发展，运量的增大，随时间的推移逐步增大。与上述情况相反，也有些效益是随时间推移而逐步减少的。例如．由于泥沙淤积而使水库有效库容逐

年减少，效益也随之降低；随着上游地区工农业生产发展用水量增加后，也可能使下游水利工程的一些效益减少；但也有由于上游水库兴建，调节流量增加，而使下游水利工程的发电、航运等效益增大的。所以，为了反映水利工程效益随时间变化的特点，在效益计算中要依据工程的特点研究效益的变化趋势和增长的速率。

4．社会性

水利是国民经济的基础产业和基础设施，工程建成后，将对国家和地区的社会经济发展产生深远的影响，其效益渗透在国民经济各部门和人民生活的各个方面，能用货币表示经济效益的比例相对较小，能计为本部门、本单位的财务效益更小。特别是防洪工程，主要是社会效益。因此，对于水利工程效益计算，除了用货币进行定量计算外，对一些难以用货币表示的效益应当用实物指标表示，不能用实物指标表示的效益则用文字加以定性描述。

二、水利工程效益的分类

工程效益分类的方法很多，从对水利工程综合经济分析与评价的角度来说，大体可以分为以下五类：

1．功能效益与综合效益

按项目在国民经济中的不同作用和功能，将水利工程的效益分为防洪（防凌、防潮）效益、治涝（治碱、治渍）效益、灌溉效益、城镇供水效益、乡村生活供水效益、水力发电效益、航运效益、水土保持效益、环境保护效益、牧区水利效益、渔业效益、水利旅游效益、滩涂开发效益和由上述效益中两项以上效益组成的综合效益等。

2．直接效益与间接效益

按项目涉及的时空边界范围，将水利工程效益分为直接效益和间接效益。直接效益是指水利工程建成后可以增加的各类产品或增加的经济价值。如水力发电、工农业供水可获得的经济效益，修建防洪、治涝工程可减免的洪、涝灾害损失等。间接效益又称外部效益，是指项目为社会作出贡献而本身并没有得到的那部分效益。如工程建成后由于工农业增产而发展工农业产品和农副产品加工所获得的净收益（有的地方称为“次生效益”）；因修建工程而增加的机械、原料、材料和服务行业的净收益（有的地方称为“诱发效益”）等。

3．有形效益与无形效益

按项目效益可定量计算和不可定量计算的情况，将水利工程效益分为有形效益与无形效益。有形效益是指可以用货币或实物指标表示的效益，如防洪效益中可以减免的国民经济损失（可用货币表示）和人口伤亡（可用实物指标表示）。无形效益是指不能用货币和实物指标表示的效益，如水利工程建成后促进地区综合经济和教育事业的发展，促进社会安定和国防安全，提高国际威望等。在对水利工程进行效益分析时，无论有形效益与无形效益，都应全面加以论证分析。对于不能用具体指标表达的无形效益，可以用文字加以详细明确的描述，以便对水利工程的效益进行全面、正确的评估。

4．国民经济效益与财务效益

按项目效益的核算单位，将水利工程效益分为国民经济效益（又称经济效益）和财务效益。国民经济效益是指站在国家角度（国民经济整体角度）计算的水利工程效益，如防洪减免的国民经济损失和可增加的土地开发利用价值，工农业供水可增加的国民经济效益等。财务效益是指站在项目核算单位角度计算的水利工程效益，如工农业供水的水费收入、水力发电的电费收入、防洪保护费收入等。

应该指出的是：由于水利工程的行业特点，水利工程国民经济效益和财务效益计算的途径和方法不同，效益额相差悬殊，如工农业供水的国民经济效益，是按供水项目向工矿企业、居民和农、林、牧等提供生产、生活、灌溉用水可获得的效益计算；而财务效益则按供水水价计算。据长江中游地区已建成的8座水利工程的实际资料分析，水力发电工程的财务收入为其经济效益的34.2%，灌溉工程的财务收入为其经济效益的3.5%，防洪工程的财务收入为0；防洪、发电、灌溉三个部门综合起来计算，财务效益仅为其经济效益的12.6%。

5. 正效益和负效益

按项目对国民经济发展的作用和影响，将水利工程效益分为正效益和负效益。水利工程建成后，对社会、经济、环境带来的有利影响，称之为正效益；对社会、经济、环境造成的不利影响，称之为负效益。例如某水库建成蓄水后，由于水体的巨大压力，可能引起诱发地震；有些水库蓄水后产生大面积浅水区，导致疟蚊滋生繁殖，或者钉螺面积扩大，形成血吸虫病的流行区。修建水库，总要淹没农田、城镇、矿藏、交通干线或文化古迹等，造成资源的损失；发展灌溉工程，可能需要大量引水，如无相应的配套排水措施，可能引起灌区地下水位上升，导致土壤盐碱化和沼泽化等负效益。在水利工程效益分析中，不仅要计算正效益，也要考虑负效益，以便对水利工程进行全面正确的评估。

第五节 成本、税金、利润

为了提高水利工程的经济效益，必须重视经营管理，加强财务核算。成本、税金和利润是财务核算的主要指标，现分述如下。

一、成本

成本是构成产品价格的基本因素。产品价格不变，降低成本，就相应增加了利润。产品成本是衡量企业经营管理水平的一个综合指标。

1. 总成本费用

水利工程项目总成本费用包括项目在一定时期内为生产、运行以及销售产品和提供服务所花费的全部成本和费用，即包括年运行费（经营成本）、折旧费、摊销费和利息净支出，其中年运行费（经营成本）包括职工工资及福利费，材料、燃料及动力费，工程维修费，库区及水源区维护建设费和其他费用等。因此，总成本费用构成如下：

总成本费用 = 生产成本 + 销售费用 + 管理费用 + 财务费用　　(2-18)

　　= 年运行费（经营成本）+ 折旧费 + 摊销费 + 利息支出 + 其他费用　　(2-19)

摊销费是指无形资产和递延资产在使用过程中因价值消耗而转移到成本费用中的费用。一般不计残值，从受益之日起，在一定期间分期平均摊销。

2. 生产成本

一般来说，产品的生产成本是指在一定时期内企业为生产该产品所须支出的全部费用。即包括年折旧费、年运行费（经营成本）、保险费、借款利息等。产品的销售成本则由生产成本和销售费用组成。而销售费用是指产品在销售过程中所需包装、运输、储存及管理等费用。例如，对电力部门来说，售电成本系由发电成本和供电成本两部分组成，分别由发电厂和供电局的折旧费与年运行费等部分计算得出。

此外,在成本中还应计入保险费。参加保险的投保人(或法人)根据规定向保险人(保险公司)缴付保险费。保险分为自愿保险和强制保险两种,洪水保险一般属于强制保险。在水利方面,我国已举办防洪保险和工程财产保险。投保时,应根据规定由投保人与保险公司签订合同,并按期缴纳保险费。投保人应制订维护安全的有关规定,保险公司有权对被保险的财产的安全情况进行检查。保险金额是指被保险对象发生意外事故受到损失时,保险人负责赔偿的最高金额,通常不能超过保险标的实际价值。保险费率是保险公司根据标的危险性的大小、可能发生损失的概率、损失率的大小和经营费用的多少确定的。如果发生保险事故,保险公司按合同规定对事故造成的损失给予赔偿,或者在合同届满时承担付给保险金的责任。参加保险的水利工程,在进行财务评价时应将保险费计入成本中。

流动资金分为自有流动资金和流动资金借款(按规定不应超过总额的70%)两部分,流动资金借款须每年付息,支付的利息列入产品成本中。

3. 几个相关概念

(1)固定成本:固定成本是指在一定的时间和范围内,不随产量的变动而变动的成本。如折旧费、职工工资及福利费等。

(2)可变成本:可变成本是指在一定的时间和范围内,随产量的变动而变动的成本。如材料、燃料及动力费,工程维修费等。

(3)沉入成本:沉入成本是指以往已经发生的但与当前决策无关的费用。沉入成本往往容易影响决策人的决策方向。其实决策人应考虑的是未来可能发生的费用及可能带来的效益。而不应该受已经发生的费用的影响。

(4)机会成本:机会成本是指当有限资源作某种用途因而失去潜在的利益或者为了完成某项任务而放弃了完成其他任务所造成的损失。例如,某水库可以向工业部门供水,也可以向农业部门供水,但总的供水量是有限度的,如果由于城市和工业的发展因而必须增加工业供水量,那就必须减少农业用水量,相应减少的农业收益及其受到的损失,就是增加工业供水量的机会成本;或者采用替代措施,例如开发地下水资源因而额外增加的费用,也可以认为是所增加的工业供水量的机会成本。

值得一提的是劳动力、土地的影子价格也常以其机会成本表示。使用机会成本的概念可以比较准确地反映从社会观点看把有限的资源用于某项经济活动的代价,从而促使人们比较合理地分配和使用资源。但是,机会成本的概念没有说明成本或费用的本质是什么,而且由于被放弃的活动可以是多种的,确定机会成本时往往有主观任意性,容易引起争议。

二、税金

国家为了实现其职能,按照法律规定,向经营单位或个人无偿征收货币或实物,称为税金,对国家而言可称为税收。税收是取得财政收入的一种方式,具有强制性、无偿性和固定性等特点。税收不仅是国家取得财政收入的主要渠道,也是国家对各项经济活动进行宏观调控的重要杠杆。

我国工业企业应当缴纳的税有十多种,水利工程管理单位,根据国家规定应缴纳增值税、销售税附加、所得税等。其中增值税为价外税,销售价格内应不含增值税款。

增值税按销售额计算。由于水利项目可以扣减的进项税额非常有限,一般可按销售收入计算增值税。目前财政部规定增值税率电力为17%,自来水为13%,小水电为6%,水利农业供水工程免交增值税,水利城市工业供水工程尚无明文规定。由于增值税是价外税,既不计入成本费用,又不计入销售收入,故进行财务分析时可不考虑增值税,增值税仅作为计算销售税附加的基础。

销售税附加包括城市维护建设税和教育费附加,以增值税税额为计算基数。按现行规定,城市维护建设税根据纳税人所在地区计算,市区为7%;县城和镇为5%;农村为1%。教育费附加为3%。

企业所得税现按销售利润总额的33%计征。

三、利润

利润是指商品按照市场价格或规定价格,实现销售收入后扣除销售成本和税金后的余额。利润是劳动者为社会创造的价值,是用来发展生产,改善人民物质、文化生活的基础,也是国家财政收入的重要组成部分。计算公式如下:

销售收入=商品销售量×商品价格

销售利润=销售收入-总成本-销售税金

税后利润=销售利润-所得税

利润是反映企业生产管理水平的一个重要指标。

按照国家规定留取部分税后利润由企业使用,称为利润留成,利润留成作为企业生产发展基金、职工福利基金和职工奖励基金等三种专用基金。

除了上述投资、效益和有关的主要财务指标外,水利工程还经常使用如下实物指标:

1. 反映工程效益的指标:例如防洪、治涝面积,灌溉耕地面积,水电站装机容量及年发电量,城市、工业年供水量等。

2. 反映水库淹没损失的指标:例如淹没耕地数,迁移人口数,淹没交通线类型及里程,以及单位人口迁移安置费、单位耕地赔偿费等。

3. 反映主要材料消耗的指标:例如钢材、木材、水泥等主要建筑材料的总消耗量及其相应单位消耗指标,例如每立方米混凝土的三材用量、每万元投资的三材占用量等。

4. 反映工程量、劳动力及工期的指标:例如土石方量的开挖、填筑量,混凝土浇筑量,总工日及高峰劳动力,工程开始发挥效益的时间及总工期等。

5. 单位综合技术经济指标:例如电站单位千瓦投资,单位电能投资,单位电能成本,单位库容投资,单位灌溉面积投资等。

思考与习题

1. 什么叫价值?什么叫价格?两者之间有何关系?

2. 在什么情况下采用现行价格、不变价格、影子价格?如何确定某一货物的影子价格?影子价格与机会成本之间的关系如何?

3. 什么叫投资、总投资、净投资、造价?固定资产与基本建设投资、更新改造投资有何区别?试举例说明。

4. 什么叫固定资产原值、净值、重置价值?固定资金与流动资金的区别何在?试举例说明。

5. 如何确定经济寿命或折旧？其与实际使用年限区别何在？

6. 为什么要进行折旧？均速折旧法和加速折旧法各有什么特点？

7. 经营成本与销售成本的差别是什么？为什么要在技术经济分析中引入经营成本的概念？

8. 什么是机会成本？试举例说明之。

9. 投资、年运行费、年经营成本、大修理费、折旧费、资金年回收费(本利年摊还值)与年费用之间的关系如何？

10. 产品的成本、税金、利润与销售收入、工程效益之间的关系如何？

11. 设某项固定资产原值为10 000元，使用寿命为5年，残值按固定资产原值的10%计算，试分别用直线法，双倍余额递减法，年数合计法计算各年的折旧额和固定资产账面值。并绘制不同年份的固定资产折旧后的账面值占原值百分比的变化曲线，比较各种不同折旧方法的折旧速度。

12. 某社区为开发新井已用去5万元，但还没有得到水。地质顾问估计再花5万元保证可以得到供水，但认为也许只要再花4万元就可满足需要目标。几公里外有一泉水可作为替代水源，从该处用4万元可取得等量供水送至社区，你认为应选择哪个方案，为什么？

13. 对政府兴建的水电站工程，有人认为应包括下列各项费用：(1)工程基建投资的利息；(2)根据估计的工程寿命用直线法算出的折旧费；(3)每年提存准备偿还基建投资之用的偿债基金，应在第50年终了时刚好凑足该项基建投资(如工程寿命小于50年，则应在工程寿命年限终了)；(4)如果工程靠借债筹资，应包括每年支付的债息和偿还的债款；(5)所有实际支出工程年运行和维修费用。

你认为年费用包括上述项目的总和是否恰当，并说明理由。

第三章　资金的时间价值与复利计算方法

第一节　资金的时间价值

一、资金时间价值的概念

资金是在商品货币经济中劳动资料、劳动对象和劳动报酬的货币表现，是国民经济各部门中财产和物资的货币表现。资金是属于商品经济范畴的概念，在商品经济条件下，资金是不断运动着的。资金的运动伴随着生产与交换的进行，生产与交换活动会给投资者带来利润，表现为资金的增值。资金增值的实质是劳动者在生产过程中创造了剩余价值。从投资者的角度来看，资金的增值使资金具有时间价值。因此，资金的时间价值可以定义为：资金在参与经济活动的过程中随着时间发生的增值，也即是资金在生产过程中通过劳动可以不断地创造出新的价值。

资金的时间价值还可以这样理解：资金一旦用于投资，就不能用于现期消费。牺牲现期消费是为了能在将来得到更多的消费，个人储蓄的动机和国家积累的目的都是如此。从消费者的角度来看，资金的时间价值体现为对放弃现期消费的损失所应做的必要补偿。

在工程经济分析中，按是否考虑资金的时间价值分静态的计算方法和动态的计算方法。静态的计算方法不考虑资金的时间价值，这种方法计算虽然简单，但容易造成资金积压，不符合市场经济活动规律。因此，水利工程在规划、设计、施工及运行管理阶段进行经济分析时，都应采用考虑资金的时间价值的动态计算方法。

二、资金时间价值的表现方式

资金的时间价值在商品货币经济中有两种主要表现形式：一种是将现有资金存入银行，可以取得利息；一种是将现有资金用于生产建设，可以取得利润。图 3-1 表示货币 P 在 t_1 时存入银行或投资办项目使货币增值的过程。因此，可以用利息作为衡量资金时间价值的基本尺度。在工程经济分析中，对资金时间价值的计算方法与银行利息的计算方法相同。

1. 利息和利率

利息是指占用资金所付的代价或放弃使用资金所得的补偿。如果将一笔资金存入银行，这笔资金就称为本金。经过一段时间之后，储户可在本金之外又得到一笔利息，相当于储户把钱借给银行所获得的报酬。

利息通常根据利率来计算。利率是在一个计息周期内所得利息额与本金之比，一般以百分数表示。利率根据计息周期的不同，一般有年利率、季利率、月利率等。我国目前存、贷款计息周期一般为月，金融债券、国库券一般为年，相应利率分别称为月利率(‰)和年

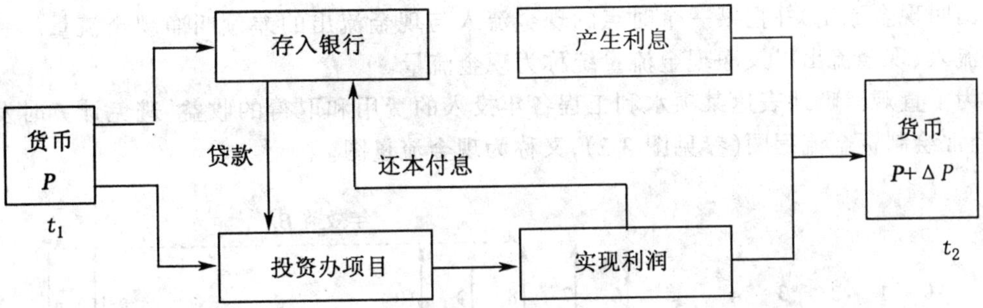

图 3-1　货币增值示意图

利率(%)。

利率在不同的场合有不同的名称，如利息率、贴现率、折现率、社会折现率、内部回收率、经济报酬率、经济收益率等，其经济意义是不同的，在以后的学习中应认真领会。

2. 单利和复利

按是否考虑利息的时间价值，利息的计算有单利和复利两类方法。

单利计息时，不管计息周期数有多大，仅用本金作计息基数，利息不再生利息，利息额与时间成正比。单利计算的计算公式为：

$$F_n = P \times (1 + i \cdot n) \tag{3-1}$$

式中，F_n 为本利和；P 为本金；n、i 为计息周期数及相应的计息周期利率。

单利计息虽然已经考虑了资金的时间价值，但是对已产生的利息没有再作为资金累计计息。事实上，银行上一年贷出的资金，到第二年时收得相应利息，在第二年进行资金贷款活动时，它不会把所获得的第一年的利息放在那里不动，而总是作为资金的一部分来进行第二年的借贷活动。所以单利计息法对资金时间价值的考虑是不充分的，不能完全反映资金的时间价值。

复利计息是除最初的本金计算利息之外，每一计息周期已产生的利息要在下一个计息周期中也并入本金再生利息，俗称"利滚利"。因此，复利计算就能比较符合客观地反映资金的活动情况。

单利法计算公式较简单，我国银行存款和国库券的利息就是按单利法计算的，但为了考虑复利的因素，它以存款时间越长利率越高这种方式来体现，实际上也算是一种变形的复利计算法。

复利法的计算公式见下一节。以后，本书中若无特别声明，都采用复利计息法。

三、资金流程图和计算基准年

任何工程项目的建设与运行都有一个时间上的延续过程。对于投资者来说，资金的投入与收益的获取往往构成一个时间上有先有后的现金流量序列。要客观地评价工程项目或技术方案的经济效果，不仅要考虑现金流出与现金流入的数额，还必须考虑每笔现金流量发生的时间。

在工程经济分析中，把投资项目作为一个独立系统，现金流量则反映该项目在寿命周期内流入或流出系统的现金活动。通常,对流入系统的货币收入叫现金流入,对流出系统的货币支出叫现金流出,并把某一个时点的现金流入与现金流出的差额叫净现金流量。系统的现金流入、现金流出以及净现金流量统称为现金流量。

为了直观清晰地表达某项水利工程各年投入的费用和取得的收益,避免计算时发生错误,经常绘制资金流程图(参见图 3-2),又称为现金流量图。

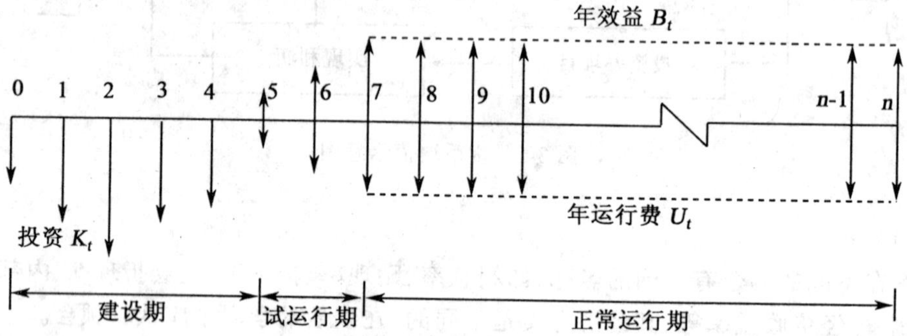

图 3-2 资金流程图

图中的横坐标表示时间,时间的进程方向为正,单位通常是年(计息周期),根据实际情况也可以是季、月或日等;纵坐标为金额,箭头长度按一定比例表示资金数量的大小,箭头向上的为现金流入,向下的为现金流出。

为了计算上的方便,《水利建设项目经济评价规范(SL72—94)》规定:所有现金流均按年末结算。从图 3-2 上可以很容易看出,每个坐标点均表示该年的年末,且上一年的年末就是下一年的年初。但早期的工程经济教科书上规定,投资发生在年初,效益及年运行费发生在年末。

正确标定现金流量的收支时间十分重要,如果标定的位置不对,则计算结果必然错误。因此,在进行经济分析时,应该首先绘制正确的现金流量图,然后再进行计算。

在工程规划设计中所进行的经济比较,要求根据等价的原则,将不同时期的投资费用和经济效益折算到同一个时间,以此来进行各方案的经济比较。对于工程项目,一般情况是,投资在施工时期投入,效益则在工程投入生产之后才能产生。为了进行比较,就必须有共同的时间基础,须引入计算基准年的概念。即为解决费用和效益在时间上不一致的问题,在工程经济分析及计算中,需要把不同时间的投资、费用和效益都折算到同一个时间水平,这个时间水平年称为计算基准年。通常以其年初作为计算的基准点,相当于资金流程图中的坐标轴原点。

计算基准年一般有三种取法:① 工程开工的第一年;② 工程投入运行的第一年;③ 施工结束达到设计水平的年份。这三种取法从理论上说都是一样的,虽然它们折算后的绝对投资效益值不同,但相对值是一致的,对最后选择的方案或参数不会产生影响。所以为了计算习惯与方便,原则上可以选定任意一年作为计算基准年,对工程经济评价的结论并无影响。但是,考虑到工程评价所处的阶段,水利工程经济评价规范规定统一以工程开工的第一年作为计算基准年。

应注意在整个计算过程中,计算基准年一经确定后就不能随意改变。此外,当若干方案进行经济比较时，虽然各方案的建设期与生产期可能并不相同，但必须选择共同的计算基准年。

四、资金等值的概念

在资金的时间价值计算中，资金等值是一个很重要的概念。所谓资金等值就是发生在不同时间，数额不等的资金，可以具有相等的价值。例如，现在的 100 元在年利率为 10% 的条件下，与一年后的 110 元，虽然资金数额不相等，但其经济价值是相等的。

下面以借款还本付息的例子来进一步说明等值的概念。

【例 3－1】 某人现在借款1 000元，在 5 年内以年利率 6% 还清全部本金和利息，则有如表 3-1 中的四种偿还方案。

表 3-1 四种典型的等值形式 （单位：元）

偿还方案	年数 (1)	年初所欠金额 (2)	年利息额 (3)＝(2)×6%	年终所欠金额 (4)＝(2)＋(3)	偿还本金 (5)	年终付款总额 (6)＝(3)＋(5)
1	1	1 000	60	1 060	0	60
	2	1 000	60	1 060	0	60
	3	1 000	60	1 060	0	60
	4	1 000	60	1 060	0	60
	5	1 000	60	1 060	1 000	1 060
	Σ		300			1 300
2	1	1 000.00	60.00	1 060.00	0	0
	2	1 060.00	63.60	1 123.60	0	0
	3	1 123.60	67.40	1 191.00	0	0
	4	1 191.00	71.50	1 262.50	0	0
	5	1 262.50	75.70	1 338.20	1 000	1 338.20
	Σ		338.20			1 338.20
3	1	1 000	60	1 060	200	260
	2	800	48	848	200	248
	3	600	36	636	200	236
	4	400	24	424	200	224
	5	200	12	212	200	212
	Σ		180			1 180
4	1	1 000.00	60.00	1 060.00	177.40	237.40
	2	822.60	49.40	872.00	188.00	237.40
	3	634.60	38.10	672.70	199.30	237.40
	4	435.30	26.10	461.40	211.30	237.40
	5	224.00	13.40	237.40	224.00	237.40
	Σ		187.00			1 187.00

第 1 方案是等额利息法：在 5 年中每年年底仅偿付利息 60 元，最后第五年末在付息同时将本金一并归还；

第 2 方案是一次支付法：在 5 年中对本金、利息均不作任何偿还，只在最后一年末将本利一次付清；

第 3 方案是等额年金法：将所借本金作分期均匀摊还，每年末偿还本金 200 元，同时偿还到期利息。由于所欠本金逐年递减，利息也随之递减，至第五年末全部还清；

第 4 方案是等额本金法：也将本金作分期摊还，每年偿付的本金额不等，但每年偿还的本金加利息总额却相等，即所谓等额支付。

从上面的例子可以看出，如果年利率为6%不变，上述四种不同偿还方案与原来的1 000元本金是等值的。从贷款人立场来看，今后四种方案中任何一种都可以抵偿他现在所贷出的1 000元，因此现在他愿意提供1 000元贷款。从借款人立场来看，他如果同意今后以四种方案中任何一种来偿付借款，他今天就可以得到这1 000元的使用权。

上述四种不同偿还方案支付的利息差别很大，彼此票面值是不等的，这是因为借款人对本金占有的时间不同，但就其“价值”来说，他们是彼此相等的。

在工程经济分析中，利用资金等值的概念，可以将发生在不同时期的金额，换算成同一时期的金额，然后再进行评价。在资金等值计算中，把将来某一时点的现金流量换算成现在时点的等值现金流量称为“贴现”或“折现”。通常把将来时点的现金流量经贴现后的现金流量称为“现值”，而把与现值等价的将来时点的现金流量称为“终值”、“期值”或“将来值”。

第二节　复利计算公式

由于资金有时间价值，所有不同时点发生的现金流量就不能直接相加或相减，对不同方案的不同时点的现金流量也不能直接相比较，只有通过换算为同一时点后才能相加减或相比较，这个点称为基准点，这个过程称为资金等值计算。

资金等值计算公式即为复利计算公式。首先对基本计算公式中常用的几个符号加以说明，以便后面的讨论。

P——本金或资金的现值(Present value)，现值 P 是指相对于基准点的数值；

F——本利和(Future value)，是指从基准点起第 n 个计息周期末的数值，一般称终值；

A——等额年值(Annual value)，是指一段时间的每个计息周期末的一系列等额数值；

G——等差系列的相邻级差值(Gradient value)；

i——计息周期折现率或利率(Interest rate)，常以%计；

n——计息周期数(Number of period)，无特别说明，通常以年数计。

值得注意的是计息周期数 n 和利率 i 必须配套使用，即计息周期为年，利率即为年利率；计息周期为月，利率则须为月利率。

按照现金流量序列的特点，我们可以将资金等值计算的公式分为一次支付、等额多次支付及等差系列等几种基本类型，分别介绍如下。

一、一次支付类型

一次支付又称整付，指现金流量无论是支出还是收入，均在某个时点上只发生一次。其典型现金流量如图3-3所示，需要注意的是，P 发生在第一年年初，F 发生在第 n 年年末。

以时间价值的观点来看，在利率为 i 的条件下，n 时刻的终值 F 与0时刻的现值 P 具有相等的价值，即这两个时点的资金是等值的。

1.一次支付终值公式

已知本金现值 P，求 n 年后的终值 F。这个问题相当于银行的“整存整取”储蓄方式。公式推导过程如下：

第一年，$n=1$，$F=P(1+i)$

第二年，$n=2$，$F=P(1+i)\times(1+i)=P(1+i)^2$

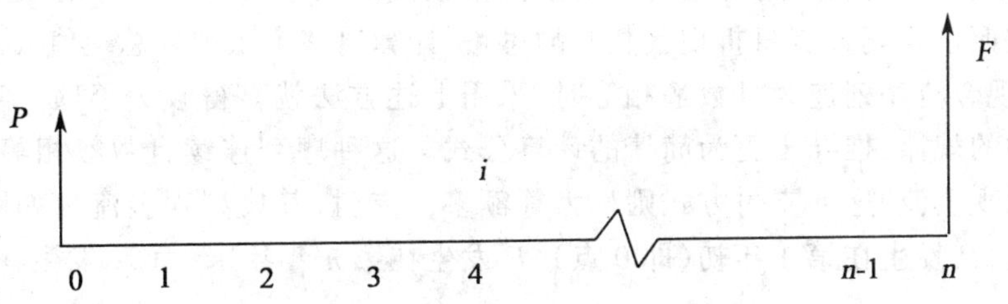

图 3-3　一次支付类型的典型现金流量图

第三年，$n=3, F=P(1+i)^2\times(1+i)=P(1+i)^3$

…………

第 n 年，$n=n, F=P(1+i)^{n-1}\times(1+i)=P(1+i)^n$

于是，可以得到一次支付终值公式：

$$F = P(1+i)^n = P\times(F/P, i, n) \tag{3-2}$$

式中，$(1+i)^n$ 称为一次支付复利因子(Single payment compound amount factor)，常以符号 $(F/P, i, n)$ 表示。

该公式的经济意义是：已知支出资金 P，当利率为 i 时，在复利计算的条件下，求 n 期期末所取得的本利和。这个公式是资金等值计算公式中最基本的一个，所有其他公式都可以由此公式推导得到。

【例 3－2】 因工程需要向银行贷款1 000万元，年利率为 7%，5 年后还清，试问到期应偿还本利共多少？

解：已知 $P=1\ 000$ 万元，$i=0.07$，$n=5$ 年，由式(3－2)有：

$$F=P\cdot(1+i)^n=1\ 000\times(1+0.07)^5=1\ 402.55(\text{万元})$$

因此，5 年后的本利和是 1 402.55 万元。

2. 一次支付现值公式

该公式的经济意义是：如果想在未来的第 n 期期末一次收入 F 数额的现金，在利率为 i 的复利计算条件下，求现在应一次支出本金 P 为多少。即已知 n 年后的终值，反求现值 P。

从现值的经济意义可知，一次支付现值公式是一次支付终值公式的逆运算，故有：

$$P = F/(1+i)^n = F\times(P/F, i, n) \tag{3-3}$$

式中 $1/(1+i)^n$ 称为一次支付现值因子(Single payment present worth factor)，常以符号 $(P/F, i, n)$ 表示。此处 i 称为贴现率或折现率，这种把终值折算为现值的过程称为贴现或折现。

【例 3－3】 某人 10 年后需款 20 万元买房，若按 6% 的年利率(复利)存款于银行，问现在应存钱多少才能得到这笔款数？

解：已知 $F=20$ 万元，$i=0.06$，$n=10$ 年，由式(3-3)有：

$$P=F/(1+i)^n=20/(1+0.06)^{10}=11.168(\text{万元})$$

即年利率为 6% 时，现在应存款 11.168 万元，10 年后的本利和是 20 万元。

二、等额多次支付类型

水利工程通常规模很大，往往需要在一定时期内每年连续不断地进行资金投入，表现在现金流量上就是一个系列的多次支付,现金流量数额的大小可以是不等的,也可以是相等的。一般可按照求各现金流量折现代数和的思路,计算出整个系列的总现值或总终值。

但是,当现金流序列连续且数额相等时,采用上述方法就显得较为繁琐。实际上,我们可以分析其中的规律,推导出更为简捷的计算公式。这种序列连续且数额相等的现金流称之为等额系列现金流,这种支付方式则称为等额多次支付,其典型现金流量如图 3-3 所示。需要注意的是,P 发生在第 1 年初(即 0 点),F 发生在第 n 年年末,而 A 发生在每一年的年末。

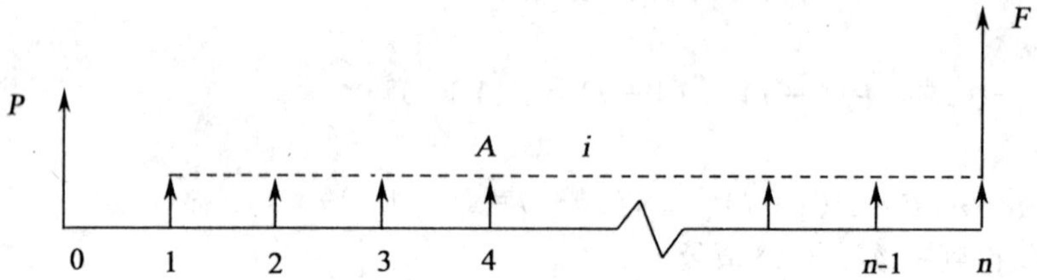

图 3-4　等额多次支付类型的典型现金流量图

以时间价值的观点来看,在利率为 i 的条件下,n 时刻的终值 F、0 时刻的现值 P 以及各时段等额系列的总现金流量具有相等的价值,即三者的资金是等值的。

根据已知条件及未知数的不同,等额多次支付公式共有四个,以下分别介绍。

1. 等额系列终值公式

该公式的经济意义是:对 n 期期末等额支付的现金流量 A,在利率为 i 的复利计算条件下,求第 N 期期末的终值(本利和)F,也就是已知 A、i、n 求 F。这个问题相当于银行的"零存整取"储蓄方式。

如图 3-4 所示,由一次支付终值公式可知:

第一年,$t=1, F_1 = A\cdot(1+i)^{n-1}$

第二年,$t=2, F_2 = A\cdot(1+i)^{n-2}$

第三年,$t=3, F_3 = A\cdot(1+i)^{n-3}$

…………

第 $n-1$ 年,$t=n-1, F_{n-1} = A\cdot(1+i)^1$

第 n 年,$n=n, F_n = A\cdot(1+i)^0$

则 n 年总计本利和为:

$$F = F_1 + F_2 + F_3 + \cdots + F_{n-1} + F_n$$
$$= A\cdot(1+i)^{n-1} + A\cdot(1+i)^{n-2} + A\cdot(1+i)^{n-3} + \cdots + A\cdot(1+i)^1 + A$$

利用等比级数求和公式,可得:

$$F = A \times \left[\frac{(1+i)^n - 1}{i}\right] = A \times (F/A, i, n) \qquad (3\text{-}4)$$

式中 $\frac{(1+i)^n-1}{i}$ 称为等额系列复利因子(Uniform series compound amount factor),常以符号 $(F/A, i, n)$ 表示。

【例 3-4】 某防洪工程建设期为6年，假设每年年末向银行贷款3 000万元作为投资，年利率 $i=7\%$ 时，到第 6 年末欠银行本利和为多少？

解：已知 $A=3\ 000$ 万元，$i=0.07$，$n=6$ 年，求 F。由式(3-4)：

$$F=A\times\left[\frac{(1+i)^n-1}{i}\right]=3\ 000\times\frac{(1+0.07)^6-1}{0.07}=21\ 460.0(\text{万元})$$

因此，到第 6 年末欠款总额为21 460万元，利息总额为21 460 − 3 000×6 = 3 460万元，利息为贷款资金的 19.2%。

2. 基金存储公式

基金存储公式的经济意义是：当利率为 i 时，在复利计算的条件下，如果需在 n 期期末能一次收入 F 数额的现金，那么在这 n 期内连续每期期末需等额支付 A 为多少，也就是已知 F、i、n 求 A。

可见，基金存储公式是等额系列终值公式的逆运算，因此可由公式(3-4)直接导出，公式为：

$$A=F\times\left[\frac{i}{(1+i)^n-1}\right]=F\times(A/F,i,n) \tag{3-5}$$

式中 $\frac{i}{(1+i)^n-1}$ 称为基金存储因子(Sinking fund deposit factor)或偿债基金因子，常以符号 $(A/F,i,n)$ 表示。

【例 3-5】 某人希望在 10 年后得到一笔40 000元的资金，在 5%的年利率条件下，他每年应均匀地存入银行多少元？

解：已知 $F=40\ 000$ 元，$i=0.05$，$n=10$ 年，求 A。由式(3-5)：

$$A=F\times\left[\frac{i}{(1+i)^n-1}\right]=40\ 000\times\frac{0.05}{(1+0.05)^{10}-1}=3\ 180.2(\text{元})$$

可见，他每年应均匀地存入银行 3 180.2 元。

3. 等额系列现值公式

等额系列现值公式的经济意义是：在利率为 i，复利计息的条件下，求 n 期内每期期末发生的等额支付现金 A 的现值 P，即已知 A、i、n 求 P。

由等额系列终值公式 $F=A\times\left[\frac{(1+i)^n-1}{i}\right]$ 和一次支付终值公式 $F=P(1+i)^n$，联立消去 F，于是得到：

$$P=A\times\left[\frac{(1+i)^n-1}{i(1+i)^n}\right]=A\times(P/A,i,n) \tag{3-6}$$

式中 $\frac{(1+i)^n-1}{i(1+i)^n}$ 称为等额系列现值因子(Uniform series present worth factor)，常用符号 $(P/A,i,n)$ 表示。

【例 3-6】 假如有一新建水电站投入运行后，每年出售产品电能可获得效益 1.2 亿元，当水电站运行 50 年时，采用折现率 $i=7\%$，其总效益的现值为多少？

解：已知 $A=1.2$ 亿元(假定发生在年末)，$i=0.07$，$n=50$ 年，求 P。由式(3-6)：

$$P=A\times\left[\frac{(1+i)^n-1}{i(1+i)^n}\right]=1.2\times\frac{(1+0.07)^{50}-1}{0.07\times(1+0.07)^{50}}=16.561(\text{亿元})$$

即 50 年的总效益现值是 16.561 亿元。如不考虑时间因素，则 50 年的总效益为 1.2×

50＝60 亿元。可见，不考虑资金的时间价值与考虑时间价值的差别很大。

【例 3－7】 某防洪工程，1991 年兴建，1992 年底竣工投入使用，1993 年起连续运行 10 年，到 2002 年每年可获平均效益为 80 万元。按 $i=5\%$ 计算，问将全部效益折算到兴建年(1991 年年初)的现值为多少？

解：问题的现金流量图如下：

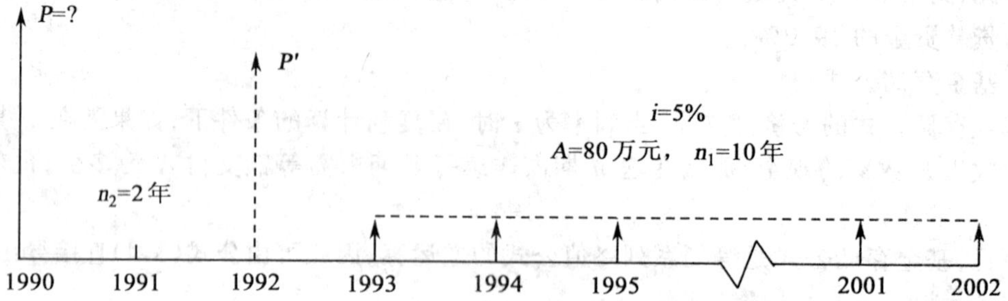

图 3-5 【例 3－7】现金流量图

已知 $A=80$ 万元，$i=5\%$，$n_1=10$ 年。首先根据式(3-6)，将 1993～2002 年的系列年等值折算到 1993 年初(即 1992 年末)，得到现值 P'：

$$P' = A \times \left[\frac{(1+i)^{n_1}-1}{i \cdot (1+i)^{n_1}}\right] = 80 \times \frac{(1+0.05)^{10}-1}{0.05 \times (1+0.05)^{10}} = 617.74(\text{万元})$$

再根据一次支付现值公式(3-3)，将 P' 折算到 1991 年初(1990 年末)，得到 P：

$$P = \frac{P'}{(1+i)^{n_2}} = \frac{617.74}{(1+0.05)^2} = 560.31(\text{万元})$$

所以，全部效益折算到 1991 年年初的现值为 560.31 万元。

4. 资金回收公式

资金回收公式的经济意义是：当利率为 i 时，在复利计算的条件下，如果现在借出一笔现值为 P 的资金，那么在今后 n 期内连续每期期末需等额回收多少本息 A，才能保证期满后回收全部本金和利息。也就是已知 P、i、n 求 A。

由其意义可知，资金回收公式是等额系列现值公式的逆运算，于是有：

$$A = P \times \left[\frac{i(1+i)^n}{(1+i)^n-1}\right] = P \times (A/P, i, n) \tag{3-7}$$

式中，$\frac{i(1+i)^n}{(1+i)^n-1}$ 称为资金回收因子(Capital recovery factor)，常以 $(A/P, i, n)$ 表示。

【例 3－8】 假设某工程建设期初在银行存入建设资金8 000万元，以后在 4 年内每年年末从银行均匀提取现金用于工程建设，若年利率为 7%，问每年年末可以从银行提取多少万元？

解：已知 $P=8\ 000$ 万元，$i=0.07$，$n=4$ 年，求 A。由式(3-7)：

$$A = P \times \left[\frac{i(1+i)^n}{(1+i)^n-1}\right] = 8\ 000 \times \frac{0.07 \times (1+0.07)^4}{(1+0.07)^4-1} = 2\ 361.82(\text{万元})$$

可见，每年年末可以从银行提取 2 361.82 万元。

三、等差系列类型

水利水电工程的建设往往历时较长，常见的情形是随着工程的进展，机组设备逐年增加，发电效益和年运行费亦随之逐年递增，直至全部发电机组安装完毕。这时，现金流量表现为逐年递增的等差序列，下面就对这种等差系列的资金等值计算进行讨论。

设有一系列等差现金流 $0, G, 2G, \cdots, (n-1)G$ 分别于第 $1, 2, 3, \cdots, n$ 年年末发生，求该等差系列在第 n 年年末的终值 F、在第 1 年年初的现值 P，以及相当于等额多次支付类型的年等值 A，假设年利率为 i。等差系列类型的典型现金流量如图 3-6 所示。

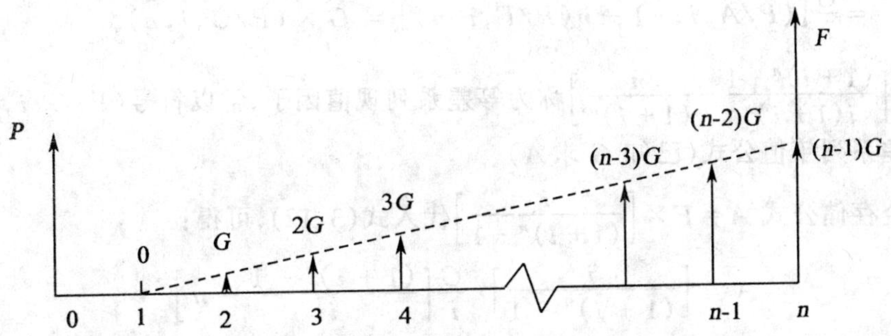

图 3-6　等差系列类型的典型现金流量图

一般认为，P 发生在第一年年初，F 发生在第 n 年年末，而 G 发生在每一年的年末。需要注意的是，这个等差系列是从 0 开始的，第 n 年的现金流量为 $(n-1)G$。之所以会有这个约定，是因为这种类型的等差序列求和公式的表达形式最简单，读者可以对照后面的公式自行验证。

等差系列现金流量的折算公式有三个。

1. 等差系列终值公式（已知 G 求 F）

由图 3-6 可知，该等差序列的终值可以看做是若干不同年数而同时到期的资金总额，则第 n 年年末的终值 F 可以用下式计算：

$$F = G \cdot (1+i)^{n-2} + 2G \cdot (1+i)^{n-3} + \cdots + (n-2)G \cdot (1+i)^1 + (n-1)G \tag{3-8}$$

将上式左右两边同时乘以 $(1+i)$，得：

$$(1+i)F = G \cdot (1+i)^{n-1} + 2G \cdot (1+i)^{n-2} + \cdots + (n-2)G \cdot (1+i)^2 + (n-1)G \cdot (1+i)^1 \tag{3-9}$$

(3-9)式减(3-8)式，得：

$$F \cdot i = G \cdot (1+i)^{n-1} + G \cdot (1+i)^{n-2} + \cdots + G \cdot (1+i)^1 - (n-1)G \tag{3-10}$$

再次将上式左右两边同时乘以 $(1+i)$，得：

$$F \cdot i \cdot (1+i) = G \cdot (1+i)^n + G \cdot (1+i)^{n-1} + \cdots + G \cdot (1+i)^2 - (n-1)G \cdot (1+i) \tag{3-11}$$

(3-11)式减(3-10)式，得：

$$F \cdot i^2 = G \cdot (1+i)^n - nG \cdot (1+i) + (n-1)G$$

整理可得：

$$F = \frac{G}{i}\left[\frac{(1+i)^n - 1}{i} - n\right] = \frac{G}{i}[(F/A,i,n) - n] = G \times (F/G,i,n) \quad (3\text{-}12)$$

式中，$\frac{1}{i}\times\left[\frac{(1+i)^n-1}{i}-n\right]$称为等差系列终值因子，常以符号$(F/G,i,n)$表示。

2. 等差系列现值公式(已知 G 求P)

将一次支付终值公式 $F=P(1+i)^n$，代入(3-12)式，可得：

$$P = \frac{1}{(1+i)^n}\cdot\frac{G}{i}\left[\frac{(1+i)^n - 1}{i} - n\right] = \frac{G}{i}\left[\frac{(1+i)^n - 1}{i(1+i)^n} - \frac{n}{(1+i)^n}\right]$$

$$= \frac{G}{i}[(P/A,i,n) - n(P/F,i,n)] = G \times (P/G,i,n) \quad (3\text{-}13)$$

式中，$\frac{1}{i}\times\left[\frac{(1+i)^n-1}{i(1+i)^n}-\frac{n}{(1+i)^n}\right]$称为等差系列现值因子，常以符号$(P/G,i,n)$表示。

3. 等差系列年值公式(已知 G 求A)

将基金存储公式 $A=F\times\left[\frac{i}{(1+i)^n-1}\right]$代入式(3-12)，可得：

$$A = \left[\frac{i}{(1+i)^n - 1}\right]\cdot\frac{G}{i}\left[\frac{(1+i)^n - 1}{i} - n\right]$$

$$= G\left[\frac{1}{i} - \frac{n}{(1+i)^n - 1}\right] = G \times (A/G,i,n) \quad (3\text{-}14)$$

式中，$\left[\frac{1}{i}-\frac{n}{(1+i)^n-1}\right]$称为等差系列年值因子，常以符号$(A/G,i,n)$表示。

【例 3-9】 有一项水利工程，在最初十年内，效益逐年成等差增加，具体各年效益如下：

表 3-2 某水利工程各年效益表 （单位：万元）

年　份	1	2	3	4	5	6	7	8	9	10
效益(万元)	100	200	300	400	500	600	700	800	900	1000

已知 $i=7\%$，试问：① 到第十年末的总效益为多少万元(假定效益发生在年末)？② 这十年的效益现值(第一年年初)为多少？③ 这些效益相当于每年均匀获益多少？

解：该问题的现金流量图如下：

由等差系列计算公式的推导过程可知，如果要直接利用这些公式进行计算，就必须满足一定的前提条件，即：系列的第一个值必须为 0，现值折算基准点为系列的第一年(现金流量为 0 的那一年)的年初。

由于本例要求的折现基准点为图中的 0 点，所以不能直接使用前面推导的公式。为此，我们在图 3-7 中 $P=100$ 的位置作水平线 a(点划线)，将等差系列分为两部分：上半部分依然是一个 $G=100$ 的等差系列，且 $n=10$ 年；下半部分成为一个等额系列，且 $A=100$，$n=10$。两个系列的计算基准点均为图 3-7 中的 0 点。于是，直接使用公式的条件就满足了，只要对两个系列分别进行计算，两部分之和就是原来的等差系列。

① 十年后的效益终值为：

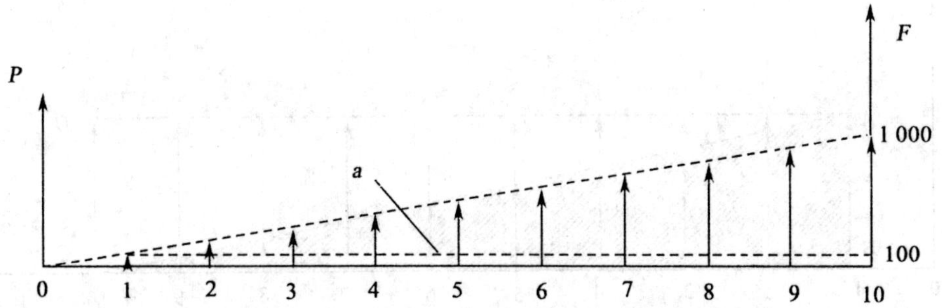

图 3-7　等差递增系列的计算

$$F=A\left[\frac{(1+i)^n-1}{i}\right]+\frac{G}{i}\left[\frac{(1+i)^n-1}{i}-n\right]$$

$$=100\times\frac{(1+0.07)^{10}-1}{0.07}+\frac{100}{0.07}\times\left[\frac{(1+0.07)^{10}-1}{0.07}-10\right]=6\ 833.7(万元)$$

② 十年的效益现值为:

$$P=A\left[\frac{(1+i)^n-1}{i(1+i)^n}\right]+\frac{G}{i}\left[\frac{(1+i)^n-1}{i(1+i)^n}-\frac{n}{(1+i)^n}\right]$$

$$=100\times\frac{(1+0.07)^{10}-1}{0.07\times(1+0.07)^{10}}+\frac{100}{0.07}\times\left[\frac{(1+0.07)^{10}-1}{0.07\times(1+0.07)^{10}}-\frac{10}{(1+0.07)^{10}}\right]$$

$$=3\ 473.9(万元)$$

当然,也可以利用一次支付现值公式将终值直接折算为现值,即:

$$P=\frac{F}{(1+i)^n}=\frac{6\ 833.7}{(1+0.07)^{10}}=3\ 473.9(万元)$$

③ 相当于每年均匀获益为:

$$A=a+G\times\left[\frac{1}{i}-\frac{n}{(1+i)^n-1}\right]$$

$$=100+100\times\left[\frac{1}{0.07}-\frac{10}{(1+0.07)^{10}-1}\right]=494.6(万元)$$

可见,使用等差系列的计算公式时,最重要的是确定计算基准点,根据基准点可判断是否满足直接使用计算公式的条件,并正确确定计算期的长度。

上述等差系列的计算公式,都是按等差递增的情况推导出来的,如果系列为等差递减,如图 3-8 阴影部分所示,则不能直接使用这些公式进行计算。但是,我们只要做一些变换,就又可以利用原来的计算式。

图中递减等差系列(阴影 ABC)可以看成是等额系列 $ABCD$ 减去递增等差系列 ACD 后的剩余部分,而等额系列和递增等差系列均可用前面已推导得到的公式计算,于是就解决了递减等差系列的计算问题。需注意的是,这三个系列的现值折算基准点均为图中所示的 0 点,即 P 所在的位置。

四、资金等值计算基本公式小结

本章共介绍了三种类型的资金等值计算公式,即一次支付类型、等额多次支付类型及等

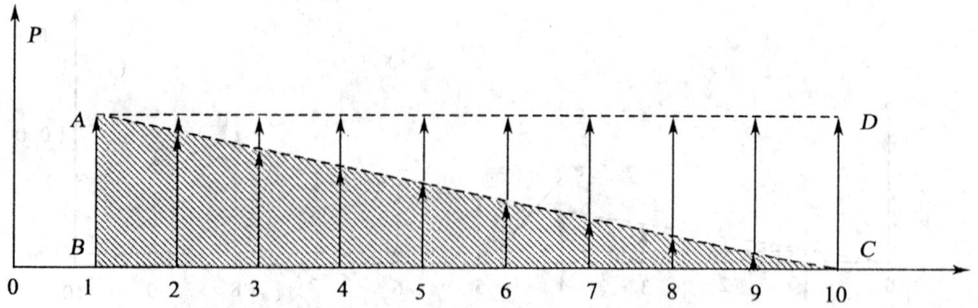

图 3-8　等差递减与等差递增系列的转换

差系列类型。为便于比较、分析和查阅,将公式汇总列表如表 3-3 所示。

表 3-3　资金等值计算基本公式汇总表

类型	公式名称	已知	求解	计算公式	系数名称及表示符号
一次支付	一次支付终值公式	P	F	$F=P(1+i)^n$	一次支付终值因子 $(F/P,i,n)$
	一次支付现值公式	F	P	$P=F/(1+i)^n$	一次支付现值因子 $(P/F,i,n)$
等额多次支付	等额系列终值公式	A	F	$F=A\times\left[\frac{(1+i)^n-1}{i}\right]$	等额系列终值因子 $(F/A,i,n)$
	基金存储公式	F	A	$A=F\times\left[\frac{i}{(1+i)^n-1}\right]$	基金存储公式因子 $(A/F,i,n)$
	等额系列现值公式	A	P	$P=A\times\left[\frac{(1+i)^n-1}{i(1+i)^n}\right]$	等额系列现值因子 $(P/A,i,n)$
	资金回收公式	P	A	$A=P\times\left[\frac{i(1+i)^n}{(1+i)^n-1}\right]$	资金回收公式因子 $(A/P,i,n)$
等差系列	等差系列终值公式	G	F	$F=\frac{G}{i}\left[\frac{(1+i)^n-1}{i}-n\right]$	等差系列终值因子 $\frac{1}{i}\left[\frac{(1+i)^n-1}{i}-n\right]$
	等差系列现值公式	G	P	$P=\frac{G}{i}\left[\frac{(1+i)^n-1}{i(1+i)^n}-\frac{n}{(1+i)^n}\right]$	等差系列现值因子 $\frac{1}{i}\left[\frac{(1+i)^n-1}{i(1+i)^n}-\frac{n}{(1+i)^n}\right]$
	等差系列年值公式	G	A	$A=G\left[\frac{1}{i}-\frac{n}{(1+i)^n-1}\right]$	等差系列年值因子 $\left[\frac{1}{i}-\frac{n}{(1+i)^n-1}\right]$

在以上资金等值计算公式中，一次支付终值公式是最基本的，其他所有公式均可由他推导而来。从理论上讲，资金等值计算只需要这一个公式就可以了。但是，当现金流系列呈现某种规律，如等额、等差时，直接使用那些推导出来的公式会比较方便。

其次，等额系列终值公式也比较重要，等额多次支付类型的其他公式均可由等额系列终值公式与一次支付终值公式联合推导得到。

此外，资金等值计算还有一些其他类型的公式，如等比系列类型、连续计息类型等。由于这些类型在实际中很少使用，故在此不作介绍，感兴趣的读者请参考相关文献。

第三节　名义年利率与实际年利率

在工程经济分析中，一般复利计算都以年为计息周期。但在实际经济活动中，计息周期也可能小于年，如半年、季度、月、周、天等。这样就出现了不同计息周期的利率换算问题。

所谓名义年利率是指计息周期小于年，但按单利计算的年利率。假如计息周期为月，且月利率为 1%，通常称为“年利率 12%，每月计息一次”，这个年利率 12% 称为“名义年利率”。因此，名义年利率等于每一计息周期的利率与每年的计息周期数的乘积。名义年利率忽略了利息的时间价值，是按单利法计算一年所得利息与本金之比。若按单利计息，名义年利率与实际年利率是一致的。而实际利率是指按复利计算的年利率。

假如本金 1 000 元，年利率 12%，若每年计息一次，一年后本利和为：

$$F = 1\ 000 \times (1 + 0.12) = 1\ 120(\text{元})$$

按年利率 12%，每月计息一次，一年后本利和为：

$$F = 1\ 000 \times (1 + 0.12/12)^{12} = 1\ 126.8(\text{元})$$

实际年利率 i 为：

$$i = \frac{1\ 126.8 - 1\ 000}{1\ 000} \times 100\% = 12.68\%$$

这个“12.68%”就是实际年利率。

名义年利率与实际年利率的关系如下：

设名义年利率为 r，一年中计息次数为 m，则一个计息周期的利率应为 r/m，一年后本利和为：

$$F = P(1 + r/m)^m$$

利息为：

$$I = F - P = P(1 + r/m)^m - P$$

按利率定义，得实际年利率 i 为：

$$i = \frac{I}{P} = \frac{P(1 + r/m)^m - P}{P} = (1 + r/m)^m - 1$$

所以，名义年利率与实际年利率的换算公式为：

$$i = (1 + r/m)^m - 1 \tag{3-15}$$

当 $m = 1$ 时，名义年利率等于实际年利率；当 $m > 1$ 时，实际年利率大于名义年利率。当 $m \to \infty$ 时，即按连续复利计算时，i 与 r 的关系为：

$$i = \lim_{m \to \infty}[(1 + r/m)^m - 1] = \lim_{m \to \infty}[(1 + r/m)^{m/r}]^r - 1 = e^r - 1 \tag{3-16}$$

在上例中，若按连续复利计算，实际利率为：

$$i = e^{0.12} - 1 = 1.1275 - 1 = 12.72\%$$

思考与习题

1．什么叫资金的时间价值？在经济计算中它的主要表现形式是什么？

2．静态与动态经济计算方法的主要区别在哪几个方面？

3．什么叫利息？利息的计算方法有哪几种？各有什么特点？

4．画资金流程图有什么好处？为什么要采用计算基准年？

5．在表3-3前六个基本计算公式中，哪两个公式是最基本的？

6．试推导等差额增长系列的终值、现值、年值的折算公式。

7．什么叫实际年利率？什么叫名义年利率？两者的关系如何？

8．某企业兴建一工业项目，第一年投资1 000万元，第二年投资2 000万元，第三年投资1 500万元，投资均在年初发生，其中第二年和第三年的投资由银行贷款，年利率为12%。该项目从第三年起开始获利并偿还贷款，10年内每年年末获净收益2 000万元，银行贷款分5年等额偿还，问每年应偿还银行多少万元？画出企业的现金流量图。

9．某企业获得一笔80 000元的贷款，偿还期为4年，按年利率10%计复利，有四种还款方式：

a)每年年末偿还20 000元本金和所欠利息；

b)每年年末只偿还所欠利息，第4年年末一次还清本金；

c)在4年中每年年末等额偿还；

d)在第4年末一次还清本息。

试计算各种还款方式所付出的总金额。

10．第1年初投资2 000元，第2年末投资2 500元，第4年末投资1 000元，若年利率为4%，第10年末本利和是多少？

11．某企业10年内支付租赁费3次：第1年末支付1 000元，第4年末支付2 000元，第8年末支付3 000元。设年利率为8%，试求这一系列支付折合年值是多少？

12．一笔贷款的协议书中规定：借款期为5年，年利率为10%，每年年末归还1 000元，5年内本利和全部还清。试求这项贷款的本金是多少？

13．某公司租借一仓库，租赁合同规定：租期8年，年利率7%，第一年支付租金20 000元，以后每年租金递增1 500元，直到租约满期为止。试求全部租金的现值是多少？

14．某企业向银行借款，协议书中规定：借款期为6年，年利率第1年和第2年为3%，第3年和第4年为6%，第5年和第6年为12%，借款本利分三次还清，第2年末归还20 000元，第4年末归还30 000元，第6年末归还50 000元。试问本借款总额是多少？

15．企业五年后需10万元作技术改造经费，年利率为8%，问(1)现在应一次性存入银行多少基金？(2)若每年等额存储，每年应存入多少基金？

16．某公司生产一种新型电脑，销售价为每台2万。因有些买主不能一次付清，公司允许分期付款，但按1.5%的月利率计算欠款利息，现有两位买主，请你帮忙计算各自应付的款项：

1)提货时付款4 000元,其余的在5年内半年还一次,每次付款相等,问他每次应付款多少?

2)在三年内每月还500元,不够的在三年末全部还清,问他最后一次要还多少?

第四章　工程经济效果评价

工程经济效果评价是投资项目或方案评价的核心内容，是项目决策科学化的重要手段。经济效果评价通常应从两方面加以考察：一是所谓“绝对经济效果检验”，即通过项目方案本身的收益与费用的比较评价方案；一是“相对经济效果检验”，即从多个方案中选择最优方案。在工程经济分析中，两者总是相辅相成的。

项目的经济效果可以用一系列的经济评价指标来反映，它们从不同角度反映项目的经济性。这些指标主要可以分为两类：一类是以货币单位计量的价值型指标，如净现值、净年值、费用现值、费用年值等；另一类是反映资金利用效率的效率型指标，如效益费用比、内部收益率等。由于这两类指标是从不同角度考察项目的经济性，所以在对项目方案进行经济效果评价时，应当尽量同时选用这两类指标而不是单一指标。

按是否考虑资金的时间价值，经济效果评价指标分为静态评价指标和动态评价指标。不考虑资金时间价值的评价指标称为静态评价指标；考虑资金时间价值的评价指标称为动态评价指标。静态评价指标主要用于技术经济数据不完备和不精确的项目初选阶段；动态评价指标则用于项目最后决策的可行性研究阶段。本书中主要讨论动态评价指标及其评价方法。

根据所采用指标的不同，经济效果评价方法有净现值(年值)法、效益费用比法、内部收益率法、投资回收年限法等。

另外，由于项目方案的决策类型有多种，各类指标的适用范围和应用方法也是不同的，因此也需要根据不同方案的不同决策类型选择合适的评价方法。

第一节　工程方案决策类型

为达到同一目的，往往可以有多种不同的技术方案，其所需的投入产出可能是不同的，因投入和产出可能转化为货币单位，所以，从经济角度来看，技术方案亦是投资方案，即以一定的资金投入获取相应的经济效益。

对投资方案作经济效果评价要解决两个问题：

(1)经济效果是否满足某一绝对检验标准，即“筛选”方案；

(2)看哪个方案的经济效果更好，即“择优”问题。

以上两个问题的解决方法，根据各方案之间的关系，一般可分为独立方案、互斥方案和相关方案三种决策类型。

一、独立方案

独立方案是指各方案之间相互独立，不具有相关性。各方案可同时独立存在，选定一方案并不妨碍选定另一方案，只要经济上允许也可同时选定方案群中的有利方案加以组合，任一方案的采用与否均不影响其他方案是否被采用，并且其经济效果可以相加。

独立方案的采用与否，只取决于方案自身的经济性，经济上是否可行的判据是其绝对经济效果指标是否优于一定的检验标准。凡通过绝对效果检验的方案，就认为它在经济上是可以接受的，否则就应予以拒绝。因此，多个独立方案与单一方案的评价方法是相同的。

对于独立方案而言，不论采用哪种评价指标和评价方法，评价结果都是一样的。

二、互斥方案

互斥方案是指方案之间存在互相排斥的关系，进行方案比选时，选定其中一个方案就不能再选其余方案。

同一工程的不同规模是互斥方案的典型例子，例如某坝址的水电工程，选高坝方案就不能选低坝方案，它们构成互斥的比较方案。

在水利工程中，为达到同一目的，往往在技术上有多种可行的方案，它们构成互斥方案，常称为替代方案，其中仅次于最优方案的替代方案称为最优等效替代方案。

在方案互斥的条件下，经济效果评价包含了两部分内容：一是考察各个方案自身的经济效果，即进行绝对效果检验；二是考察哪个方案最优，即相对效果检验。两种检验的目的和作用不同，通常缺一不可。

互斥方案经济效果评价的特点是要进行方案比选，不论使用何种评价指标，都必须满足方案间具有可比性的要求。一般来说，各个比较方案应满足下列可比性条件：

1.满足需要的可比性

各个比较方案在产品（水、电或其他）数量、质量、时间、地点、可靠性等方面，须同等程度地满足国民经济发展的需要。例如，为了满足某一地区供水的要求，可以就地开发地下水资源，开凿深井，抽引地下水；也可以在河流上筑坝拦蓄地面径流，经沉淀、过滤、消毒后输水供给各个用水户。这两个方案在技术上都是可行的，均能满足该地区对水量、水质及可靠性等要求。

2.满足效益和费用的可比性

满足效益和费用的可比性要求主要表现在性质和计算范围两个方面：

(1)要使用统一货币单位和接近于价值的价格。当前在经济比较分析中存在一个重要的问题，就是我国某些工农业产品（例如粮食、燃料、电力等）的现行价格不能反映其价值，价格与价值之间存在着相当大的背离。因此，国家计委于1987年颁布的《建设项目经济评价方法与参数》中明确规定：在进行国民经济评价时，对于国内价格明显不合理的投入物和产出物，应以影子价格进行效益和费用的计算。

(2)计算范围如直接效益（费用）、间接效益（费用）必须相同。比如工程费用，不仅包括工程的一次性造价和经常性年运行费两部分，还应包括主体工程和配套工程等全部费用。例如在电力建设工程中，无论考虑水电站方案或火电站方案，其费用都应从一次能源开发工程计算起，至二次能源转变完成并输电至负荷中心地区为止。因此，水电方案的费用应包括水库、输水建筑物、水电厂、输变电工程等各部分费用；火电方案的费用则应包括煤矿、铁路、火电厂、输变电工程等各部分费用，这样水电、火电开发方案的总费用才具有可比性。

3.满足时间上的可比性

各个比较方案需满足时间上的可比性，指的是：

(1)要考虑资金的时间价值。由于各个方案的建设期及各年投资不同，生产期各年的效益和年运行费亦不相同，为了进行比较，必须把各年的投资、运行费和效益按同一折现率折算到同一计算基准年，然后进行方案比较。

(2)经济计算期的一致性。某些经济效果评价方法要求经济计算期相同，如经济计算期不同，则需化为相同，或采用不要求经济计算期相同的评价方法，如净年值法等。

(3)为使方案具有一致的比较基础，必须在同一经济计算期内、按同一基准点、以同一利率考虑各方案的经济效果。

4.满足环境保护、生态平衡等要求的可比性

修建电站无论采用哪个方案，都应同等程度满足国民经济对环境保护、生态平衡等方面的要求，或者采取补偿措施，使各比较方案都能满足国家规定的要求。例如，水电站方案一般均有水库淹没损失，此时应考虑各种补偿投资费用，以便安置库区移民，使他们搬迁后的生产和生活水平，不低于原来水平，对淹没对象应考虑防护工程费或恢复改建费。火电站方案当燃烧煤炭时，必然对四周环境产生污染，因此应及早考虑设置消烟、除尘、去硫设备以及灰碴清除工程，保证环境质量，为此增加的费用，均应计入火电站的基本建设投资中。

三、相关方案

在多个方案之间，如果接受或拒绝某一方案，会显著改变其他方案的现金流量，或会影响对其他方案的选择，我们说这些方案是相关的。实际上，我们可以将独立方案和互斥方案看成是相关方案的特例，可以认为，独立方案是相关系数为 0 的相关方案，互斥方案是相关系数为 1 的相关方案。

相关方案的例子很多，如为解决防洪问题，既可以修建水库，也可以整治河道，或是修筑堤防工程等，还可以同时采用以上几种措施组合。又比如为满足运输要求，可以修建铁路、公路或两者都建，各方案之间既互相影响，但又非互相排斥，这些都是相关方案的情况。

在对水利工程的经济效果进行评价时，相关方案不能简单地按照独立方案或互斥方案的评价方法进行决策，而常采用穷举法，将各方案组合成完全互斥的方案，再按互斥方案的评价方法进行评价选择。

以前面提到的防洪问题为例，我们可以将 3 种措施组合成 7 种互斥方案：① 只修建水库；② 只整治河道；③ 只修筑堤防工程；④ 修建水库并整治河道；⑤ 修建水库并修筑堤防工程；⑥ 整治河道并修筑堤防工程；⑦ 修建水库、整治河道并修筑堤防工程；⑧ 无为方案(0 方案)。这样，就可以按互斥方案的评价方法对这 8 种方案进行评价。

第二节 净现值、净年值及其评价方法

一、净现值

净现值(Net Present Value，简写为 NPV)是对投资项目进行动态评价的最重要的指标之一，它可以反映出项目在经济寿命期内的获利能力。该指标是把项目经济寿命期内各年的效益和费用按一定的折现率折算到某一基准年(通常在投资期初)后的现值累加值。因

此，净现值法的原理就是净现值的大小来评价工程方案的合理性。净现值的计算式为：

$$NPV = B - C = \sum_{t=0}^{n} \frac{B_t - C_t}{(1 + i_0)^t} \tag{4-1}$$

式中，B_t 为第 t 年的效益(Benefit)；i_0 为基准折算率(Interest)；

C_t 为第 t 年的费用(Cost)，包括项目投资 K_t 及年运行费 U_t，即 $C_t = U_t + K_t$。

对独立项目而言：

(1)当 $NPV>0$，即 $B>C$，表示项目总效益大于总费用，方案在经济上是可行的；

(2)当 $NPV<0$，即 $B<C$，表示项目总效益小于总费用，方案在经济上是不可行的；

(3)当 $NPV=0$，即 $B=C$，表示项目总效益等于总费用，这时应对方案作综合评价，如果项目对国民经济有利，则方案也是可行的。

当进行互斥方案优选时，采用净现值法时要求各比选方案具有相同的寿命期，寿命期不同，采用如下处理办法化为相同的寿命期：① 以各方案寿命的最小公倍数为公共的计算分析期，期内各方案均有若干次设备更新；② 以各方案中最短的寿命为计算期，其余方案在期末计算重估价值；③ 以各方案中最长的寿命为计算期，其余方案进行若干次设备更新，并计算期末残值。

因此，对于互斥方案优选，首先将各方案化为相同的寿命期，然后，计算各方案的净现值，所有净现值大于零的方案都是可行的方案，且净现值最大的方案为最优方案。

【例 4-1】 某水利建设项目共有 A、B、C 三个方案，各方案的建设期均为 6 年(1995～2000 年)，其中包括投产期(1999～2000 年)2 年，生产期均为 50 年(2001～2050 年)。各方案的投资 K_t、年运行费 U_t 及年效益 B_t 如表 4-1 所示。设社会折现率为 7%，试用净现值法选择经济上最有利的方案。

表 4-1 某建设项目各年投资年运行费及年效益表 (单位：百万元)

方案 / 年份	投资 K_t			年运行费 U_t			年效益 B_t		
	方案 A	方案 B	方案 C	方案 A	方案 B	方案 C	方案 A	方案 B	方案 C
1995	100	120	150						
1996	150	200	250						
1997	250	300	350						
1998	150	200	250						
1999	100	120	150	4	5	6	100	120	130
2000	50	70	100	8	9	10	150	180	200
2001				10	12	15	200	230	250
2002				10	12	15	200	230	250
…				…	…	…	…	…	…
2050				10	12	15	200	230	250
小计	800	1010	1250						

解：计算步骤如下：

(1)首先画出本例的资金流程图，这里仅以方案 A 为例，其余各方案类似。如图 4-1 所示。

(2)以建设期初为基准年，即 1995 年初(图中虚线处)，据此进行投资、年运行费和效益的现值计算。对方案 A 有：

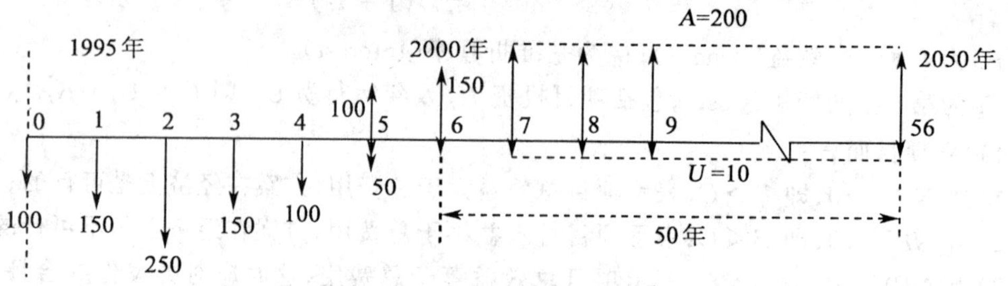

图 4-1　方案 A 的资金流程图

投资现值：

$$\begin{aligned}K_A &= 100 + 150/(1+0.07)^1 + 250/(1+0.07)^2 + \cdots + 50/(1+0.07)^5 \\ &= 100 + 140.19 + 218.36 + 122.44 + 76.29 + 35.65 \\ &= 692.93(\text{百万元})\end{aligned}$$

年运行费现值：

$$U_A = 4/(1+0.07)^5 + 8/(1+0.07)^6 + 10 \times \left[\frac{(1+0.07)^{50}-1}{0.07\times(1+0.07)^{50}}\right] \Big/ (1+0.07)^6$$

$$= 100.14(\text{百万元})$$

效益现值：

$$B_A = 100/(1+0.07)^5 + 150/(1+0.07)^6 + 200 \times \left[\frac{(1+0.07)^{50}-1}{0.07\times(1+0.07)^{50}}\right] \Big/ (1+0.07)^6$$

$$= 2010.45(\text{百万元})$$

同理可计算出方案 B、C 的投资现值、运行费现值和效益现值，为了叙述的方便，我们将结果列表如下：

表 4-2　各方案的投资净现值、运行费净现值和效益净现值　　(单位：百万元)

项目＼方案	方案 A	方案 B	方案 C
投资现值 K	692.93	873.66	1079.16
运行费现值 U	100.14	119.91	148.88
效益现值 B	2010.45	2320.58	2524.96

(3)求各方案的净现值：

方案 A：$NPV_A = 2010.45 - 692.93 - 100.14 = 1217.38$(百万元)

方案 B：$NPV_B = 2320.58 - 873.66 - 119.91 = 1327.01$(百万元)

方案 C：$NPV_C = 2524.96 - 1079.16 - 148.88 = 1296.92$(百万元)

从净现值的角度来看，三个方案在经济上都是可行的。由于 A、B、C 是同一建设项目的三个比较方案，因此它们形成互斥方案，按照净现值最大原则，方案B是最优方案。

下面对净现值做进一步讨论。由净现值的计算表达式可以看出，净现值的大小对折现率 i 比较敏感。若以纵坐标表示净现值，横坐标表示折现率 i，则净现值与折现率 i 的关系可以用图4-2表示：

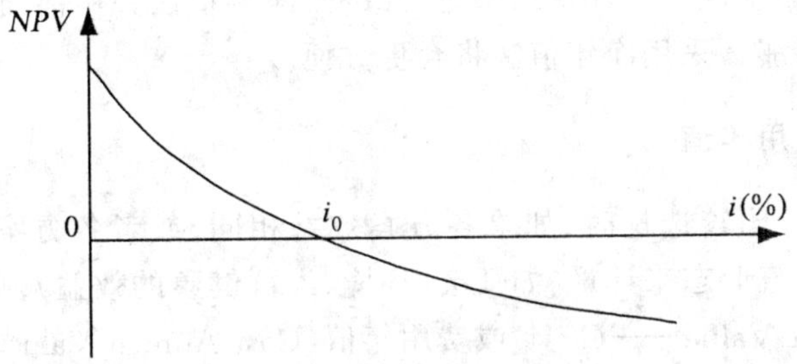

图4-2　净现值 NPV 与折现率 i 的关系

可见净现值 NPV 与折现率 i 的关系有如下特点：

(1)净现值随折现率的增大而减小，故基准折现率 i_0 定得越高，能被接受的方案就越少；

(2)曲线与横轴的交点表示在该折现率 i_0 下，净现值 NPV 等于0，这个 i_0 是一个具有重要经济意义的折现率临界值，被称为内部收益率，后面还要对他做详细分析。

净现值法具有计算简便、直观明了的优点，而且无需进行增量分析，用于寿命期相同的互斥方案尤为合适。

二、净年值

净年值(Net Annual Value，简写为 NAV)是通过资金的等值计算将项目的净现值分摊到寿命期内各年(从第一年到第 n 年)的等额年值。净年值的计算公式如下：

$$NAV = NPV \cdot (A/P, i_0, n) = \left(\sum_{t=0}^{n} \frac{B_t - C_t}{(1+i_0)^t}\right) \cdot \frac{i_0 \cdot (1+i_0)^n}{(1+i_0)^n - 1} \qquad (4\text{-}2)$$

净年值法的判别准则与净现值法一致，用净年值指标进行多方案的比选时，可按下面的步骤进行：

(1)计算各方案的净年值，淘汰净年值小于零的方案；

(2)余下的方案中，净年值越大，表明方案的经济效益越好。

将净年值的计算公式和判别原则与净现值的计算公式和判别原则作一比较可知，净年值与净现值在项目评价的结论上总是一致的，是等效的评价指标。与净现值法不同的是，对于寿命期不同的比较方案，使用年值法可以使方案之间具有可比性，而不必强求经济计算期相同，这时采用净年值法比采用净现值法更为简便和易于计算，故净年值指标在经济评价指标体系中占有相当重要的地位。

【例4-2】　原题参见【例4-1】，试用净年值法对各方案进行评价。

解：计算过程如下：

资金回收因子：$(A/p, i, n) = \dfrac{i(1+i)^n}{(1+i)^n - 1} = \dfrac{0.07 \times (1+0.07)^{56}}{(1+0.07)^{56} - 1} = 0.07162$

方案 A 的年值：$NAV_A = NPV_A \times (A/P, i, n) = 1217.38 \times 0.07162 = 87.19$(百万元)

方案 B 的年值：$NAV_B = NPV_B \times (A/P, i, n) = 1327.01 \times 0.07162 = 95.04$(百万元)

方案 C 的年值：$NAV_C = NPV_C \times (A/P, i, n) = 1296.92 \times 0.07162 = 92.89$(百万元)

由净年值法的评价准则可知，方案 B 在经济上最优。由于本例各方案的寿命期相同，所以用净年值法与用净现值法的评价结果是一致的，净年值法并不能简化计算。但是，如果各方案的寿命期不同，那么采用净年值法将会更方便。

三、费用现值与费用年值

在对多个方案进行比较选优时，如果各方案效益相同，或者各方案能够满足同样的需要，但其效益难以用价值形态来计量(如社会、环境、人群健康的效益)，则可以通过对各方案费用现值(Cost Present Value——*CPV*)或费用年值(Cost Annual Value——*CAV*)的比较进行选择。

费用现值(或费用年值)法实际上是净现值(或净年值)法的特例，当各方案的效益值相同而不必参与计算时，净现值(或净年值)法就可转换成费用现值(或费用年值)法。

费用现值(或费用年值)指标只能用于多个方案的比选，对于单一方案的评价，费用现值(或费用年值)指标毫无意义，其判别准则是费用现值(或费用年值)最小的方案为最优方案。

费用现值与费用年值的关系，与净现值和净年值的关系一样，因此就评价结论而言，二者是等效评价指标。二者除了在指标含义上有所不同外，就计算的方便简易而言，不同的方案类型下各有所长。

四、净现值率

净现值用于多方案比较时，虽然能反映每个方案的赢利水平，但是由于没有考虑各方案的投资额大小，因而不能直接反映资金的利用效率。为了弥补这方面的不足，可采用净现值率作为净现值的辅助指标。

净现值率(Net Present Value Ratio，简写为 *NPVR*)定义为项目净现值与项目总投资额之比，其经济意义是单位投资现值所能带来的净现值。计算式为：

$$NPVR = \frac{NPV}{K} = \frac{B - C}{K} = \sum_{t=0}^{n} \frac{B_t - C_t}{K(1 + i_0)^t} \tag{4-3}$$

式中，K——投资额的现值。其余符号意义同前。

当项目投资没有资金限制时，选取 *NPV* 最大的方案作为最优方案；若投资有资金限制，应计算 *NPVR*，选择 $NPVR \geqslant 0$ 且 *NPVR* 最大的方案作为最优方案。

如【例 4－1】中，各方案的净现值率为：

方案 A：
$$NPVR_A = \frac{1217.38}{692.93} = 1.757$$

方案 B：
$$NPVR_B = \frac{1327.01}{873.66} = 1.519$$

方案 C：
$$NPVR_C = \frac{1296.92}{1079.16} = 1.202$$

可见，当项目投资没有资金限制时，我们无论采用净现值法或净年值法，结论都是方案 B 最优。但是，当项目投资资金有限制时，则选择方案 A 是最有利的，因为它的单位投资净效益最大。

第三节 效益费用比及其评价方法

效益费用比(Benefit Cost Ratio)是指工程方案在经济分析期中的各年效益的折算现值之和(或年值),与各年费用的折算现值之和(或年值)的比值。因此,效益费用比法的原理就是效益费用比的大小来评价工程方案的经济合理性。效益费用比计算式为:

$$R = \frac{B_{总}}{C_{总}} = \sum_{t=1}^{n} \frac{B_t}{(1+i_0)^t} \Bigg/ \sum_{t=1}^{n} \frac{C_t}{(1+i_0)^t} \tag{4-4}$$

或

$$R = \frac{B_{年}}{C_{年}} \tag{4-5}$$

式中,R 为效益费用比(Ratio);$B_{总}$、$C_{总}$ 分别为总效益、总费用,指折算到基准年的效益或费用之和;$B_{年}$、$C_{年}$ 分别为年效益、年费用,将总效益或总费用折算到每年的年等值。

就独立方案而言:

(1)当 $R>1$,即 $B>C$,方案在经济上是可行的;

(2)当 $R<1$,即 $B<C$,方案在经济上是不可行的;

(3)当 $R=1$,即 $B=C$,这时应对方案进行全面分析,并衡量间接效益的大小。

【例 4-3】 原题参见【例 4-1】,试用效益费用比法对各方案进行评价。

解:按【例 4-1】的计算结果,可得各方案的效益费用比:

方案 A: $R_A = \frac{2010.45}{692.93+100.14} = 2.535$

方案 B: $R_B = \frac{2320.58}{873.66+119.91} = 2.336$

方案 C: $R_C = \frac{2524.96}{1079.16+148.88} = 2.056$

由于三个方案的效益费用比均大于 1,因此在经济上都是可行的。但是,因为它们属互斥方案,我们还不能仅凭其效益费用比来选择最优方案。

当进行互斥方案优选时,采用效益费用比法亦要求各比选方案具有相同的寿命期。效益费用比大于或等于 1.0 的方案在经济上都是可行的。而对于互斥方案的比较,则应在各可行方案中,对增加投资所得的效益进行增量分析,计算边际效益费用比。只有当增量的效益费用比大于或等于 1.0 时,增加投资的方案才是在经济上可行的。

增量分析的原理是:按费用的大小排队,对相邻方案进行增量分析,即对增加的费用 ΔC 和增加的效益 ΔB,计算其增量效益费用比 $\Delta R = \Delta B/\Delta C$,并按以下规则判断:

(1)当 $\Delta R>1$ 时,$\Delta B>\Delta C$,说明增加投资、扩大工程规模在经济上是合理的;

(2)当 $\Delta R<1$ 时,$\Delta B<\Delta C$,说明增加投资、扩大工程规模在经济上是不合理的;

(3)当 $\Delta R=1$ 时,$\Delta B=\Delta C$,说明已达到资源利用的极限。

【例 4-4】 承【例 4-3】,采用效益费用比法对各方案进行增量分析并作方案评价。

解:各方案费用从小到大依次为 A、B、C,对相邻方案进行增量分析,即:

方案 A→方案 B,有:

$$\Delta R_{AB} = \frac{\Delta B_{AB}}{\Delta C_{AB}} = \frac{2320.58-2010.45}{993.57-793.07} = 1.547$$

方案 B→方案 C,有:

$$\Delta R_{BC} = \frac{\Delta B_{BC}}{\Delta C_{BC}} = \frac{2524.96 - 2320.58}{1228.04 - 993.57} = 0.872$$

由于 $\Delta R_{AB} > 1$,说明增加投资、扩大工程规模所获得的效益大于所支付的费用,因而在经济上是可行的;而 $\Delta R_{BC} < 1$,说明再继续扩大工程规模所得效益已不足以补偿所付出的费用,在经济上是不可行的。因此,方案 B 是经济上最优的方案。

由于效益费用比是一个无因次的指标,含义明确,所以特别适用于独立方案的评价。但是,计算较为复杂是其缺点,尤其是对互斥方案,还必须进行增量分析。

第四节　内部收益率及其评价方法

细心的读者可能会注意到,前面所讨论的净现值法和效益费用比法中,都需要先给定一个标准折现率 i_0,它反映了投资者主观上所希望达到的单位投资平均收益水平。i_0 的大小取决于多方面的因素,从投资角度来看主要有:

(1)投资收益率,即单位投资所能取得的收益;

(2)通货膨胀因素,即对因货币贬值造成的损失所应作的补偿;

(3)风险因素,即对因风险的存在可能带来的损失所应作的补偿。

若 $NPV > 0$ 或 $R > 1$,说明实际收益率大于 i_0。但是,该工程项目的实际年均收益率究竟等于多少,以上两种评价方法均无法解决,这就涉及到下面即将讨论的内部收益率指标及其评价方法。

一、内部收益率

所谓内部收益率(Internal Rate of Return,简写为 *IRR*),是指项目在寿命期内各年净现金流量现值之和等于零时对应的折现率,简单地说,就是净现值为零时的折现率。其数学表达式为:

$$NPV = B - C = \sum_{t=1}^{n} \frac{B_t - C_t}{(1 + IRR)^t} = 0 \tag{4-6}$$

可见,内部收益率法的原理是:令折算到基准年的总效益和总费用相等,然后求解方程的未知数——折算率 i_0,即内部收益率 *IRR*,并以 *IRR* 的大小来评价各方案的合理性。

由于式(4-6)为 *IRR* 的高次方程,通常无法直接求解,所以内部收益率的计算一般采用试算法。步骤如下:

(1)计算各年的效益、费用;

(2)假设一个折现率 *IRR*,并按此折现率分别将各年的效益和费用折算到基准年,得到总效益现值 B 和总费用现值 C;

(3)若 $B = C$(即 $NPV = 0$),表示 *IRR* 即为所求的内部收益率;若 $B > C$(即 $NPV > 0$),表示假设的 *IRR* 偏小,应另选一个较大的值;若 $B < C$(即 $NPV < 0$),表示假设的 *IRR* 偏大,应另选一个较小的值,代入式中重新计算,直至 $B = C$;

(4)为缩短试算过程,可用线性插值法近似求得内部收益率 *IRR*。若折算率为 IRR_1 时,$NPV > 0$,折算率为 IRR_2 时,$NPV < 0$,则可采用以下近似公式:

$$IRR = IRR_1 + (IRR_2 - IRR_1)\frac{|NPV_1|}{|NPV_1| + |NPV_2|} \tag{4-7}$$

如图 4-3 所示，以线段 AC 做为曲线段$\overset{\frown}{AC}$的近似，则线段 AC 与横轴的交点 E 即为 IRR 的近似值。

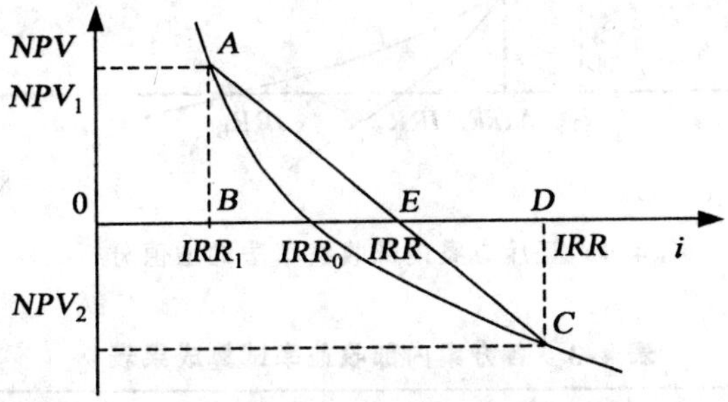

图 4-3　线性插值求内部收益率

在所有经济评价指标中，除净现值外，内部收益率是另一个最重要的指标，该指标是投资项目财务盈利性分析的重要评价依据。

就独立方案而言，若基准折现率为 i_0，项目求得的内部收益率为 IRR，则：

(1)当 $IRR \geqslant i_0$ 时，项目在经济上可行，可接受该项目；

(2)当 $IRR < i_0$ 时，项目在经济上不可行，应予拒绝。

对于互斥方案的优选，还须进行增量分析。当各方案寿命期相同时，令对比方案增加的费用 ΔC 和增加的效益 ΔB 相等，然后求解方程的折算率 i_0，即为增加的 ΔIRR。设有互斥方案 A、B：

因为　　$\Delta C = \Delta B$

即　　$C_A - C_B = B_A - B_B$

移项得　　$B_A - C_A = B_B - C_B$

所以　　$NPV_A = NPV_B$

如图 4-4 所示，J 点为 A、B 两方案净现值曲线的交点，在该点 $NPV_A = NPV_B$，相应的折现率即为 ΔIRR。由图中可以看出：

当 $i_0 < \Delta IRR$ 时，$NPV_A > NPV_B$，选方案 A；

当 $\Delta IRR < i_0 < IRR_A$ 时，$NPV_A < NPV_B$，选方案 B；

当 $IRR_A < i_0 < IRR_B$ 时，$NPV_A < 0$，$NPV_B > 0$，方案 A 不可行，选方案 B；

当 $i_0 > IRR_B$ 时，$NPV_A < 0$，$NPV_B < 0$，方案 A、B 均不可行；

同理，如果各方案寿命期不同，只需将对比方案的净现值替换成净年值，令各方案净年值 NAV 相等，然后解方程得到 ΔIRR。

【例 4-5】　原题参见【例 4-1】，设基准折现率为 $i_0 = 10\%$，试用内部收益率法对各方案进行评价。

解：利用式(4-6)进行试算，得各方案的内部收益率，结果列表如下：

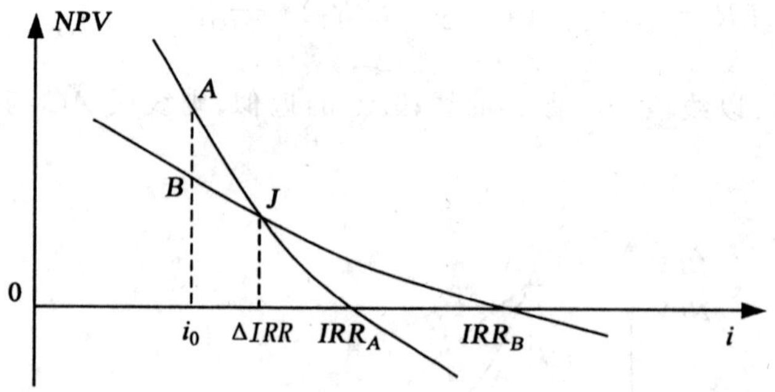

图 4-4 互斥方案内部收益率法的增值分析

表 4-3 各方案内部收益率试算成果表

方案	IRR_1	NPV_1 (>0)	IRR_2	NPV_2 (<0)	内部收益率 i
方案 A	15%	56.10	17%	−45.98	$i=15+(17-15)\times\frac{56.10}{56.10+45.98}=16.10\%$
方案 B	14%	77.35	16%	−59.27	$i=14+(16-14)\times\frac{77.35}{77.35+59.27}=15.13\%$
方案 C	13%	60.03	14%	−33.50	$i=13+(14-13)\times\frac{60.03}{60.03+33.50}=13.64\%$

由表 4-3 可知，各方案的内部收益率均大于基准折现率 i_0(10%)，如果它们是独立方案，我们就可以下结论：方案 A、B、C 均是可行的，计算到此为止。但由于这些方案属互斥方案，因此我们还必须对它们做增量分析。

令 $NPV_A = NPV_B$

经试算得 $\Delta IRR_{AB} = 10.72\%$

此时 $NPV_A = 444.41$(百万元) $NPV_B = 444.36$(百万元)

又令 $NPV_B = NPV_C$

经试算得 $\Delta IRR_{BC} = 5.98\%$

此时 $NPV_B = 1747.22$(百万元) $NPV_C = 1747.08$(百万元)

可见，由于 $\Delta IRR_{AB} > 10\%$，说明方案 B 优于方案 A；而 $\Delta IRR_{BC} < 10\%$，说明方案 C 不如方案 B。因此，增值分析的结果表明最优方案为 B。

内部收益率是项目方案内在的回收投资的能力，它反映了项目在整个寿命期内的平均资金盈利能力。因此，内部收益率的经济含义可以理解为：在项目的整个寿命期内按利率 *IRR* 计算，始终存在未能回收的投资，而在寿命结束时，投资恰好被完全回收。

利用内部收益率进行计算时，不必事先给出折现率，而其计算结果(内部收益率)对投资者来说，具有明确直观的意义，可与许多其他投资方式进行比较，在财务分析上和决定贷款利率的取舍时具有独特的优点。同时，亦不要求互斥方案的经济计算期一致。不过当互斥方案的经济计算期不一致时,应令对比方案的净年值相等,然后求解方程的未知数——折算率 i_0。

当然,内部收益率法也有其缺点,主要是计算比较复杂,对不同规模的互斥方案还要进行增量分析。此外,对非典型的投资项目,也应避免使用内部收益率法。

二、内部收益率的讨论

前面曾经提到,应避免对非典型投资项目使用内部收益率法,为什么这样说呢?以下就这个问题稍做讨论。

首先说明典型投资的概念。典型投资是指项目投资都发生在工程建设初期,而后期只产生收益和年运行费的情况。在这种情况下,项目寿命初期净现金流量一般为负值(支出大于收入),进入正常生产期后,净现金流量逐渐变为正值(收入大于支出)。在项目整个寿命期内,净现金流量的数值由负变正的情况只发生一次。而对非典型投资,项目寿命后期又追加投资,导致多次出现净现金流量由负变正的情况。通常,绝大多数投资项目都属于典型投资的例子。

在计算 *IRR* 的表达式中,由于 B 和 C 的折现计算公式中包含 $(1+i)^n$ 项,因此该方程是一个 n 次代数方程。从理论上讲,该方程应该有 n 个解。

对于典型投资项目,其净现值现金流量的正负符号只变化一次,曲线与横轴只有惟一的交点,这个交点对应的 i 即为项目的内部收益率。如图 4-2 所示:

而对于非典型投资项目,例如在后期又追加投资的情况下,净现值现金流量的正负符号多次发生变化,这样曲线与横轴将有多个交点,即方程解存在多重解。如图 4-5 所示:

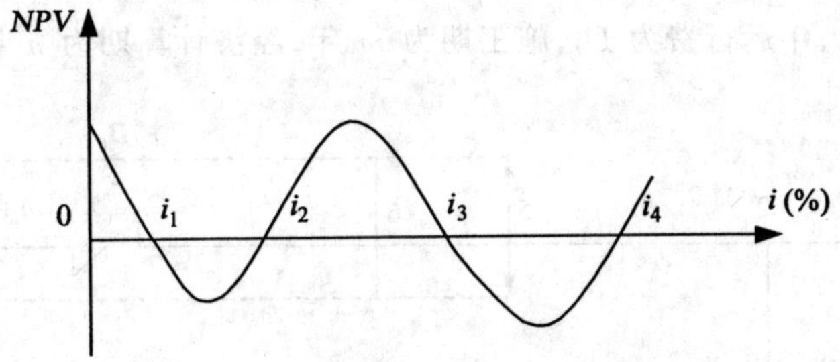

图 4-5 非典型投资下 *IRR* 有多重解

这些解中是否有真正的内部收益率呢?这就需要按照内部收益率的经济含义进行检验:即以这些解作为折现率,看在项目的寿命期内是否始终存在未被回收的投资。只要在项目寿命期末的净现值不是刚好等于 0,则该折现率就不是真正的内部收益率。

可以证明,对于非典型投资情况,只要方程存在多个正解,则所有的解都不是真正的项目内部收益率;但如果只有一个正解,则这个解就是项目的内部收益率。

第五节 投资回收年限及其评价方法

投资回收年限(T_n)是指以项目的逐年净收益偿还总投资所需的时间,一般以年为单

位。投资回收年限是考察项目在财务上的投资回收能力的综合性指标。一般情况下,这一指标越短越好,其计算公式为:

$$\sum_{t=1}^{T_n} \frac{(B_t - U_t) - K_t}{(1 + i_0)^t} = 0 \tag{4-8}$$

公式中各符号意义同前。

所以,投资回收年限法的原理是计算各年累计折算的净效益$(B_t - U_t)$和累计折算的投资 K_t 相等时所需的年限。如图 4-6 所示:

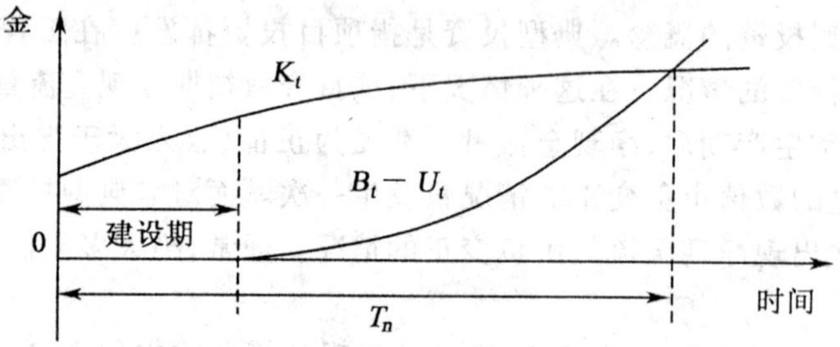

图 4-6 投资回收年限法原理图

一般 T_n 从工程建设开始年起算,如果从运行开始年起算,则应加以说明。

对于非典型投资项目,投资回收年限可根据项目现金流量表中累计净现金量计算求得,一般是列表计算。

对于典型投资情况,可以推导投资回收年限的计算公式。如图 4-7 所示,设前期投资为 K_t,后期年效益为 B_t,年运行费为 U_t,施工期为 m 年,经济计算期为 n 年。

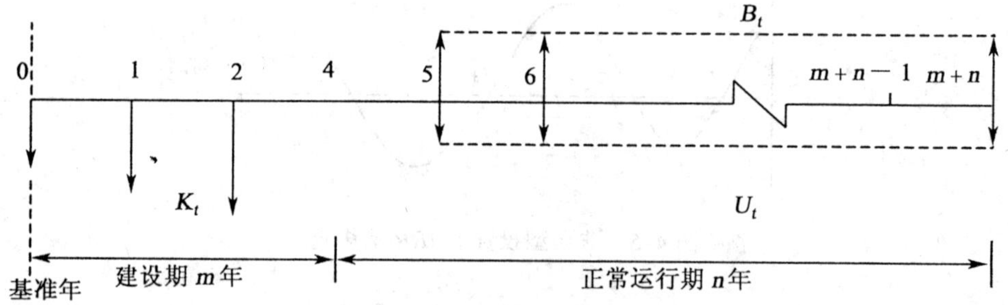

图 4-7 典型投资项目的投资回收年限示意图

将投资折算到基准年,有: $K = \sum_{t=0}^{m} K_t(1 + i)^{(m-t)}$,且年均净效益为: $B_t - U_t$,设在折现率为 i 时,以年均效益$(B_t - U_t)$偿还总投资 K 需要 T_n' 年,有:

$$K = (B_t - U_t) \cdot \frac{(1 + i)^{T_n'} - 1}{i \cdot (1 + i)^{T_n'}}$$

$$\frac{K}{B_t - U_t} = \frac{1}{i} - \frac{1}{i \cdot (1 + i)^{T_n'}}$$

$$\frac{1}{i \cdot (1+i)^{T_n}} = \frac{1}{i} - \frac{K}{B_t - U_t} = \frac{B_t - U_t - K \cdot i}{i \cdot (B_t - U_t)}$$

求解得:

$$T_n = [\ln(B_t - U_t) - \ln(B_t - U_t - K \cdot i)] / \ln(1+i)$$

$$= -\ln\left(1 - \frac{K \cdot i}{B_t - U_t}\right) \Big/ \ln(1+i), T_n = T_n' + m \tag{4-9}$$

式 4-9 即为典型投资情况下的投资回收年限计算公式。

若项目规定的标准回收年限为 T_0,则:

(1) $T_n < T_0$ 时,方案在经济上是可行的;

(2) $T_n > T_0$ 时,方案在经济上是不可行的。

【例 4-5】 原题参见【例 4-1】,规定投资回收年限须小于 15 年,试用投资回收年限法对各方案进行评价。

解:由于此例中项目投资都发生在建设期初,后期均只有效益和运行费,故本项目属典型投资情况,可直接采用公式计算,但必须先将投资折算到运行期初,即基准点选在 2000 年。

因为投产期(1999~2000 年)这两年中已开始产生效益和运行费,可以这样处理:将它们并入投资费用,在相应年的投资中扣除,则有:

$K_A = 100 \times (1+0.07)^6 + \cdots + (50+4-100) \times 1.07 + (8-150) = 795.18$(百万元)

$K_B = 120 \times (1+0.07)^6 + \cdots + (70+5-120) \times 1.07 + (9-180) = 1017.08$(百万元)

$K_C = 150 \times (1+0.07)^6 + \cdots + (100+6-130) \times 1.07 + (10-200) = 1296.84$(百万元)

再由式(4-9)得,注意别忘了加上基准年以前的建设期:

$$T_{n,A} = 6 - \ln\left(1 - \frac{795.18 \times 0.07}{200-10}\right) \Big/ \ln(1+0.07) = 11.1(年)$$

$$T_{n,B} = 6 - \ln\left(1 - \frac{1017.08 \times 0.07}{230-12}\right) \Big/ \ln(1+0.07) = 11.8(年)$$

$$T_{n,C} = 6 - \ln\left(1 - \frac{1296.84 \times 0.07}{250-15}\right) \Big/ \ln(1+0.07) = 13.2(年)$$

式中的 6 为建设期年数。由计算结果可知,方案 A、B、C 均在规定的投资回收年限内,因此在经济上都是可行的。

投资回收年限概念清楚明确,它不仅在一定程度上反映项目的经济性,而且反映项目的风险大小,是项目初步评价时最常见的评价指标。

但是,投资回收年限计算复杂,对互斥方案还需进行增量分析。另外,该方法未考虑计划投资项目的使用年限,在回收期末把现金流量一刀切断,不考虑投资回收年限以后的收益,因而得出的评价结果带有假象。

事实上,有战略意义的长期投资往往早期效益较低,而中后期效益较高。回收期法优先考虑急功近利的项目,可能导致放弃长期成功的方案。此外,不考虑投资回收年限以后的收益,也就不能全面反映项目在寿命期内的真实效益,难以对不同的方案比较选择而作出正确判断。故用它作为评价依据时,有时会使决策失误。所以,投资回收年限往往只作为辅助指标与其他指标结合使用。

第六节 经济评价方法的讨论

1.本章主要介绍的四种方法:净现(年)值法、效益费用比法、内部收益率法、投资回收年限法,都属于动态经济分析方法,其计算结果 $NPV(NAV)$、R、IRR、T_n 就是相应的经济效果指标。对于互斥方案,还有 ΔR、ΔIRR、ΔT_n 等增量分析的经济效果指标。这四种方法从不同角度对效益和费用进行比较,分别以差值、比值、投资回收能力和回收时间来显示方案间的对比。

2.效益费用比法、内部收益率法、投资回收年限法等三种评价方法在对互斥方案进行比较时,还需进行增量分析,计算较为麻烦。效益费用比是无因次量,在处理相差悬殊的项目时有它的优点,因此它更适合于独立方案;内部收益率对投资者来说,具有明确直观的意义,可与许多其他投资方式进行比较,在财务分析上和决定贷款利率的取舍时具有独特的优点;而投资回收年限则在上级领导决定方案取舍时,能提供一种清晰明确的概念。

3.内部收益率法与效益费用比法的理论基础是完全一致的,只是计算步骤稍有不同,效益费用比法是在已知 K_t、U_t、B_t、m、n、i 等值的条件下,求 B/C 的值;内部收益率法是在已知 K_t、U_t、B_t、m、n、$B/C=1$ 的条件下,反求 IRR 的值。

4.内部收益率(IRR)和净现值(NPV)都是反映投资项目经济效果的最主要的指标。从形式上看,一个反映项目的绝对经济效果,另一个反映项目的相对经济效果。对新建项目而言,通常希望它在整个经济寿命期内的盈利水平较高,并且还要同本行业的盈利状况进行比较,所以应着重考虑它的相对经济效果,故一般优先使用 IRR 法进行评价。而对老项目的改造或设备更新项目,投资者更关心能否维持或增加原有的盈利水平,所以通常优先选用能反映项目绝对经济效果的 NPV 法。若从指标本身的特点考虑,IRR 不能反映项目的寿命期及其规模的不同,故不适宜作为项目优先排队的依据,而 NPV 则特别适用于互斥方案的评价。

5.净效益法概念明确、计算简单、易于理解,应尽可能应用于互斥方案的分析。

6.当互斥方案的经济计算期不同时,采用年值法或内部收益率法较为方便,因为这两种方法不要求经济计算期的一致性。

7.选择计算方法应根据基本资料情况和分析目的而定,对工程的经济效果的评价,一般需要同时采用2～3种方法进行比较。

思考与习题

1.简述工程项目经济评价方法的分类及特点。正确运用经济评价方法应注意哪些问题?是否有必要对同一方案采用不同的计算方法?

2.在内部收益率法中,所求出的 IRR 值与效益费用比法中的 $B/C=1$ 与 $B-C=0$ 有何关系? $B/C=\text{MAX}$, $B-C=\text{MAX}$ 与 IRR 值之间有何关系?增量内部收益率 ΔIRR 与 IRR 之间有何关系?

3.试述净现值最大与总费用最小,净年值最大与年费用最小之间存在什么关系?与净年值法比较,净现值法似无优点,前者是否可以替代后者?与年费用法比较,总费用法似无优点，前者是否也可以替代后者？净年值法与年费用法各在何种条件下采用？

4. 如何判断方案多重内部报酬率的存在？怎样求解方案真实内部报酬率？

5. 在工程投资经济分析中，最低期望报酬率有何重要意义？确定它应考虑哪些因素？

6. 简述投资回收年限法的局限性及其适用范围。

7. 某水电工程的建设投资为 4.2 亿元，建成后每年各项收入为 1.2 亿元，年运行费 0.5 亿元运行期 50 年，试计算该工程的 *NPW*，*NAW*，*R*，*IRR*，*TR*。（$i=10\%$）

8. 某一特定工程在不同投资水平情况下，计算出的年费用与年收入如下：

年费用：	39	83	117	155	184
年收入：	100	150	175	185	190

应选择何种方案？

9. 设备甲和乙功能与寿命相同，但现金流量不同（如下表所示）。设年利率为 8%，试用净现值法作设备经济效益比较。

设备现金流量

单位：元

年	0	1	2	3
甲	－9 000	4 500	4 500	4 500
乙	－14 500	6 000	6 000	8 000

10. 某设备需进行大修，预计大修费为 5 000 元；大修后可继续使用 5 年，年运行成本也将有所降低。设投资期望盈利率为 4%，试求年运行成本最低限度降低多少进行大修才是合算的。

11. 根据表中所列方案 A、B 的数据，试用作图法说明以下问题：

方案数据计算表

单位：万元

	寿　命	*NPW*（$i=5\%$）	*IRR*
方案 A	10	100 000	10%
方案 B	10	110 000	8%

（1）什么条件下选择方案 A？

（2）什么条件下选择方案 B？

（3）什么条件下放弃 A 与 B？

12. 某企业拟购买机床一台，现有两个方案供选择。两方案除投资额、运行成本与寿命不同外，其余均相同。方案现金流量如表所列。若 $i=15\%$，试用 *IRR* 法评价方案。

方案现金流量

单位：元

	投资	年运行成本	残值	寿命
方案 A	8 000	3 500	0	10
方案 B	13 000	1 600	2 000	5

13. 在两个获益相同的投资方案间进行抉择，A 方案寿命为 5 年，初始投资为2 000美

元，年维修费为25美元，残值为250美元。B方案寿命为10年，初始投资为4 000美元，年维修费为30美元，残值为1 000美元。

(1)在最低期望报酬率为8%时，哪个方案较为有利？

(2)A方案使用一种稀有原料，预计在今后5年内这种原料的价格将大增。假设所有其他费用不变，则5年后A方案费用的现值(不是2 000美元)应该为多少方可使其在目前决策中显得更为经济。

14. 一项20万美元工程项目已花掉2万美元，这时了解到科研新成果，只用投资13万美元即可替代原方案。这个新替代方案的年运行和维修费为4 000美元，而不是原计划的5 000美元。方案的年效益按照加速增长曲线在50年中从0到50 000美元，折算率为6%，分析期为50年：

(1)计算原方案的效益费用比。

(2)假如能立即建成，计算替代方案的效益费用比。

(3)假设科研新成果要推迟5年，现考虑采用过渡措施。试问在此过渡期间，如不续修原方案应支付的最大年平均费用是多少才能得到原效益？替代方案在分析期终了时的残值忽略不计。

第五章　水利建设项目经济评价

第一节　国民经济评价与财务评价

一、国民经济评价与财务评价的关系

在工程项目经济评价中，国民经济评价与财务评价是主要内容。由于国民经济评价与财务评价的对象是同一个项目，因此关系密切。但两者代表的利益主体不同，从而存在着以下主要区别：

1. 评价角度不同。国民经济评价是从国家(社会)整体角度出发，考察项目对国民经济的净贡献，评价项目的经济合理性。财务评价是从项目财务核算单位的角度出发，分析测算项目的财务支出和收入，考察项目的盈利能力和清偿能力，评价项目的财务可行性。

2. 费用与效益的计算范围不同。国民经济评价着眼于考察社会为项目付出的代价(即费用)和社会从项目获得的效益，其计算范围是整个国家(即国民经济)。故凡是增加国民经济收入的即为效益，凡是减少国民经济收入的即为费用，而属于国民经济内部转移的各种支付(如补贴、税金、国内贷款及其还本付息等)因不能增加或减少国民收入，不作为项目的效益与费用的计算之列。可以说国民经济评价追踪的对象是资源的变动。财务评价是从项目财务核算单位的角度，确定项目实际的财务支出和收入，其计算范围是项目(企业)本身。凡是流入项目的资金就是财务收入，凡是流出项目的资金就是财务费用。因此，各种补贴作为项目的财务收入，而交纳的各种税金作为项目的支出。财务评价追踪的对象是货币的变动。另外，国民经济评价还要分析、计算项目的间接费用与间接效益，即外部效果。财务评价则只计算项目直接的支出与收入，即项目的直接效果或内部效果。

3. 采用的投入物和产出物的价格不同。国民经济评价采用影子价格，财务评价采用财务价格。财务评价采用的财务价格，是指以现行价格体系为基础的预测价格。国内现行价格包括现行商品价格和收费标准，有国家定价、国家指导价和市场价三种价格形式。在各种价格并存的情况下，项目财务价格应是预测最有可能发生的价格。

4. 主要参数不同。国民经济评价采用国家统一测定的影子汇率和社会折现率。财务评价采用国家外汇牌价和行业财务基准收益率。

社会折现率是反映国家对资金时间价值的估量，是资金的影子价值，它反映了资金占用的费用。确定社会折现率的理论基础和基本原则，是从全社会的角度考察资金的来源和运用两个方面的各种机会，来确定资金的机会成本和社会折现率。测算社会折现率的方法很多，主要有以下几种：用项目排队的方法测定社会折现率；根据现行价格下的投资收益率统计数据推算社会折现率；由生产价格下的投资收益率推测社会折现率；参考国际借款利率和

国际上类似国家的社会折现率等。目前，我国根据在一定时期内的投资收益水平、资金机会成本、资金供求状况、合理的投资规模及项目国民经济评价的实际情况，确定社会折现率为12%。对属于或兼有社会公益性质的水利建设项目，可同时采用12%和7%的社会折现率进行评价，供项目决策参考。国民经济评价与财务评价比较见表5-1。

国民经济评价旨在把国家各种有限的资源用于国家最需要的投资项目上，使资源得到合理的配置，因此，原则上应以国民经济评价为主；但企业是投资后果的直接承受者，财务评价是企业投资决策的基础。当财务评价与国民经济评价的结论相矛盾时，项目及方案的取舍一般应取决于国民经济评价的结果，但财务评价结论仍然是项目决策的重要依据。当国民经济评价认为可行，而财务评价认为不可行时，说明该项目是国计民生急需的项目，应研究提出由国家和地方的财政补贴政策或减免税等经济优惠政策，使建设项目在财务评价上也可接受。

表5-1　国民经济评价与财务评价比较

项目	国民经济评价	财务评价
评价角度	全社会或整个国民经济	项目核算单位
计算范围	直接效益和直接费用及比较明显的间接效益和间接费用。属于国民经济内部转移支付的利润、税金、贷款利息等不计入项目的费用和效益	直接效益和直接费用。利润、税金、贷款利息等计入项目的费用和效益
价　　格	影　子　价　格	财　务　价　格
评价标准	社会折现率	部门或行业的基准收益率
主要评价指标	经济内部收益率 经济净现值 经济效益费用比	盈利项目{财务内部收益率、投资回收期、贷款偿还期} 公益项目{产品成本、价格、补贴办法、优惠措施}
主要报表	国民经济效益费用流量表	总成本费用表 利润表 损益表 财务现金流量表 资产负债表 资金来源与运用表 借款还本付息计算表

二、项目经济评价的原则

项目经济评价是一项政策性、综合性、技术性很强的工作，为了提高经济评价的准确性和可靠性，真实地反映项目建成后的实际效果，项目经济评价应在国家宏观经济政策指导下进行，使各投资主体的内在利益符合国家宏观经济计划的发展目标。具体应遵循以下一些原则和要求：

1.必须符合国家经济发展的产业政策，投资的方针、政策以及有关的法规；

2.项目经济评价应在国民经济与社会发展的中长期计划、行业规划、地区规划、流域规划指导下进行；

3.项目经济评价必须具备应有的基础条件，所使用的各种基础资料和数据，如建设投资、年运行费用、产品产量、销售价格等，务求翔实、准确，避免重复计算，严禁有意扩大或缩小；

4.项目经济评价中所采用的效益和费用计算应遵循口径对应一致的原则，即效益计算到哪一个层次，费用也算到哪一个层次，例如水电工程，若费用只计算了水电站本身的费用，则在计算发电效益时，采用的电价就只能是上网电价；

5.项目经济评价应考虑资金的时间价值，以动态分析为主，认真计算国家和有关部门所规定的动态指标，作为对项目经济评价的主要依据；

6.在项目国民经济评价和财务评价的基础上，做好不确定性因素的分析，以保证建设项目能适应在建设和运行中可能发生的各种变化，达到预期(设计)的效益；

7.考虑到水利建设项目特别是大型综合利用水利工程项目情况复杂，有许多效益和影响不能用货币表示，甚至不能定量，因此，在进行经济评价时，除做好以货币表示的经济效果指标的计算和比较外，还应补充定性分析和实物指标分析，以便全面地阐述和评价水利建设项目的综合经济效益；

8.项目经济评价一般都应按国家和有关部门的规定，认真做好国民经济评价和财务评价，并以国民经济评价的结论为主考虑项目或方案的取舍。由于水利建设项目特别是大型水利工程项目规模巨大，投入和产出都很大，对国民经济和社会发展影响深远，经济评价内容除按一般程序进行国民经济评价和财务评价指标计算分析外，还应根据本项目的特殊问题和人们所关心的问题增加若干专题经济研究，以便从不同侧面把兴建水利工程的利弊弄清楚，正确评价其整体效益和影响；

9.必须坚持实事求是的原则，据实比选，据理论证，保证项目经济评价的客观性、科学性和公正性。

对大、中型水利建设项目，在国民经济评价和财务评价的基础上，还应根据具体情况，分析以下经济评价补充指标，并与可比的同类项目或项目群进行比较，分析项目的经济合理性。经济评价补充指标有：(1)总投资和单位功能投资指标；(2)主要工程量、三材用量，单位功能的工程量和三材用量指标；(3)水库淹没实物量和工程挖压占地面积，单位功能的淹没、占地指标。

对特别重要的水利建设项目，应站在国民经济总体的高度，从以下几方面分析、评价建设项目在国民经济中的作用和影响：(1)在国家、流域、地区国民经济中的地位和作用；(2)对国家产业政策、生产力布局的适应程度；(3)投资规模与国家、地区的承受能力；(4)水库淹没、工程占地对地区社会经济的影响。

对工程规模大，初始运行期长的水利建设项目，应分析以下经济评价补充指标，研究分析项目的经济合理性：(1)开始发挥效益时所需投资占项目总投资的比例；(2)初期效益分别占项目总费用和项目总效益的比例。

第二节 财务评价

财务评价又称财务分析，是从项目财务核算单位的角度，在国家现行财税制度和价格体系的条件下，计算项目范围内的效益和费用，分析项目的清偿能力、盈利能力及外汇平衡，其目的是考察项目在财务上的可行性。

一、水利工程财务评价的特点

水利工程具有防洪(防凌)、治涝、发电、航运、城镇供水、灌溉、水产养殖、旅游等多种功能。因此，水利工程的财务评价，应根据不同功能的财务收益特点区别对待：

1.对水力发电、供水等盈利型的水利项目，应根据国家现行财税制度和价格体系在计算项目财务费用和财务效益的基础上，全面分析项目的清偿能力和盈利能力。

2.对灌溉等保本型的水利项目，应重点核算水利项目的灌溉供水成本和水费标准；对使用贷款或部分贷款建设的项目还需做项目清偿能力的分析，主要是计算和分析项目的借款偿还期。在某些情况下，可将水利项目与农业项目捆在一起，以灌溉区为单位进行财务分析与评价。

3.对防洪、防凌、治涝等社会公益型水利项目，主要是研究提出维持项目正常运行需由国家补贴的资金数额和需采取的经济优惠措施及有关政策。

4.对具有综合利用功能的水利建设项目，除把项目作为整体进行财务评价外，还应进行费用分摊计算，各功能分摊的费用计算出来后，再按(1)～(3)的要求分别进行财务评价。

二、资金规划

为了保证项目所需资金能按时提供，项目经营者、投资者、贷款部门都要知道拟建项目的投资金额，据此安排投资计划或国家预算，这就需要通过财务评价提出建设资金恰当的计划安排和适宜的筹资方案。资金筹措包括资金来源的开拓和对来源、数量的选择；资金的使用包括资金的投入、贷款偿还、项目运营的计划。

1.资金来源

项目的资金来源可分为国内、国外两大类。国内资金包括企业自有资金、银行贷款、社会集资、其他集资渠道等。如图 5-1 所示。

企业自有资金是项目资金来源的基础，主要由企业未分配的税后利润、折旧基金等组成。为了使企业能够可持续发展，企业应当注重自有资金的积累，并把它主要用于再投资。除少数特殊项目以外，国家和地方已经不对投资项目拨款，项目所需的外部资金主要来自银行贷款以及发行企业债券。

投资项目中有很多是采用引进技术的方式进行的，这就需要使用外汇。筹措外汇比筹措国内资金更加困难，外汇的偿还也是一些投资项目的重要负担。因此，在外汇使用上，尤其要瞻前顾后、精打细算。

投资项目所需外汇可以来自国家的外汇收入，也可以利用外资。利用外资的方式主要有以下几种：

(1)从银行贷款。这种贷款利率较高，但用途不限。

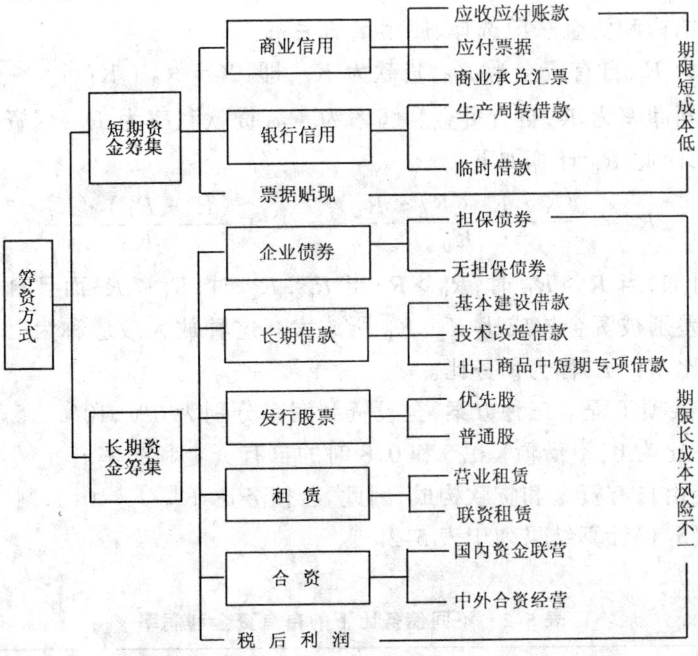

图 5-1　资金筹措方式

(2)取得外国政府贷款。这种贷款大多是低息或无息的,期限也较长,故被称为“软贷款”。

(3)从国际金融机构(主要指世界银行和国际货币基金组织)贷款。这种贷款一般比较优惠,有些是软贷款。

(4)利用外国银行的出口信贷。出口信贷是指工业发达国家银行为鼓励本国设备出口而提供的贷款,一般条件也较优惠。出口信贷有两种方式:一种是“买方信贷”,即外国银行向我方(买方)提供贷款,用途限于购买该国设备;另一种是“卖方信贷”,即外国银行向外商提供贷款,外商向我方提供设备,我方则延期付款。

(5)补偿贸易。由外商提供设备,我方用本项目的产品或双方商定的其他产品归还。补偿贸易与出口信贷的性质相似。

(6)在国外发行债券。

(7)中外合资。一般是外商以设备、技术、资金入股。

由各种渠道得来的资金是否可用,在很大程度上取决于偿还能力,资金运用得是否合理则要看资金的使用效益。

2.资金结构与财务风险

这里说的资金结构是指投资项目所使用资金的来源及数量构成,财务风险是指与资金结构有关的筹资风险。不同来源的资金所需付出的代价是不同的,选择资金来源与数量不仅与项目所需要的资金量有关,而且与项目的效益有关。一般说来,在有借贷资金的情况下,全部投资的效果与自有资金投资的效果是不相同的。拿投资利润率指标来说,全部投资的利润率一般不等于贷款利息率。这两种利率差额的后果将为企业所承担,从而使自有资金利润率上升或下降。因此有必要对资金结构加以分析。下面以自有资金与借款的比例结构为例说明资金结构和资金来源选择、使用量的关系。

设全部投资为 K，自有资金为 K_0，贷款为 K_L，即：$K = K_0 + K_{L_0}$

设全部投资利润率为 R，自有资金利润率为 R_0，贷款利率为 R_L，因资金利润率为利润与资金的百分比，因此 R_0 计算如下：

$$R_0 = \frac{(K \cdot R - K_L \cdot R_L)}{K_0} = R + \frac{(R - R_L) \cdot K_L}{K_0} \tag{5-1}$$

由式(5-1)可知，当 $R > R_L$ 时，$R_0 > R$；当 $R < R_L$ 时，$R_0 < R$；而且自有资金利润率与全投资利润率的差别被资金构成比 K_L/K_0 所放大。这种放大效应称为财务杠杆效应。贷款与全部投资之比 K_L/K 称为债务比。

【例 5-1】 某项工程有三种方案，全投资利润率分别为 6%，10%，15%，贷款利息率为 10%，试比较债务比为 0(不借债)、0.5 和 0.8 时的自有资金利润率。

解：全部投资由自有资金和贷款构成，因此，若债务比 $K_L/K = 0.5$，则 $K_L/K_0 = 1$，依此类推。利用公式(5-1)计算结果列于表 5-2。

表 5-2　不同债务比下的自有资金利润率

债务比	$K_L/K = 0$	$K_L/K = 0.5$	$K_L/K = 0.8$
方案 A：$R = 6\%$	$R_0 = 6\%$	$R_0 = 2\%$	$R_0 = -10\%$
方案 B：$R = 10\%$	$R_0 = 10\%$	$R_0 = 10\%$	$R_0 = 10\%$
方案 C：$R = 15\%$	$R_0 = 15\%$	$R_0 = 20\%$	$R_0 = 35\%$

方案 A　$R < R_L$，债务比越大，R_0 越低，甚至为负值；方案 B　$R = R_0$，R_0 不随债务比改变；方案 C　$R > R_L$，债务比越大，R_0 越高。

假设投资在 20 万元至 100 万元的范围内，上述三个方案的投资利润率不变，贷款利息率为 10%，若有一企业拥有自有资金 20 万元，现在来分析该企业在以上三种情况下如何选择资金构成。

对于方案 A，如果全部投资为自有资金(20 万元)，则企业每年可得利润 1.2 万元；如果自有资金和贷款各 20 万元，则可得总利润 2.4 万元；在贷款偿还之前，每年要付利息 2 万元。企业获利 0.4 万元；如果除自有资金 20 万元以外又贷款 80 万元，则总利润为 6 万元，每年应付利息 8 万元，企业亏损 2 万元。显然，在这种情况下，企业是不宜贷款的，贷款越多，损失越大。

对于方案 B，贷款多少对企业的利益都没有影响。

对于方案 C，如果仅用自有资金投资，企业每年获利为 3 万元；如果贷款 20 万元，则在偿付利息后，企业可获利 4 万元；如果贷款 80 万元，在付利息后企业获利可达 7 万元。在这种情况下，对企业来说，有贷款比无贷款有利，贷款越多越有利。

可见，选择不同的资金结构对企业的利益会产生很大的影响。

以上是在项目投资效益具有确定性时的情形。当项目的效益不确定时，选择不同的资金结构，所产生的风险是不同的。在上述例子中，若项目的投资利润率估计在 6%～15%之间，企业如果选择自有资金和贷款各半的结构，企业利润将在 0.4 万～4 万元之间；如果自有资金占 20%，贷款占 80%，则企业利润将在 2 万～7 万元之间。此时，使用贷款，企业将承担风险。贷款比例越大，风险也越大；当然，相应地获得更高利润的机会也越大。对于这种情况，企业要权衡风险与收益的关系进行决策。采用风险分析方法对项目本身和资金结构作进一步分析，对企业决策会有所帮助。

从资金供给者的角度来看，为减少资金投放风险，常常拒绝过高的贷款比例。企业在计划投资时，须与金融机构协商借款比例和数量。

三、基本财务报表编制

为做好水利建设项目的财务评价，国家有关部门设计了一套基本报表，主要有 9 张。如表 5-3～表 5-11 所示，现说明如下。

表 5-3 为固定资产投资估算表，明细列出各项固定资产投资的数量和所占比重，以了解水利建设项目投资的组成情况。

表 5-3 固定资产投资估算表

费 用 名 称	估算价值（万元）	占固定资产投资的比例（%）	备 注
1. 固定资产投资（1.1+1.2）			
1.1 一至六部分合计			
1.1.1 第一部分：建筑工程			
1.1.2 第二部分：机电设备及安装工程			
1.1.3 第三部分：金属结构及安装工程			
1.1.4 第四部分：临时工程			
1.1.5 第五部分：水库淹没及建设占地补偿费			
1.1.6 第六部分：其他费用			
1.2 预备费用			
1.2.1 基本预备费			
1.2.2 价差预备费 编制期价差预备费 建设期价差预备费			
2. 静态总投资（1.1+1.2.1）			编制基准年
3. 专用配套工程投资			

表 5-4 为投资计划和资金筹措表，明细列出各年投资计划和资金来源。

表 5-5 为总成本费用估算表，明细反映出总成本的各项组成。为便于计算经营成本，表中须列出各年折旧费、摊销额、借款利息额。

表 5-4　投资计划与资金筹措表　　　　　　单位:万元

项　目 \ 建设期(年)	1	2	3	…	…	m	合　计
1.　总投资							
1.1　固定资产投资							
1.1.1　主体工程							
1.1.2　专用配套工程							
1.2　建设期利息							
1.2.1　主体工程							
1.2.2　专用配套工程							
1.3　流动资金							
2.　资金筹措							
2.1　资本金 其中:用于流动资金							
2.2　借款							
2.2.1　长期借款 其中:本金							
2.2.2　流动资金借款							
2.2.3　其他短期借款							
2.3　其他							

注:①建设期含运行初期;②如有多种借款方式时应分项列出。

表 5-5　总成本费用估算表　　　　　　单位:万元

项　目 \ 年　序	运行初期			正常运行期			合　计
	…	$m-1$	m	$m+1$	…	n	
供水量(亿 m^3)							
供电量(亿 kW·h)							
1.　成本							
1.1　折旧费							
1.2　修理费							
1.3　职工工资及福利费							
1.4　材料、燃料及动力费							
1.5　库区及水源区维护建设费							
1.6　摊销费							
1.7　利息净支出							
1.8　其他费用							
2.　专用配套工程成本							
2.1　折旧费							
2.2　利息净支出							
2.3　经营成本							
3.　总成本费用(1+2)							
3.1　经营成本							

注:①运行期初期固定资产投资利息,若已计入总投资,则此处不再计入;

②经营成本=(成本－折旧费－摊销费－利息净支出)+专用配套工程经营成本。

表 5-6 为损益表，该表反映水利建设项目计算期内各年的利润总额、所得税及税后利润的分配情况，用以计算投资利润率、投资利税率和资本金利润率等指标。

表 5-6　损　益　表

单位：万元

项　目 ＼ 年　序	运行初期			正常运行期			合　计
	…	…	…	…	…	n	
1.　财务收入							
2.　销售税金及附加							
3.　总成本费用							
4.　利润总额							
5.　应纳税所得额							
6.　所得税							
7.　税后利润							
8.　特种基金							
9.　可供分配利润							
9.1　盈余公积金							
9.2　应付利润							
9.3　未分配利润							
10.　累计未分配利润							

注：利润总额应根据国家规定先调整为应纳所得税额（如减免所得税、弥补上年亏损等），再计算所得税。

表 5-7 为借款还本付息计算表，明细列出偿还资金及还本付息的动态过程。

表 5-7　借款还本付息计算表

单位：万元

项　目 ＼ 年　序	运行初期			正常运行期			合　计
	…	$m-1$	m	$m+1$	…	n	
1.　借款及还本付息							
1.1　年初借款本息累计							
1.1.1　本金							
1.1.2　建设期利息							
1.2　本年借款							
1.3　本年应计利息							
1.4　本年还本							
1.5　本年付息							
2.　偿还借款本金的资金来源							
2.1　利润							
2.2　折旧							
2.3　摊销							
2.4　其他资金							
2.5　小计							

表 5-8 为资金来源与运用表，反映水利建设项目计算期内各年资金盈余或短缺情况，用于选择资金筹措方案，制定适宜的借款及还款计划。

表 5-8 资金来源与运用表 单位:万元

项目 \ 年序	建设期			运行初期		正常运行期			合计
	1	…	…	…	…	…	…	n	
1. 资金来源									
1.1 利润总额									
1.2 折旧费									
1.3 摊销费									
1.4 长期借款									
1.5 流动资金借款									
1.6 其他短期借款									
1.7 自有资金									
1.8 其他									
1.9 回收固定资产余值									
1.10 回收流动资金									
2. 资金运用									
2.1 固定资产投资(含更新改造投资)									
2.2 建设期和部分运行初期的借款利息									
2.3 流动资金									
2.4 所得税									
2.5 特种基金									
2.6 应付利润									
2.7 长期借款本金偿还									
2.8 流动资金借款本金偿还									
2.9 其他短期借款本金偿还									
3. 盈余资金									
4. 累计盈余资金									

表 5-9 现金流量表(全部投资) 单位:万元

项目 \ 年序	建设期			运行初期		正常运行期			合计
	1	…	…	…	…	…	…	n	
1. 现金流入量 CI									
1.1 销售收入									
1.2 提供服务收入									
1.3 回收固定资产余值									
1.4 回收流动资金									
2. 现金流出量 CO									
2.1 固定资产投资(含更新改造投资)									
2.2 流动资金									
2.3 年运行费									
2.4 销售税金及附加									
2.5 所得税									
2.6 特种基金									
3. 净现金流量($CI-CO$)									
4. 累计净现金流量									
5. 所得税前净现金流量									
6. 所得税前累计净现金流量									

评价指标 财务内部收益率:
财务净现值($I_c=$):
投资回收期:

注:本表假定全部投资均为自有资金,考察全部投资的盈利能力。

表 5-10　现金流量表(自有资金)　　单位:万元

项目 \ 年序	建设期			运行初期		正常运行期			合计
	1	…	…	…	…	…	…	n	
1. 现金流入量 CI									
1.1 销售收入									
1.2 提供服务收入									
1.3 回收固定资产余值									
1.4 回收流动资金									
2. 现金流出量 CO									
2.1 固定资产投资中自有资金									
2.2 流动资金中自有资金									
2.3 国外借款本金偿还									
2.4 国内借款本金偿还									
2.5 国外借款利息支付									
2.6 国内借款利息支付									
2.7 年运行费									
2.8 销售税金及附加									
2.9 所得税									
2.10 特种基金									
3. 净现金流量($CI-CO$)									
4. 累计净现金流量									
评价指标　财务内部收益率:　财务净现值($I_c=$　　):									

注:本表以自有资金为计算基础,考察自有资金的盈利能力。

表 5-11　资产负债表　　单位:万元

项目 \ 年序	建设期			运行初期		正常运行期			合计
	1	…	…	…	…	…	…	n	
1. 资产									
1.1 流动资产总额									
1.1.1 应收账款									
1.1.2 存货									
1.1.3 现金									
1.1.4 累计盈余资金									
1.2 在建工程									
1.3 固定资产净值									
1.4 无形及递延资产净值									
2. 负债及所有者权益									
2.1 流动负债总额									
2.1.1 应付账款									
2.1.2 流动资金借款									
2.1.3 其他短期借款									
2.2 长期负债									
负债小计(2.1+2.2)									
2.3 所有者权益									
2.3.1 资本金									
2.3.2 资本公积金									
2.3.3 累计盈余公积金									
2.3.4 累计未分配利润									
评价指标　资产负债率(%)									

注:资产负债率=(流动负债总额+长期负债)÷资产。

表 5-9 为全部投资财务现金流量表(不区分投资的资金来源)。用于计算全部投资所得税前或所得税后财务内部收益率、财务净现值及投资回收期等评价指标,考察水利项目全部投资的盈利能力。

表 5-10 为自有资金财务现金流量表(涉及外汇收支的项目为国内投资),从投资者角度出发,以投资者的出资额作为计算基础,把借款本金偿还和利息支付作为现金流出,用以计算资本金的财务内部收益率,财务净现值等评价指标,考察项目资本金的盈利能力。

表 5-11 为资产负债表,综合反映水利项目在计算期内各年末资产、负债和所有者权益的增值或变化及对应关系,以便考察项目资产、负债、所有者权益的结构情况,用以计算资产负债率等指标,进行清偿能力分析。

上述 9 张财务评价报表可以根据水利建设项目的功能情况增减,如涉及外汇收支的项目应增加财务外汇平衡表;属于社会公益性质或财务收入很少的水利建设项目,财务报表可适当减少。各财务报表之间的关系如图 5-2 所示。

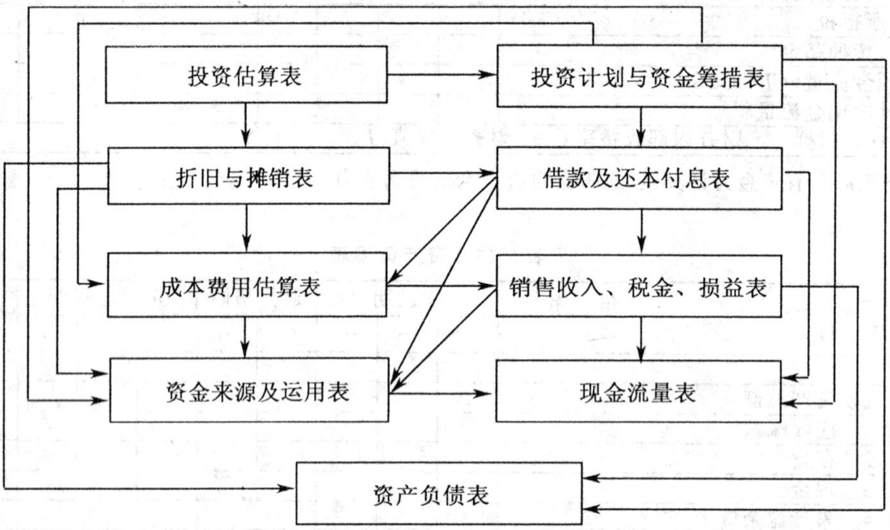

图 5-2　各财务报表之间的关系

四、财务评价指标

主要财务评价指标有财务内部收益率、投资回收期和固定资产借款偿还期;辅助指标有投资利润率、投资利税率、资产负债率、财务净现值、财务净现值率等,以及其他一些价值指标(如单位生产能力费用、单位产品费用、单位产品成本、水价、电价等)或实物指标。产品出口创汇及替代进口节汇的项目,还要计算财务外汇净现值、财务换汇和节汇成本等。评价时应视各项目的财务收入情况选择不同的主要指标,如水电、供水等盈利型项目应以财务内部收益率、投资回收期、固定资产借款偿还期和电价、水价作为主要的评价和分析指标;非盈利的社会公益性的水利项目应主要考察单位生产能力的费用、产品成本等指标。

常用的财务评价和分析指标如图 5-3,财务评价指标根据财务评价报表计算。下面介绍主要指标的计算方法。

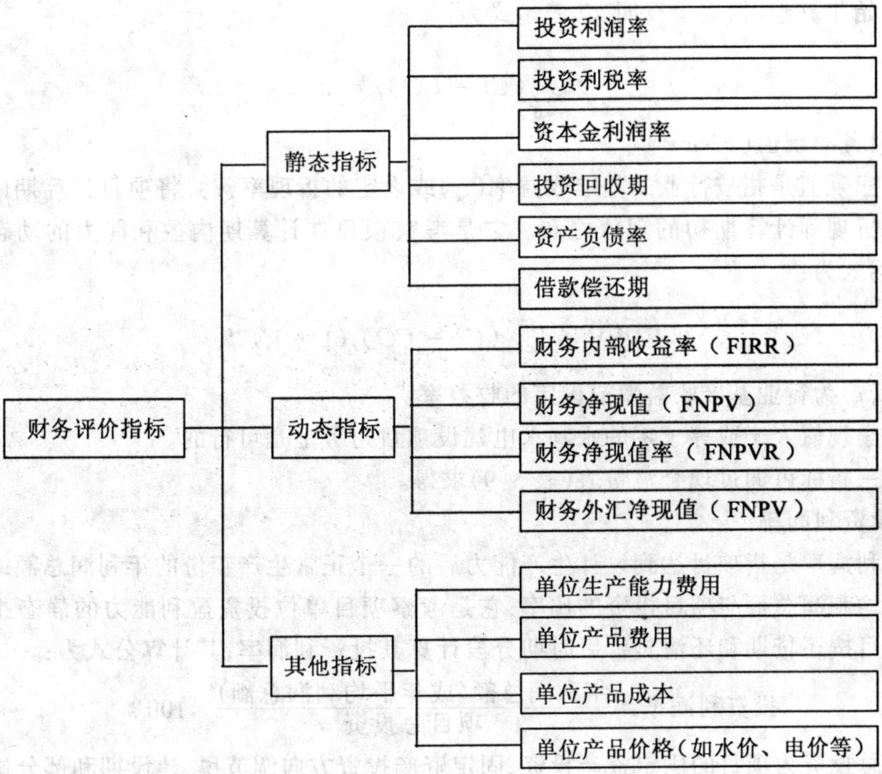

图 5-3 常用的财务评价和分析指标

1.盈利能力分析

水利建设项目财务盈利能力分析主要是考察投资的盈利水平，主要计算指标为：财务内部收益率、投资回收期，根据项目的实际需要，也可计算财务净现值、投资利润率、投资利税率等指标。

(1)财务内部收益率（*FIRR*）

财务内部收益率是衡量水利建设项目在财务上是否可行的主要评价指标，是项目在计算期内，各年净现值累计等于零时的折现率，其表达式为：

$$\sum_{t=0}^{n}(CI-CO)_t(1+FIRR)^{-t}=0 \tag{5-2}$$

式中：CI 为现金流入量（包括销售收入、回收固定资产残值、回收流动资金等）；CO 为现金流出量（包括固定资产投资、流动资金、经营成本、税金等）；$(CI-CO)_t$ 为第 t 年的净现金流量。n 为计算期（年）。

在财务评价中，求出的 $FIRR$ 大于或等于财务基准收益率（i_c）时，则该项目在财务上是可行的。

(2)投资回收期（P_t）

投资回收期是考察项目在财务上的投资回收能力的主要静态评价指标，是指项目的净现金流量累计等于零时所需要的时间。投资回收期以年表示,一般从建设开始年起算,如果从运行开始年算起时,应予注明,其表达式为:

$$\sum_{t=0}^{P_t}(CI - CO)_t = 0 \tag{5-3}$$

(3)财务净现值($FNPV$)

财务净现值是指按行业的基准收益率(i_c)或设定的折现率(i),将项目计算期内各年净现金流量折现到计算期初的现值之和。它是考察项目在计算期内盈利能力的动态评价指标,其表达式为:

$$FNPV = \sum_{t=0}^{n}(CI - CO)_t(1 + i_o)^{-t} \tag{5-4}$$

式中,i_o 为行业基准收益率或设定的收益率。

财务净现值大于或等于零的水利水电建设项目财务上是可行的。

以上三指标可通过现金流量表(表 5-9)求得。

(4)投资利润率

投资利润率是指项目达到设计生产能力后的一个正常生产年份的年利润总额或项目生产期年平均利润总额与项目投资的比率,它是考察项目单位投资盈利能力的静态指标。水利建设项目按还贷期和还清贷款后时期分段计算其投资利润率,其计算公式为:

$$投资利润率 = \frac{年利润总额(或年平均利润总额)}{项目总投资} \times 100\% \tag{5-5}$$

项目总投资为项目的固定资产投资、固定资产投资方向调节税、建设期和部分试运行期利息之和。年利润总额为年财务收入减去年总成本费用和销售税金及附加。

投资利润率应与行业平均投资利润率比较,判断项目单位投资盈利能力是否达到本行业平均水平。

(5)投资利税率

投资利税率是指项目达到设计生产能力后的一个正常生产年份的年利税总额或项目生产期内年平均利税总额与项目总投资的比率,其计算公式为:

$$\begin{aligned} 投资利税率 &= \frac{年利税总额(或年平均利税总额)}{项目总投资} \times 100\% \\ 年利税总额 &= 年财务收入 - 年总成本费用 \\ &= 年利润总额 + 销售税金及附加 \end{aligned} \tag{5-6}$$

投资利税率应与行业平均投资利税率比较,判断项目单位投资对国家积累的贡献是否达到本行业平均水平。

2. 清偿能力分析

清偿能力分析主要是考察计算期内各年的财务状态及还债能力,主要计算指标为借款偿还期和资产负债率。

(1)借款偿还期

借款偿还期是指在国家财政规定及项目具体财务条件下,以项目投产后可用于还款的资金偿还固定资产投资借款本金和利息所需的时间。以年表示,一般从借款开始年计算,当从投产年计算时,应予注明。

水利工程项目可用于还贷的资金来源有水利产品销售利润、折旧费、摊销费等。

还贷利润 = 税后发电(供水)利润 − 盈余公积金 − 公益金 − 应付利润

盈余公积金和公益金可按税后发电(供水)利润的 10% 和 5% 提取;应付利润为企业法人每年需支付的利润,如股息、红利等。

税后发电(供水)利润 = 发电(供水)收入 − 发电(供水)总成本费用 − 发电(供水)所得税 + 销售税金附加　(5-7)

还贷折旧费 = 年折旧费 × 折旧还贷比例

折旧还贷比例可由企业自行确定,当未确定时,可暂按 90% 用于偿还借款。

摊销费用于还贷的比例同折旧。

借款偿还期可编制借款还本付息计算表(表 5-7)直接推算。当所计算出的固定资产借款偿还期能满足贷方要求的期限时,该项目在财务上是可行的。

(2)资产负债率

资产负债率是反映项目各年所面临的财务风险程度和偿还能力的指标,是指项目的负债总额与资产总额的百分比。

资产总额 = 负债总额 + 权益总额　(5-8)

负债是企业所承担的能以货币计量、需以资产或劳务等形式偿还或抵偿的债务,按其期限长短可分为流动负债和长期负债。流动负债是指将在一年或者超过一年的一个营业周期内偿还的债务,包括短期借款、应付短期债券、预提费用,应付及预收款项等。长期负债是指偿还期在一年以上或者超过一年的一个营业周期以上的债务,包括长期借款、应付债券、长期应付款项等。

权益指业主对项目投入的资金以及形成的资本公积金、盈余公积金和未分配的利润。资本金是指新建设项目设立企业时在工商行政管理部门登记的注册资金。水利建设项目的资本金一般包括自有资金和国家、地方拨款投入的不计利息、无须偿还的投资。资本公积金主要包括企业的股本溢价、法定财产重估增值、接受捐赠的资产价值等。盈余公积金是指为弥补亏损或其他特定用途按照国家有关规定从利润中提取的公积金,可分为法定盈余公积金和任意盈余公积金两种。一般按所得税后利润的 10% 提取。未分配的利润是指企业用于以后年度分配的利润或待分配利润,一般可按企业税后利润扣除提取的盈余公积金和按比例分配给股东的红利求得。

资产负债率通过资产负债表(表 5-11)计算。一般要求债务占资产的比例不超过 60%～70%。

涉及外汇收支的水利建设项目,应编制财务外汇平衡表,进行外汇平衡分析,考察项目计算期内各年外汇余缺程度。对外汇不平衡的项目,应提出实现外汇平衡的措施和办法。

第三节　国民经济评价

国民经济评价又称经济分析,是从全社会或国民经济综合平衡的角度,运用国家规定的影子价格、影子汇率、影子工资和社会折现率等经济参数,分析计算项目所需投入的费用和可获得的效益,据此判别建设项目的经济合理性和宏观可行性。国民经济评价是项目经济评价的核心部分,是决策部门考虑建设项目取舍的主要依据。

一、国民经济评价的目的和作用

国民经济评价是一种宏观评价，只有多数项目的建设符合整个国民经济发展的需要，才能在充分合理利用有限资源的前提下，使国家获得最大的净效益。我们可以把国民经济作为一个大系统，项目的建设作为这个大系统中的一个子系统，项目的建设与生产，要从国民经济这个大系统中汲取资金、劳力、资源、土地等投入物，同时也向国民经济这个大系统提供一定数量的产出物(产品、服务等)。国民经济评价就是评价项目从国民经济中所汲取的投入与向国民经济提供的产出对国民经济这个大系统的经济目标的影响，从而选择对大系统目标优化最有利的项目或方案，达到合理利用有限资源，使国家获得最大净效益的目的。

我国不少商品的价格不能反映价值，也不能反映供求关系。在这种商品价格严重“失真”的条件下，按现行价格计算项目的投入或产出，不能确切地反映项目建设给国民经济带来的效益与费用支出。国民经济评价采用能反映资源真实价值的影子价格计算建设项目的费用和效益，可以真实反映项目对国民经济的净贡献，得出该项目的建设是否对国民经济总目标有利的结论。

国民经济评价可以起到鼓励或抑制某些行业或项目发展的作用，促进国家资源的合理分配。国家可以通过调整社会折现率这个重要的国家参数来控制投资总规模，当投资规模膨胀时，可适当提高社会折现率，控制一些项目的通过。同时，有了足够数量的、经过充分论证和科学评价的备选项目，便于各级计划部门从宏观经济角度对项目进行排队和取舍，有利于提高计划质量，达到投资决策科学化的目的。

二、国民经济评价的费用与效益

1.费用与效益的识别

确定建设项目经济合理性的基本途径是将建设项目的费用与效益进行比较，进而计算其对国民经济的净贡献。因此，正确地识别费用与效益，是保证国民经济评价正确性的重要条件和必要前提。

由于国民经济评价是从整个国民经济增长的目标出发，以项目对国民经济的净贡献大小来考察项目的。所以，国民经济评价中所指建设项目的费用应是国民经济为项目建设投入的全部代价，所指建设项目的效益应是项目为国民经济作出的全部贡献。为此，对项目实际效果的衡量，不仅应计算直接费用和直接效益，还应计算项目的间接费用和间接效益。属于国民经济内部转移支付的部分不计为项目的费用或效益。

在辨识和分析计算项目的费用和效益时应按“有无分析法”(即“有”投资和“无”投资情况的费用和效益)计算其增量，按效益与费用计算口径对应的原则确定费用与效益的计算范围，避免重复和遗漏。

2.直接费用与直接效益

直接费用与直接效益是项目费用与效益计算的主体部分。项目的直接费用主要指国家为满足项目投入(包括固定资产投资、流动资金及经常性投入)的需要而付出的代价。水利建设项目中的枢纽工程(或河渠工程)投资、水库淹没处理(或河渠占地)补偿投资、年运行费用、流动资金等均为水利水电建设项目的直接费用。

项目的直接效益主要指项目的产出物(物质产品或服务)的经济价值。不增加产出的项目，其效益表现为投入的节约，即释放到社会上的资源的经济价值。如水利建设项目建成后水电站（增加）的发电收益，减免的洪灾淹没损失，增加的农作物、树木、牧草等主、副产品的价值，均为水利建设项目的直接效益。

3.间接费用与间接效益

间接费用又称外部费用，是指国民经济为项目付出了代价，而项目本身并不实际支付的费用。例如项目建设造成的环境污染和生态的破坏。

间接效益又称外部效益，是指项目对社会作了贡献，而项目本身并未得益的那部分效益。例如在河流上游建设水利水电工程后，增加的河流下游水电站出力和电量。

外部费用和外部效益通常较难计量，为了减少计量上的困难，首先应力求明确项目的“边界”。一般情况下可扩大项目的范围，特别是一些相互关联的项目可以合在一起视为同一项目（联合体）捆起来进行评价，这样可使外部费用和效益转化为直接费用和效益。

4.转移支付

项目财务评价用的费用或效益中的税金、国内贷款利息和补贴等，是国民经济内部各部门之间的转移支付，不造成资源的实际耗费或增加。因此，在国民经济评价中不能计为项目的费用或效益，但国外借款利息的支付产生了国内资源向国外的转移，则必须计为项目的费用。

三、国民经济评价中的影子价格

国民经济评价是项目投入物和产出物应使用影子价格。计算影子价格时应分别按其外贸货物、非外贸货物、特殊投入物（劳动力、土地）三种类型进行计算。

计算影子价格时应采用的参数如下：影子汇率按国家外汇牌价乘以 1.08；贸易费用率统一采用 6%；由贸易费用率计算货物的贸易费用时，可使用下列公式：

进口货物的贸易费用＝到岸价×影子汇率×贸易费用率 (5-9)

出口货物的贸易费用＝（离岸价×影子汇率－国内长途运输费）×贸易费用率÷（1＋贸易费用率） (5-10)

非外贸货物的贸易费用＝出厂影子价格×贸易费用率 (5-11)

式中，口岸价格可根据《海关统计》对历年的口岸价进行回归和预测，或根据国际上一些组织机构编辑的出版物，分析一些重要货物的国际市场价格趋势。在确定口岸价格时，要注意剔除倾销、暂时紧缺、短期波动等因素的影响，同时还要考虑质量差价。

国内长途运输费按交通运输影子价格换算系数，其中铁路货运影子换算系数采用 1.84，与其对应的基础价格为 1992 年调整发布的铁路货运价格；公路货运影子价格换算系数采用 1.26，与其对应的基础价格为 1991 年公路货运实际价格；沿海货运影子价格换算系数采用 1.73，内河货运影子价格换算系数采用 2.00，与其对应的基础价格为 1992 年调整发布的全国沿海、内河货运价格；杂费影子价格换算系数采用 1.00。

1.外贸货物的影子价格

外贸货物是指其生产、使用将直接或间接影响国际进出口的货物。外贸货物的影子价格以实际将要发生的口岸价格为基础确定。

影子价格的计算方法如下：

进口货物的影子价格＝到岸价×影子汇率×（1＋贸易费用率）＋国内影子运输费 (5-12)

出口货物的影子价格 =（离岸价 × 影子汇率 − 国内长途运输费）÷（1 + 贸易费用率）

（5-13）

2. 非外贸货物

非外贸货物是指其生产或使用不影响国际进口或出口的货物，除了所谓"天然"的非贸易货物如施工、国内运输和商业等基础设施的产品和服务外，还有由于运输费用过高或受国内国外贸易政策和其他条件的限制不能进行外贸的货物。

从理论上讲，非外贸货物的影子价格主要应从供求关系出发，按机会成本或消费者支付意愿的原则确定。非外贸货物的影子价格的确定方法如下：

非外贸货物的影子价格 = 出厂影子价格 ×（1 + 贸易费用率）+ 影子运输费　（5-14）

3. 特殊投入物的影子价格

（1）劳动力的影子价格——影子工资

劳动力影子工资应能反映该劳动力用于拟建项目而使社会为此放弃的原有效益，以及社会为此而增加的资源消耗。影子工资由劳动力的边际产出（即一个建设项目占用的劳动力，在其他使用机会下可能创造的最大效益）和劳动力就业或转移而引起的社会资源消耗两部分构成，一般采用工资标准乘以影子工资换算系数求得。建设项目的影子工资换算系数一般为 1，在有充分依据的前提下，某些特殊项目可根据当地劳动力充裕程度和所用劳动力的技术熟练程度，适当提高或降低影子工资换算系数。

（2）土地的影子价格——土地影子费用

土地影子费用应能反映该土地用于拟建项目而使社会为此放弃的原有效益，以及社会为此而增加的资源消耗（如居民搬迁费等）。若项目占用的土地为没有什么用处的荒山野岭，其机会成本可视为零；若项目占用的是农业用地，其机会成本为原来的农业净效益，应按项目占用土地的具体情况，计算该土地在整个占用期间的净效益。

国民经济评价中对土地有两种具体处理方式：一是计算项目占用土地在整个占用期间逐年净效益的现值之和，作为土地费用计入项目的建设投资中；二是将逐年净效益的现值换算为年等值效益，作为项目每年的投入，一般可采用第一种方式。

四、国民经济评价指标

国民经济评价内容包括盈利能力分析和外汇效果分析，对难以量化的外部效果还需进行定性分析。其评价指标有经济内部收益率、经济净现值、经济效益费用比、经济换汇成本等指标。

1. 经济净现值（$ENPV$）

经济净现值反映项目对国民经济所作贡献的绝对指标，以用社会折现率（i_s）将项目计算期内各年的净效益折算到计算期初的现值之和表示。其表达式为：

$$ENPV = \sum_{t=0}^{n}(CI - CO)_t(1 + i_s)^{-t} \tag{5-15}$$

项目的经济合理性应根据经济净现值（$ENPV$）的大小确定。当经济净现值大于或等于零（$ENPV \geqslant 0$）时，该项目在经济上是合理的。

2. 经济效益费用比（$EBCR$）

经济效益费用比是反映项目单位费用对国民经济所作贡献的相对指标，以项目效益现值与费用现值之比表示。其表达式为：

$$EBCR = \sum_{t=0}^{n} CI_t(1+i_s)^{-t} \Big/ \sum_{t=0}^{n} CO_t(1+i_s)^{-t} \tag{5-16}$$

项目的经济合理性应根据经济效益费用比（$EBCR$）的大小确定。当经济效益费用比大于或等于 1（$EBCR \geq 1$）时，该项目在经济上是合理的。

3. 经济内部收益率（$EIRR$）

经济内部收益率表示项目占用的费用对国民经济的净贡献能力，反映项目对国民经济所作贡献的相对指标，它是项目计算期内各年净效益现值累计等于零时的折现率。其表达式为：

$$\sum_{t=0}^{n}(CI - CO)_t(1+EIRR)^{-t} = 0 \tag{5-17}$$

项目的经济合理性应按经济内部收益率（$EIRR$）与社会折现率（i_s）的对比分析确定。当经济内部收益率大于或等于社会折现率（$EIRR \geq i_s$）时，该项目在经济上是合理的。

4. 经济换汇成本

当项目生产直接出口产品或替代进口产品时，应计算经济换汇成本，它是用影子价格、影子工资和社会折现率计算的为生产该产品而投入的国内资源现值（以人民币表示）与经济外汇净现值（通常以美元表示）之比，亦即换取 1 美元的外汇所需要的人民币（元）金额，是分析、评价项目实施后在国际上竞争能力的指标。其表达式为：

$$\text{经济换汇成本} = \sum_{t=0}^{n} DR_t(1+i_s)^{-t} \Big/ \sum_{t=0}^{n}(FI - FO)_t(1+i_s)^{-t} \tag{5-18}$$

式中，DR 为项目在第 t 年为生产出口产品或替代进口产品所投入的国内资源（包括投资和经营成本）元；FI_t 为第 t 年的外汇流入量（美元）；FO_t 为第 t 年的外汇流出量（美元）。

经济换汇成本（元/美元）小于或等于影子汇率时，表明该项目产品出口或替代进口是有竞争力的，从获得或节约外汇的角度考虑是合算的。

当项目产出只有部分外贸品（出口或替代进口）时，应将生产外贸品部分所耗费的国内资源价值从国内资源总耗费中划出，然后用上式计算。

第四节　不确定性分析

工程经济评价中所采用的数据绝大多数来自于测算和估算，因此具有一定的不确定性。分析这些不确定因素对经济评价指标的影响，考察经济评价结果的可靠程度，称为不确定性分析。对项目经济评价进行不确定性分析的主要目的有两个：一是预测经济评价指标发生变化的范围，分析工程获得预期效果的风险程度，为工程项目决策提供依据；二是找出对工程经济效果指标具有较大影响的因素，以便在工程的规划、设计、施工中采取适当的措施，把它们的影响限制到最小程度。

项目经济评价中的不确定性分析包括敏感性分析、盈亏平衡分析和概率分析。盈亏平衡分析只用于财务评价，敏感性分析和概率分析可同时用于财务评价和国民经济评价。

一、敏感性分析

敏感性分析是研究各主要因素发生变化时，项目经济评价指标发生的相应变化，并据此找出最为敏感的因素，再进行必要的补充研究，以便验证计算结果的可靠性和合理性。水利建设项目敏感性分析一般计算步骤如下：

1.选择不确定因素(即敏感因素)

影响投资方案经济效果的不确定因素很多，严格地说，凡影响方案经济效果的因素在某种程度上都带有不确定性。在实际应用中一般视项目具体情况，按可能发生且对经济评价产生较大不利影响的方式来进行选择。水利工程通常选择固定资产投资、工程效益、建设工期等敏感性因素。由于水利工程效益的随机性大，因而工程效益的变化除考虑一般变化幅度外，还要考虑大洪水年或连续枯水年出现时对防洪、发电、供水等效益的影响程度。

2.确定各因素的变化幅度及其增量

各因素的变化范围原则上应根据项目的具体情况分析确定，在资料缺乏时，也可参照下列变化范围选用：

(1)固定资产投资：±10%～±20%；

(2)效益：±15%～±25%；

(3)建设期年限：增加或减少1～2年。

3.选定进行敏感性分析的评价指标

由于敏感性分析是在确定性分析的基础上进行的，一般可只在确定性分析所使用的指标内选用。

4.计算某种因素浮动对项目经济评价指标的影响和其敏感程度

在算出基本情况和经济评价指标的基础上，按选定的因素和浮动幅度计算其相应的评价指标，同时将所得到的结果绘成图表，以利分析研究和决策。

依据每次变动因素的数目多寡，敏感性分析可分为单因素敏感性分析和多因素敏感性分析。变动一个因素，其他因素不变条件下的敏感性分析，叫做单因素敏感性分析；变动两个以上因素的敏感性分析，叫做多因素敏感性分析。

敏感因素的变化可以用相对值或绝对值表示。相对值是使每个因素都从其原始取值变动一个幅度，例如±10%，±20%……计算每次变动对经济评价指标的影响，根据不同因素相对变化对经济评价指标影响的大小，可以得到各个因素的敏感性程度排序。用绝对值表示的因素变化可以得到同样的结果，这种敏感性程度排序可用列表或作图的方式来表述。

【例5-2】 某综合利用水利工程具有防洪、发电和航运等方面的效益，经分析计算，工程计划总投资295.7亿元，其中工程建设投资185亿元，水库淹没移民投资110.61亿元，工程正常运行年效益60.9亿元，在社会折现率12%的条件下，工程的经济内部收益率为14.5%，试对其进行敏感性分析。

解：依据题中条件，选取投资、效益和工期三因素对评价指标经济内部收益率进行敏感性分析，计算结果见表5-12，据此绘出的敏感性分析图见图5-4。

从图5-4及表5-12可以看出，该工程的各敏感因素在敏感性分析范围内变动，均不改变工程经济评价结论，这说明该工程在经济上的抗风险能力是较强的。

从图5-4还可以看出，敏感性分析图还可以导出项目由可行到不可行的不确定因素变化的临界值。其具体做法是，将不确定因素导致工程经济评价指标发生变化的变化线下延，直至与基准收益率线(或社会折现率线)相交，两线的交点就是某不确定因素变化的临界点，该点对应的横坐标为不确定因素变化的临界值，即不确定因素允许变动的最大幅度，或称极

表 5-12　某综合利用水利工程敏感性分析表

序号	因素	变化率(%)	经济内部收益率(%)
1	基本方案	0	14.5
2	固定资产	+20	13
3	固定资产	+10	13.7
4	固定资产	-5	15.1
5	经济效益	-20	12.6
6	经济效益	-10	13.5
7	经济效益	+5	14.9
8	工期	延长两年	13.3

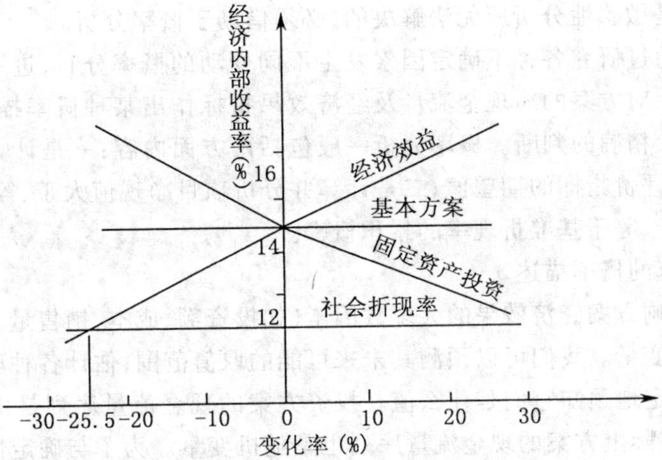

图 5-4　敏感性分析图

限变化。只要不确定因素的变化超过了这个极限,项目就由可行变为不可行。如图 5-4,若经济效益降低 25.5%,其经济内部收益率将降至基准值,如再降低项目就变为不可行。将各个因素允许变动幅度进行相互对比,则可知道各个因素对项目经济评价指标影响的敏感程度。允许变动幅度范围大,表明项目经济效果对该因素不敏感,项目承担的风险不大;反之表明项目经济效果对该因素敏感,项目承担的风险可能较大。

通过敏感性分析,可以找出影响项目经济效果的关键因素,必要时还可对某些最敏感的关键因素重新进行预测和估算,以减少投资的风险。

需要注意的是敏感性分析一般是假定效益减少或费用增大某一百分比来进行测算的,由于在动态经济分析计算中,经济效果指标完全取决于效益流和费用流,所以,在进行敏感性分析时也就认为效益流和费用流均发生某一比例变化,不对效益流和费用流发生的时间进行调整。这样做,虽然可能与实际情况有些出入,但误差不大,加之计算又较为简便,因而目前一般都采用此方式来进行计算。虽然如此,但在工期的敏感性分析中,不能延用上述的方式,而应当对其效益流和费用流发生的时间进行修正,否则,就可能出现较大的误差,甚至导致计算出的结果失真。这主要是因为工期延长后,不仅投资的年限增长,运行管理费用增加,总投资费用增大,而且效益发生的时间也相应推后,效益滞后对工程经济效果影响又甚为敏感,所以在敏感性分析中一定要注意对费用流和效益流的发生时间进行修正。

二、概率分析

各种不确定因素的变动对方案经济效果的影响,在一定程度上,可以用敏感性分析作出定量描述。这有助于决策者了解方案的风险情况,有助于确定在方案决策及实施过程中需要重点研究与控制的因素。但是,敏感性分析没有考虑各种不确定因素在未来发生变动的概率,这可能会影响分析结论的准确性。实际上,各种不确定因素在未来发生某一幅度变动的概率一般是有所不同的。可能有这样的情况,通过敏感性分析找出的某一敏感因素未来发生不利变动的概率很小,因而实际上所带来的风险并不大,以至于可以忽略不计;而另一不太敏感的因素未来发生不利变动的概率却很大,实际上所带来的风险比前一个敏感因素更大。这种问题是敏感性分析所无法解决的,必须借助于概率分析。

概率分析是通过研究各种不确定因素发生不同变动的概率分布,进一步研究其对方案经济效果的影响。对方案的净现金流量及经济效果指标作出某种概率描述,从而对方案的风险情况作出比较精确的判断。概率分析一般包括两方面内容:一是计算并分析项目净现值、内部回收率等评价指标的期望值;二是计算并分析项目净现值大于、等于零的累积概率,或内部回收率大于、等于基准折现率的累积概率。

1.随机现金流的概率描述

严格说来,影响方案经济效果的大多数因素(如投资额、成本、销售量、产品价格、项目寿命期等)都是随机变量。我们可以预测其未来可能的取值范围,估计各种取值或值域发生的概率,但不可能肯定地预知它们是什么值。投资方案的现金流量序列是由这些因素的取值所决定的,所以,实际上方案的现金流量序列也是随机变量。为了与确定性分析中使用的现金流量概念有所区别,我们称概率分析中的现金流量为随机现金流。

完整地描述一个随机变量,需要确定其概率分布的类型和参数。常见的概率分布类型有均匀分布、二项分布、泊松分布、指数分布和正态分布等,在经济分析与决策中使用最普遍的是均匀分布与正态分布。关于这些概率分布类型的条件、特征及其参数的计算方法,读者可以参阅有关概率统计方面的文献。

通常可以借鉴已经发生过类似情况的实际数据,并结合对各种具体条件的判断,来确定一个随机变量的概率分布。在某些情况下,也可以根据各种典型分布的条件,通过理论分析确定随机变量的概率分布类型。一般来说,工业投资项目的随机现金流要受许多种已知或未知的不确定因素的影响,可以看成是多个独立的随机变量之和,在许多情况下近似地服从正态分布。

描述随机变量的主要参数是期望值与方差。期望值是在大量的重复事件中随机变量取值的平均值。换句话说,是随机变量所有可能取值的加权平均值,权重为各种可能取值出现的概率。方差是反映随机变量取值的离散程度的参数。

假定某方案的寿命期为 n 个周期(通常取 1 年为一个周期)。净现金流序列为 $y_0, y_1, y_2, \cdots, y_n$,周期数 n 和各周期的净现金流入 $y_t(t=0,1,\cdots,n)$都是随机变量。为便于分析,我们设 n 为常数。从理论上讲,某一特定周期的净现金流可能出现的数值有无限多个,我们将其简化为若干个离散数值 $y_t^{(1)}, y_t^{(2)}, \cdots, y_t^{(m)}$。这些离散数值有的出现的概率要大一些，有的出现的概率要小一些。设与各离散数值对应的发生概率为 $P_1, P_2, \cdots, P_m(\sum_{j=1}^{m} P_j = 1)$，则第 t 周期净现金流 y_t 的期望值为：

$$E(y_t) = \sum_{j=1}^{m} y_t^{(j)} \cdot P_j \tag{5-19}$$

第 t 周期净现金流 y_t 的方差为：

$$D(y_t) = \sum_{j=1}^{m} [y_t^{(j)} - E(y_t)]^2 \cdot P_j \tag{5-20}$$

2. 方案净现值的期望值与方差

我们以净现值为例讨论方案经济效果指标的概率描述。由于各个周期的净现金流都是随机变量，所以把各个周期的净现金流现值相加得到的方案净现值必然也是一个随机变量，我们称之为随机净现值。在多数情况下，可以认为随机净现值近似地服从正态分布。设各周期的随机现金流为 $y_t(t = 0,1,\cdots,n)$，随机净现值的计算公式为：

$$NPV = \sum_{t=0}^{n} y_t(1 + i_0)^{-t} \tag{5-21}$$

设方案寿命期的周期数 n 为一个常数，根据各周期随机现金流的期望值 $E(y_t)(t=0, 1,\cdots,n)$，可以求出方案净现值的期望值：

$$E(NPV) = \sum_{t=0}^{n} E(y_t) \cdot (1 + i_0)^{-t} \tag{5-22}$$

方案净现值的方差大小与各周期随机现金流之间是否存在相关关系有关，如果方案寿命期内任意两个随机现金流之间不存在相关关系，或者不考虑随机现金流之间的相关关系，则方案净现值的方差计算公式为：

$$D(NPV) = \sum_{t=0}^{n} D(y_t) \cdot (1 + i_0)^{-2t} \tag{5-23}$$

如果考虑随机现金流之间的相关关系，方案净现值的方差值往往要比不考虑相关关系时大。

分别估算各个周期随机现金流的期望值与方差往往相当麻烦，如果能通过统计分析或主观判断，给出方案寿命期内可能发生的各种状态所对应的净现金流序列及其发生概率，就可以用更简便的方法求出方案净现值的期望值与方差。假定某方案寿命期内可能发生 m 种状态，各种状态的净现金流序列为 $\{y_t \mid t=0,1,\cdots,n\}^{(j)}$，式中 $j=1,2,\cdots,m$，对应于各种状态的发生概率为 $P_j(j=1,2,\cdots,m, \sum_{j=1}^{m} P_j = 1)$，则在第 j 种状态下，方案的净现值为：

$$NPV^{(j)} = \sum_{t=0}^{n} y_{tj}(1 + i_0)^{-t} \tag{5-24}$$

式中：y_{tj} 为在第 j 种状态下，第 t 周期的净现金流。方案净现值的期望值为：

$$E(NPV) = \sum_{j=1}^{m} NPV^{(j)} \cdot P_j \tag{5-25}$$

在这种情况下净现值方差的计算公式为：

$$D(NPV) = \sum_{j=1}^{m} [NPV^{(j)} - E(NPV)]^2 \cdot P_j \tag{5-26}$$

由于净现值的方差与净现值具有不同的量纲，为了便于分析，通常使用与净现值具有相同量纲的参数——标准差来反映随机净现值取值的离散程度。方案净现值的标准差可由下式求得：

$$\sigma(NPV) = \sqrt{D(NPV)} \tag{5-27}$$

【例 5－3】 某径流式水电站的年发电量与当年来水量的大小密切相关，而天然来水量逐年发生随机变化，通过水能计算可以求出各种频率的年发电量 Ep（见表 5-13）。已知电站上网电价 0.1 元/kW·h，则各年收益 $Bt = 0.1\ Ep$ 也是随机变化的。设水电站的年费用 Ct 不变为 600 万元。试计算项目净现值的期望值，并分析项目净现值大于、等于零的累积概率。

表 5-13　某径流式水电站经济评价指标的概率分析

概率 Pj(%)	5	5	10	10	…	10	10	10	5	期望值
累计概率(%)	5	10	20	30	…	70	80	90	95	
年发电量(亿 kW·h)	1.40	1.30	1.25	1.15	…	0.69	0.60	0.44	0.34	0.895
年收益 Bt(万元)	1400	1300	1250	1150	…	690	600	440	340	895
年费用 Ct(万元)	600	600	600	600	…	600	600	600	600	600
净年值 NAV	800	700	650	550	…	90	0	－160	－260	295

解：(1)项目净年值的期望值：

$$E(NAV) = \sum_{j=1}^{m} NAV^{(j)} \cdot P_j = 295(\text{万元})$$

(2)项目净年值大于、等于零的累积概率：

从表 5-13 中可以看出 $NPV \geqslant 0$ 的累积概率为 80%，即表示净年值小于 0 的风险率为 20%。可以认为该水电站项目在经济上是有利的，承担亏损的风险率不大。

三、盈亏平衡分析

各种不确定因素的变化会影响投资方案的经济效果，当这些因素的变化达到某一临界值时，就会影响方案的取舍。盈亏平衡分析的目的就是要找出这种临界值，判断投资方案对不确定因素变化的承受能力。具体来说就是研究在一定市场条件下，在拟建项目达到设计生产能力的正常生产年份，产品销售收入与生产成本的平衡关系。

1. 销售收入、生产成本与产品产量的关系

项目的销售收入与产品销售量(如果按销售量组织生产，产品销售量等于产品产量)的关系有两种情况，第一种情况：该项目的生产销售活动不会明显地影响市场供求状况。假定其他市场条件不变，产品价格不会随着该项目的销售量的变化而变化，可以看做是一个常数。销售收入与销售量是线性关系。即：

$$B = P \times Q \tag{5-28}$$

式中 B 为销售收入；P 为单位产品价格；Q 为产品销售量。

第二种情况：该项目的生产销售活动将明显地影响市场供求状况，随着该项目产品销售量的增加，产品价格有所下降，这时销售收入与销售量之间不再是线性关系，对应于销售量 Q，销售收入为

$$B = \int_0^{Q_0} P(Q)\mathrm{d}Q \tag{5-29}$$

项目投产后，生产成本可以分为固定成本与变动成本两部分。变动成本总额中的大部分与产品产量成正比例关系。也有一部分变动成本与产品产量不成正比例关系，如与生产批量有关的某些消耗性材料费用，如模具费及运输费等。通常称这部分变动成本为半变动成本，一般可以近似地认为它也随产量成正比例变动。

总成本是固定成本与变动成本之和，它与产品产量的关系也可以近似地认为是线性关系，即

$$C = C_f + C_v \times Q \tag{5-30}$$

式中：C 为生产成本；C_f 为固定成本；C_v 为单位产品变动成本。

2. 盈亏平衡点及其确定

将式(5-28)与式(5-30)在同一坐标图上表示出来，可以构成线性量～本～利分析图(图 5-5)。

图 5-5 中纵坐标表示销售收入与产品成本，横坐标表示产品产量。销售收入线 B 与总成本线 C 的交点称盈亏平衡点(BreakEvenPoint，简称 BEP)，也就是项目盈利与亏损的临界点。在 BEP 的左边，总成本大于销售收入，项目亏损；在 BEP 的右边，销售收入大于总成本，项目盈利；在 BEP 点上，项目不亏不盈。

根据上图，盈亏平衡点也可以用产品产量、产品销售价格、生产能力利用率、单位产品变动成本等表示。在盈亏平衡点，销售收入 B 等于总成本 C，即：

$$PQ = C_f + C_v \times Q \tag{5-31}$$

盈亏平衡产量：

$$Q^* = C_f/(P - C_v)$$

若按设计能力 Q_0 进行生产和销售，则盈亏平衡价格：$P^* = C_f/Q_0 + C_v$

若项目生产能力为 Q_0，则盈亏平衡生产能力利用率：$E^* = \dfrac{Q^*}{Q_0} \times 100\%$

若按设计能力进行生产和销售，则盈亏平衡单位产品变动成本：$C_v^* = P - C_f/Q_0$

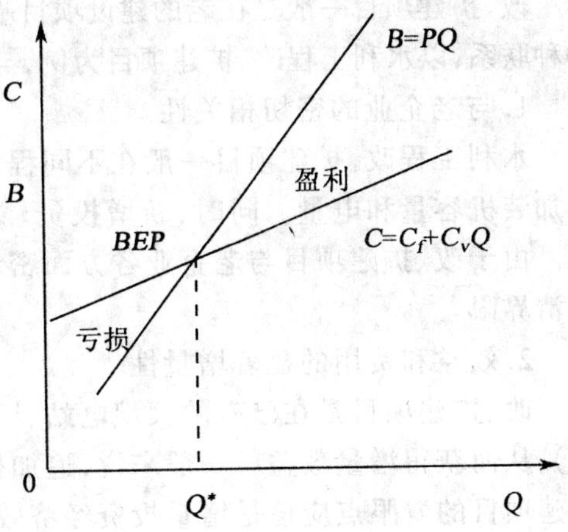

图 5-5　量～本～利分析图

通过计算盈亏平衡点，结合市场预测，可以对项目发生亏损的可能性做出大概的判断。

【例 5-4】　某工业项目年设计生产能力为生产某种产品 3 万件，单位产品售价3 000元，生产总成本为7 800万元，其中固定成本3 000万元，总变动成本与产品产量成正比例关系，求以产量、生产能力利用率、销售价格、单位产品变动成本表示的盈亏平衡点。

解：计算单位产品变动成本：

$C_v=(7\ 800-3\ 000)\times 10\ 000/30\ 000=1600$(元/件)

盈亏平衡产量：

$Q^*=3\ 000\times 10\ 000/(3\ 000-1\ 600)=21\ 400$(件)

盈亏平衡生产能力利用率：

$E^*=21\ 400/30\ 000\times 100\%=71.33\%$

盈亏平衡销售价格：

$P^*=1\ 600+3\ 000\times 10\ 000/(3\times 10\ 000)=2\ 600$(元/件)

盈亏平衡单位产品变动成本：

$C_v{}^*=3\ 000-3\ 000\times 10\ 000/(3\times 10\ 000)=2\ 000$(元/件)

通过计算盈亏平衡点，结合市场预测，可以对投资方案发生亏损的可能性作出大致判断。在上例中，如果未来的产品销售价格及生产成本与预期值相同，项目不发生亏损的条件是年销售量不低于21 400件，生产能力利用率不低于71.43%；如果按设计能力进行生产并能全部销售，生产成本与预期值相同，项目不发生亏损的条件是产品价格不低于2 600元/件；如果销售量、产品价格与预期值相同，项目不发生亏损的条件是单位产品变动成本不高于2 000元/件。

第五节　改、扩建项目经济评价

一、改、扩建项目的特点

改、扩建项目一般是在老的建设项目基础上的增容扩建和改建，不可避免地与老企业发生种种联系，以水利工程改、扩建项目为例，与新建项目相比，改、扩建项目具有以下主要特点：

1.与老企业的密切相关性

水利工程改、扩建项目一般在不同程度上利用了已建工程的部分设施，如拦水坝等，以增加装机容量和电量。同时，新增投资、新增资产与原有投资和资产相结合而发挥新的作用。由于改、扩建项目与老企业各方面密切相关，因此，项目与老企业的若干部门之间不易划清界限。

2.效益和费用的显著增量性

改、扩建项目是在已有的大坝电站、厂房设备、人员、技术基础上，进行追加投资(增量投资)，从而获得增量效益。一般来说，追加投资的经济效果应比新建项目更为经济，因此，改、扩建项目的着眼点应该是增量投资经济效果。

3.改、扩建项目目标和规模的多样性

改、扩建项目的目标不同，实施方法各异，其效益和费用的表现形式则千差万别。其效益可能表现为如下一个方面或者几个方面的综合：

(1)增加产量。水利工程改、扩建项目表现为增加发电量、增加装机容量、增加水库库容、增加供水量等。

(2)扩大用途。如因库容扩大而增加养殖、防洪、灌溉、供水等效益。

(3)提高质量。如提高水库的调节性能，增发保证电量和调峰电量，提高供电、供水的可靠性。

(4)降低能耗。如提高机组效率,降低水头损失,降低输电线路损失、变电损失等。

(5)合理利用资源。如充分利用水力资源,扩大季节性电能的利用等。

(6)提高技术装备水平、改善劳动条件或减轻劳动强度。如增加自动化装置,采用遥控遥测、遥调设备和设施,减少值班人员,减轻劳动强度,节省劳动力和改善工作环境等。

(7)保护环境。如保护水环境、保持生态平衡、增加旅游景点和旅游效益等。

改、扩建项目的费用不仅包括新增固定资产投资和流动资金、新增运行费用,还包括由于改、扩建项目带来的停产或减产损失和原有设施的拆除费用。

4.经济计算的复杂性

改、扩建项目的经济计算原则上采用有无对比法。无项目是指不建该项目时的方案,它考虑在没有该项目情况下整个计算期项目可能发生的情况。采用有无对比法计算项目的效益和费用,实际就是计算项目的增量效益和费用。由于改、扩建项目目标的多样性和项目实施的复杂性,这使得经济计算和评价变得较为复杂,特别是增量效益的计算更加复杂。

二、增量效益和费用的识别与计算

1.增量效益的识别与计算

改、扩建项目的增量效益可能来自增加产量、扩大用途、提高质量,也可能来自降低能耗、合理利用资源、提高技术装备水平等一个或者几个方面的综合,这给增量效益的识别与计算带来较大困难,通常是将有项目的总效益减去无项目的总效益即为增量效益,以避免漏算或重复计算。

2.增量费用的识别与计算

增量费用包括新增投资、新增经营费用,还包括由于改、扩建该项目可能带来的停产或减产损失,以及原有设施拆除费用等。

(1)沉没成本

沉没成本在改、扩建项目经济评价中经常遇到。改、扩建项目主要是分析增量效益和增量费用,而增量效益并不完全来源于新增投资,其中一部分来自原有固定资产潜力的发挥。从有、无项目对比的观点来看,没有本项目,原有的潜力并不能产生增量效益,改、扩建项目的优点也正是利用了原有设施的潜力。因此,沉没费用来源于过去的决策行为,与现行的可行方案无关,在计算增量效益时不计算沉没费用。

有些项目在过去建设时,已经考虑到了今天的扩建,因而预留了一部分发展的设施。比如引水管道预留了过流能力,厂房预留了安装新设备的位置,变压器考虑了将来的增容等,如果不进行改、扩建,这笔投资无法收回,在此情况下进行改、扩建,这笔投资作为沉没费用。还有些项目是停建后的复建,已花的部分投资也是沉没费用,只计算原有设施现时尚可卖得的净价值。

改、扩建项目大都是在旧有设施基础上进行的,或多或少都会利用旧设施,不论潜力有多大,已花掉投资都属于沉没成本。

改、扩建项目经济评价,原则上应在增量效益和增量费用对应一致的基础上进行。因此,沉没费用不应计入新增投资中。在实际工作中,还会经常遇到分期建设问题,凡在第一期工程建设中为二期工程花掉的投资,都只应在第一期工程中计算,二期工程经济评价中不再计入这部分投资。

(2)增量固定资产投资的计算

对有项目而言,固定资产投资应包括新增投资和可利用的原有固定资产价值并扣除拆除资产回收的净价值。由于改、扩建过程中带来的停产或减产损失,应作为项目的现金流出列入现金流量表中。对于无项目而言,原有投资应采用固定资产的重估值。

增量投资是有项目对无项目的投资差额。对于停建后又续建的项目,其原有投资为沉没费用,不应计为投资,但应计算其卖得的净价值。

(3)增量经营成本的计算

改、扩建项目如果有几种目标同时存在,要计算有无此项目的差额,以避免重复计算或漏算。

三、改、扩建项目经济评价

改、扩建项目具有一般建设项目的共同特征。因此,一般建设项目的经济评价原则和基本方法也适用于改、扩建项目。但因它是在现有企业基础上进行的,在具体评价方法上又有其特殊性。总的原则是考察项目建与不建两种情况下效益和费用的差别,这种差别是项目引起的,一般采用增量效果评价法,其计算步骤是:首先计算改、扩建产生的增量现金流,然后根据增量现金流进行增量效果指标计算(如增量投资内部收益率、增量投资财务净现值等),最后根据指标计算结果判别改、扩建项目的可行性。

增量现金流的计算是增量法的关键步骤。常见的计算增量现金流的方法是将进行改、扩建和技改后(简称项目后)的现金流减去改、扩建和技改前(简称项目前)的对应现金流,这种方法称为“前后”比较法,或前后法。我们知道,方案比较中的现金流比较必须保证该方案在时间上的一致性,即必须用同一时间的现金流相减。前后法用项目后的量减去项目前的量,实际上存在着一个假设:若不上项目,现金流将保持项目前的水平不变。当实际情况不符合这一假设时,就将产生误差。因此,前后法是一种不正确的方法。计算增量现金流的正确方法是“有无”法,即用进行改、扩建和技改(有项目)未来的现金流减去不进行改、扩建和技改(无项目)对应的未来的现金流。有无法不作无项目时现金流保持项目前水平不变的假设,而要求分别对有、无项目未来可能发生的情况进行预测。

由于进行改、扩建与不进行改、扩建两种情况下都有相同的原有资产,在进行增量现金流计算时互相抵消,这样就不必进行原有资产的估价,这是我们所希望的。按照通常的理解,在计算出增量效果指标后,若 $NPV>0$,或 $IRR>i_0$,则应进行改、扩建改造投资。然而,能否这样下结论仍然是个有待讨论的问题。

【例 5-5】 某企业现有固定资产 500 万元,流动资产 200 万元,若进行技术改造须投资 140万元,改造当年生效。改造与不改造的每年收入、支出如表5-14所列,假定改造、不改

表 5-14 某企业改造与不改造的收支预测

方案	不改造		改造	
年份	1~8	8	1~8	8
年销售收入	600		650	
资产回收		250		300
年支出	495		520	

造的寿命期均为 8 年,折现率 $i_0 = 10\%$,问该企业是否应当进行技术改造?

解:(1)画出增量法的现金流量图,如图 5-6 所示。

$K = 140, FB = 300 - 250 = 50,$

$BA = (650 - 520) - (600 - 495) = 25$

(2)计算增量投资财务净现值 NPV

$NPV = -140 + 25(P/A, 10\%, 8)$

$+ 50(P/F, 10\%, 8) = 16.7$(万元)

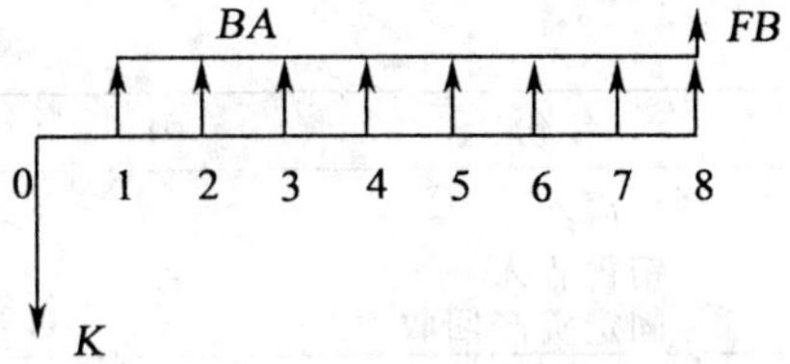

图 5-6　现金流量图

因为 $NPV = 16.7 > 0$,可以说企业进行技术改造比不改造好,至少经济效益有所改善。但若做出应当改造的结论就过于草率了。因为我们知道,增量法所体现的仅仅是相对效果,它不能体现绝对效果。相对效果只能解决方案之间的优劣问题,绝对效果才能解决方案能否达到规定的最低标准问题。从理论上说,互斥方案比较应该同时通过绝对效果和相对效果检验。

现画出改造与不改造时总量法的现金流量图进行分析:

改造时投资财务净现值 NPV_a:

$K = 840, FB = 300, BA = 130$

$NPV_a = -840 + 130(P/A, 10\%, 8) + 300(P/F, 10\%, 8) = -6.5$(万元)

不改造时投资财务净现值 NPV_b:

$K = 700, FB = 250, BA = 105$

$NPV_b = -700 + 105(P/A, 10\%, 8) + 250(P/F, 10\%, 8) = -23.2$(万元)

此时,虽然 $NPV_a > NPV_b$,但两者都小于 0,不能通过绝对效果检验,因此,不能作出应当改造的结论。

总量法的优点在于它不仅能够显示出改、扩建与否的相对效果,还能够显示出改、扩建与否的绝对效果。但总量法的缺点在于要对原有资产进行估价,好在现实经济生活中,改、扩建项目评价一般情况下只需要进行增量效果评价,只有当企业面临亏损,需要将企业关闭、拍卖还是进行改、扩建做出决策时,才需要同时进行增量效果评价和总量效果评价。

思考与习题

1.项目投资的国民经济评价与财务评价有何区别?在投资项目的国民经济分析中,识别费用和收益的基本原则是什么?与财务分析的识别原则有何不同?

2.在投资项目国民经济分析中,主要的费用项和收益项有哪些?当采用影子价格计量费用与收益时,哪些费用项和收益项需要列入国民经济分析的现金流量表中?

3.在评估工程投资风险与不确定性时,项目经济效益期望值、标准差与离差系数有何作用?

4.怎样应用净现值指标评价改造与扩建项目?

5.有一投资项目,固定资产投资 50 万元,于第 1 年初投入;流动资金投资 20 万元,于第二年初投入,全部为贷款,利率 8%。项目于第 2 年投产,产品销售第 2 年为 50 万元,第 3~8 年为 80 万元;经营成本第 2 年为 30 万元,第 3~8 年为 45 万元,产品税率为 5%;第 2~8 年折旧费每年为 6 万元;第 8 年末(项目寿命期末)处理固定资产可得收入 8 万元。根据以上条件列出的全投资现金流量表(见表 1、表 2)是否正确？若有错，请改正过来。

表 1　全投资现金流量表(一)

单位:万元

年份	0	1	2	3～7	8
现金流入					
销售收入			50	80	80
固定资产回收					8
现金流出					
经营成本			30	45	45
固定资产投资	50				
流动资金投资		20			
产品税			2.5	4	4
折旧			6	6	6
净现金流	-50	-20	11.5	25	33

表 2　全投资现金流量表(二)

单位:万元

年份	0	1	2	3～7	8
现金流入					
销售收入			50	80	80
固定资产回收					8
折旧			6	6	6
现金流出					
经营成本			30	45	45
固定资产投资	50				
流动资金投资		20			
产品税			2.5	4	4
流动资金利息			1.6	1.6	1.6
净现金流	-50	-20	21.9	35.4	43.4

6. 上题中，若固定资产投资 50 万元中企业自有资金为 30 万元，贷款为 20 万元，贷款期限 2 年，利率 10%，流动资金全为贷款，利率 8%。固定资金贷款归还办法：等额本金法(即每年还本额相等并归还相应利息)；流动资金贷款每年付息，项目寿命期末还本。其余数据同题 10。据此，列出资金平衡表见表 3，请判断其正确性，若有错误，请予改正，对必要的数据允许作合乎情理的假设。

表 3　资金平衡表

单位:万元

年份	0	1	2	3～7	8
资金来源					
自有资金	30				
利润			11.5	25	25
折旧			6	6	6
固定资产回收					8
流动资金回收					20
固定投资贷款	20				
流动资金贷款		20			
资金运用					

续表

年份	0	1	2	3~7	8
固定资产投资	50				
流动资金投资		20			
固定投资还贷		12	11		
流动资金还贷					20
资金结余	0	-12	6.5	31	39
累计资金结余					

7.某项目正常生产年份每年进口投入物的到岸价格总额为500万美元,进口关税率为到岸价格的20%;每年耗用国内投入物的财务价值为5 000万元,价格换算系数为1:20;项目产品全部出口,每年离岸价格总额为1 500万美元。在忽略国内运费和贸易费用的情况下,倘若官方汇率为4.70元人民币/1美元,影子汇率为6.00元人民币/1美元,从国民经济分析的角度与从财务分析的角度相比较,项目每年的盈利额有何差异?

8.设对某工程的经济评价指标年净效益 $NAV=B-C$ 进行不确定性分析(包括敏感性分析与风险分析),已知该工程的年效益 $B_1=1.0$ 亿元的概率 $P_1=0.2$,年效益 $B_2=0.9$ 亿元的概率 $P_2=0.7$,年效益 $B_3=0.8$ 亿元的概率 $P_3=0.1$,工程的投资 $K=8$ 亿元不变,但年运行费 U 每年有些变化,$U_1=0.07$ 亿元的概率 $P_1=0.4$,$U_2=0.08$ 亿元的概率 $P_2=0.5$,$U_3=0.09$ 亿元的概率 $P_3=0.1$,若社会折现率 $i=12\%$,试求年净效益 $NAV>0$ 的概率 P_0 及 $NAV<0$ 的概率 F?

9.某方案的参数预测结果如下:投资10 000元,年净收入3 000元,寿命5年,$i=12\%$这些参数的可能变化范围为±30%。试对年净收入与寿命作单参数敏感性分析。

10.购买新设备1台,需投资5 000元,寿命为3年,无残值。设备的年净收入视市场销售情况而定。市场前景可分为有利、不利和稳定三种可能,其概率与设备的相应现金流量如表所列。若最低期望盈利率 $i=15\%$,试求 $NPV\geqslant 0$ 的概率,假定 NPV 服从正态分布。

表4　方案现金流量　　单位:元

年	有利($P=0.2$)	稳定($P=0.6$)	不利($P=0.2$)
0	-5 000	-5 000	-5 000
1	2 500	2 000	2 000
2	2 000	20 00	3 000
3	1 000	2 000	3 500

11.加工某种产品有两种备选设备,若选用设备甲初始投资20万元,加工每件产品的费用为8元;若选用设备乙需初始投资30万元,加工每件产品的费用为6元。假定任何一年的设备残值均为零,试回答下列问题:

①若设备使用年限为8年,基准折现率为12%,年产量为多少时选用设备甲比较有利?

②若设备使用年限为8年,年产量13 000件,基准折现率在什么范围内选用设备乙较有利?

③若年产量15 000件,基准折现率为12%,设备使用年限为多长时选用设备甲比较

有利？

12.某台钻厂现有固定资产价值315万元，占用流动资金296万元，年产台钻1.45万台，单价460元/台。为提高产品质量，降低成本，占领国际市场，拟进行技术改造。项目计算寿命为10年。有关数据资料如下：

表5　不进行技术改造年费用、收益预测　　单位：万元

年份	1	2	3	4	5	6～9	10
固定资产投资	2	2.5	3.5				
流动资金投资	10.3	10.3	10.4				
年销售量	1.5	1.55	1.6	1.6	1.6	1.6	1.6
年经营成本	587	602	611	614	638	654	654
固定资产残值							85
年折旧费	23	23	24	24	24	24	24

表6　进行技术改造年费用、收益预测　　单位：万元

年份	1	2	3	4	5	6～9	10
固定资产投资	200	420	170				
流动资金投资	46	45	30	113	286		
年销售量	1.7	2	2.2	3	5	5	5
年经营成本	644	735	772	998	1579	1579	1579
固定资产残值							450
年折旧费	32	63	70	70	70	70	70

标准折现率取12%。做全投资分析，列出现金流量表，计算静态、动态回收期、*NPV*、*IRR*。分别就销售收入及经营成本变动+5%、+10%、+15%、+20%，对该项目全投资净现值做敏感性分析。

第六章 综合利用水利工程投资费用分摊

第一节 概 述

我国水利工程一般具有防洪、发电、灌溉、供水、航运等综合利用效益。在过去一段时间内由于缺乏经济核算,整个综合利用水利工程的投资,并不在各个受益部门之间进行投资分摊,主要由某一主要受益部门负担。结果负担全部投资的部门认为,本部门的效益有限,而所需投资却较大,因而迟迟不下决心或者不愿兴办此项工程,使水资源得不到应有的开发与利用,任其白白浪费;或者主办单位由于受本部门投资额的限制,可能使综合利用水利工程的开发规模偏小,使得其综合利用效益得不到充分的发展;另外,如果综合利用水利工程牵涉的部门较多,相互关系较为复杂,有些不承担投资的部门往往提出过高的设计标准或设计要求,使工程投资不合理的增加,工期被迫拖延,不能以较少的工程投资在较短的时间内发挥较大的综合利用效益。

在相当长时期内,某些水利工程的投资全部由水电站负担,致使水电站单位千瓦投资高于火电站较多。由于受电力部门总投资额的限制以及其他一些原因,为了尽快满足电力系统负荷日益增长的要求,较多地发展了火力发电。虽然火电厂本身的单位千瓦投资较低,但是为了提供火电所需的大宗燃料,煤炭工业部门不得不增加投资新建或扩建矿井,甚至铁道部门、环保部门亦须相应增加投资,总计折合火力发电单位千瓦的投资并不一定比水电站少,而且火电站单位电能的年运行费为水电站的 3～4 倍。由于电价是一定的,结果国家纯收入(包括税金和利润)减少,资金积累减慢,反过来又影响水利电力部门的投资额,降低扩大再生产的速度,而水能资源由于得不到充分的开发利用而年复一年地大量浪费。因此,为了核算受益部门的投资效果,研究项目的合理开发规模,应对综合利用水利工程的投资费用在各个受益部门之间进行合理分摊。

综合利用水利工程投资费用分摊包括固定资产投资分摊和年运行费分摊。

由于综合利用各部门的自身特点,对水资源各有其不同的要求。这些要求既有一致的一面,又有矛盾的一面。为了保证水资源的综合利用,除在规划中从整体利益出发,通盘考虑安排外,在综合利用各部门之间进行合理的费用分摊,把综合利用各部门的经济效益与经济责任联系起来也是保证水资源得到充分、合理利用的一条重要措施。对综合利用水利工程进行投资分摊的主要目的是:

(1)为计算各部门的经济评价指标,确定工程的合理开发规模提供费用依据;

(2)为核算和合理确定供水、供电等水利产品的成本和价格提供费用依据;

(3)为研究工程项目建设资金的来源(筹资)和投资政策(如国家对防洪、供水、灌溉、发电的投资政策各不相同)提供参考依据。

第二节　综合利用水利工程费用构成及其特点

综合利用水利工程是国民经济不同部门为利用同一水资源而联合兴建的工程。从费用构成来说，它是由建筑工程、机电设备及安装工程、金属结构设备及安装工程、临时工程、水库淹没处理补偿费、预备费及其他费用等部分组成。按费用的服务性质来说，可以分为只为某一受益部门(或地区)服务的专用工程费用和配套工程费用，以及为综合利用水利工程各受益部门(或其中两个以上受益部门)服务的共用工程费用。按费用的可分性质来说，又可以分为可分离费用与剩余费用两部分。

一、专用工程费用与共用工程费用的划分

专用工程费用是指参与综合利用的某一部门为自身目的而兴建的工程(不包括配套工程)的总投入，包括投资、年运行费用和设备更新费，该费用由各部门自行承担。共用工程费用是指为各受益部门共同使用的工程设施投入的投资、年运行费用和更新费等，该费用应由各受益部门分摊。

各部门的专用工程费用和配套工程费用在数量上以及投入的时间上相差很大。相对来说，水库防洪的专用工程费用小(大坝既是防洪的主要工程措施，又为各受益部门所共用)，基本上没有配套工程；发电部门的专用工程费用和配套工程费用都比较多；航运部门的专用工程费用比发电部门少，但配套设施的费用很大；灌溉部门的专用工程(主要是引水渠首工程)费用很小，配套工程费用大。航运专用工程投资一般在水库蓄水前要全部投入；发电专用工程投资(主要是机电设备)大部分可在水库蓄水后随着装机进度逐步投入，配套工程投资可在水库蓄水后逐步投入。

共用工程费用主要包括大坝工程投资和水库淹没处理费用，其大小主要取决于坝址的地质、地形条件和水库淹没区社会经济条件，在不同自然条件和社会经济条件下建设相同规模水利工程其投资费用可能相差数倍。共用工程费用投入时间较早，全部或绝大部分要在水库蓄水前投入。

在工程的投资概(估)算时，专用工程投资和共用工程投资是统一计算的，很多投资项目是共用投资与专用投资互相交叉在一起的。在进行综合利用水利工程费用分摊时，首先需要正确划分专用工程投资和共用工程投资，这是一项十分重要而难度大的工作，它不仅需要有合理的划分原则，还必须掌握大量资料和对综合利用水利工程有比较全面的了解。根据水利工程投资估算的方法和特点，一般可分两步进行：

第一步：按投资估算的原则，将综合利用水利工程投资按大坝、电站、通航建筑物、灌溉渠首工程及其他共用工程进行初步划分，其原则和方法是：按工程量计算出的各建筑物直接投资及按此投资比例算出相应于该建筑物的临时工程投资和其他投资，一并划入该建筑物投资；其余投资则列入其他工程投资。

第二步：由于各建筑物投资并不一定就是本部门的专用投资(如通航建筑物等)，因此，还需在第一步划分的基础上，进一步将各建筑物的投资根据其性质和作用分为专用和共用两部分，其原则和方法是：

(1)坝后式水电站的厂房土建和机电投资费用明显属于发电部门，应全部划入发电专用

投资费用。河床式电站厂房土建部分既是电站的专用工程设施，又起挡水建筑物的作用，其投资费用应在发电专用和各部门共用之间进行适当划分。

(2)灌溉部门的渠首建筑物、控制设备都明显属于灌溉部门的专用工程费用，其费用应列入灌溉部门的专用工程费用。从综合利用水利工程来说，灌溉引水干支渠费用均属于配套工程费用。

(3)通航建筑物(如船闸、升船机等)的投资费用，应根据不同情况区别对待：对于原不通航河流，若兴建水利工程后，使河流变为通航的河流，则所建的通航建筑物，不论其规模大小，所需投资费用均应列为航运部门的专用投资费用；对于原通航河流兴建水利工程，若所建的通航建筑物规模不超过河流原有通航能力，则所建的通航建筑物属于恢复河流原有通过能力的补偿性工程，其所需投资费用应做为各受益部门的共用投资费用，若其规模超过河流原有通航能力时，则其超过部分应划为航运部门的专用投资费用，等效于河流原有通过能力的部分仍划为各受益部门的共用投资费用。当初步估算其共用和专用投资费用时，可按天然河道通过能力与通航建筑物通过能力的比例估算。

(4)综合利用水利工程的大坝工程，具有防洪专用和为各受益部门共用的两重性，只将为满足防洪需要而增加的投资费用划为防洪专用投资费用，其余费用做为各受益部门的共用投资费用。

(5)开发性移民的水库移民费用含有恢复移民原有生产、生活水平的补偿费用和发展水库区域经济的建设费用，应将其费用划分为补偿和发展两部分，前者为各受益部门的共用费用，后者另做研究处理。划为发展部分的费用应包括：扩大规模所增加的费用、提高标准所增加的费用、以新补旧中的部分折旧费。

(6)对于供水部门，其取水口和引水建筑物的投资费用应列入供水部门的专用工程投资费用。如果供水部门的取水口及引水建筑物与其他部门共用，则取水和引水建筑物的投资费用应根据各部门的引水量进行分摊。

(7)对于渔业、旅游、卫生部门而言，都需要额外的投资费用，这些部门的专用工程费用一般不计入综合利用水利工程的总投资费用，这些部门一般也不参加综合利用水利工程共用投资费用的分摊。但对于过鱼设施，由于属补偿性工程设施，其投资费用一般应列入共用工程投资费用。

【例 6-1】 某水利工程具有发电、防洪、航运等综合利用效益。枢纽工程由大坝、电站、船闸等组成，概算投资298 280万元，其中工程投资187 670万元，水库淹没处理补偿费110 610万元，投资项目组成如表 6-1，另有配套工程投资116 260万元，其中输变电投资62 820万元，航运配套(包括港口码头建设、船舶购置、航道整治与清淤等)工程投资53 440万元。试进行专用工程投资和共用工程投资划分。

表 6-1　某综合利用水利工程投资估算表　　单位：万元

工程或费用名称	建安工程费	设备购置费	其他费用	合计	占总投资额(%)
第一部分：建筑工程	53 070			53 070	17.8
一、主体建筑工程	45 710			45 710	
1. 挡水工程	20 290			20 290	

续表

工程或费用名称	建安工程费	设备购置费	其他费用	合计	占总投资额(%)
2.发变电工程	7 520			7 520	
3.航运工程	17 900			17 900	
二、交通工程	4 380			4 380	
三、其他建筑工程	2 980			2 980	
第二部分:机电设备及安装工程	4 370	55 710		60 080	20.1
一、主要机电设备及安装	1 360	41 670		43 030	
二、其他机电设备及安装	3 010	5 830		8 840	
三、设备储备贷款利息		8 210		8 210	
第三部分:金属结构设备及安装工程	3 730	8 560		12 290	4.1
一、挡水工程	250	1 550		1 800	
二、发电厂工程	2 880	1 760		4 640	
三、航运工程	600	3 990		4 590	
四、设备储备贷款利息		1 260		1 260	
第四部分:临时工程	27 360			27 360	9.2
一、导流工程	13 100			13 100	
二、交通工程	3 370			3 370	
三、房屋建筑工程	2 470			2 470	
四、其他临时工程	8 410			8 410	
第五部分:其他费用			17 810	17 810	6.0
一、建筑管理费			3 170	3 170	
二、生产准备费			830	830	
三、科研勘测费			3 910	3 910	
四、其　　他			9 900	9 900	
第六部分:水库淹没处理补偿费				110 610	37.1
第七部分:基本预备费				17 060	5.7
总　　计				298 280	100.0

解:(1)将综合利用水利工程投资按大坝、电站、船闸及其他工程进行初步划分,根据表6-1所提供的分项目投资资料,初步求得大坝、电站、船闸工程投资如下表6-2:

表6-2　大坝、电站、船闸工程投资　　单位:万元

	大坝	电站	通航建筑物(不包括临时船闸)
建筑工程投资	20 290	7 520	17 900
机电设备及安装工程投资	0	60 080	0
金属结构设备及安装工程投资	1 800	4 640	4 590
设备储备贷款利息(分摊)	206	530	524
其他费用(分摊)	2 629	8 548	2 713
基本预备费(前5项合计的10%)	2 493	8 105	2 573
合计	27 418	89 153	28 300

水库及其他共用工程费用　298 280 - (27 418 + 89 153 + 28 300) = 153 409(万元)

(2)在将综合利用工程投资按大坝、电站、通航建筑物和其他工程初步划分的基础上，根据前面所说的原则和方法，进一步划分专用工程投资和共用工程投资：

①发电专用工程投资：电站全部为发电部门使用，因此其专用工程投资为 89 153 万元。

②航运专用工程投资：本工程建在通航河流上，所建通航建筑物有一部分是为恢复河流通航的补偿性工程，其投资应列为共用投资，只有扩大规模部分才应列入航运专用工程投资。这里简化处理为按通航建筑物设计通过能力与河流原有通过能力的比例关系划分补偿性工程投资和航运专用工程投资。据调查计算，该河流经过适当整治后的通过能力为 430 万吨/年，本工程通航建筑物设计通过能力为 500 万吨/年，据此求得航运专用工程投资为：(1 - 430/500) × 28 300 = 3962(万元)。

③防洪专用工程投资：由于大坝工程具有防洪专用和为各受益部门共用的两重性，难于划分。这里按防洪不参加综合利用时所减少的投资作为防洪专用投资，据计算其值为 18 760万元。

④共用工程投资；共用工程投资等于综合利用水利水电工程总投资减发电、防洪、航运三部门专用工程投资之和，即

298 280 - (89 153 + 3 962 + 18 760) = 186 405(万元)

二、可分离费用与剩余费用的划分

某部门的可分离费用是指综合利用水利工程中包括该部门与不包括该部门总费用之差(其他部门效益不变)。例如一个三目标(防洪、发电、航运工程)综合利用水利工程中的防洪可分离费用，就是防洪、发电、航运三目标的工程费用减去发电、航运双目标的工程费用。剩余费用是指综合利用水利工程总费用减去各部门可分离费用之和的差额。与专用工程费用和共用工程费用划分相比，显然这种划分把各部门的专用工程费用最大限度地划分出来，由各部门自行承担，需要分摊的剩余费用比共用工程费用小，因此可减少因分摊方法不完善所造成的不合理性。

可分离费用和剩余费用的划分一般在专用工程费用和共用工程费用划分的基础上进行的，这项工作比较烦琐但又十分重要。划分时需要大量的设计资料，为了节省设计工作量，应充分利用已有资料，并做适当简化。

【例 6 - 2】　利用例题【6 - 1】资料，试计算防洪、发电、航运等部门的可分离投资和综合利用工程的剩余投资费用。

解：(1)发电可分离投资

据调查分析，若发电不参加综合利用，为满足与综合方案等效的防洪、航运要求，防洪方面需要提供防洪库容不变，航运方面为满足改善某港口条件的要求，枯水期水位应不低于 165m，据此计算相应防洪限制水位为 123.5m，枯水期蓄水位 165m，坝顶高程 175m(考虑与综合方案超高基本相同)，与综合方案比较，可以减少的投资如下：

①大坝坝顶高程由 185m 降低到 175m，可以减少大坝投资1 400万元；

②水库正常蓄水位由 175m 降低到 165m，可以减少水库淹没处理费27 460 万元；

③由于汛末期最高水位由 175m 降低到 165m，可以减少船闸水头，节省船闸投资 750 万元；

④减少电站投资89 153万元。

即发电可分离投资为　1 400 + 27 460 + 750 + 89 153 = 118 763(万元)。

(2)防洪可分离投资

据分析,若防洪不参加综合利用而只为满足发电、航运同等效益时修建某水利工程时,航运要求不变,水库消落水位不能降低。从不减少发电保证出力来说,调节库容也不能减少,因而正常蓄水位不能降低。但从只保证与综合方案同等电量来说,如果汛期提高防洪限制水位到 155m,则正常蓄水位可降低到 160m。综合考虑保证出力和发电量两方面的情况,按降低 5m 考虑,即正常蓄水位由 175m 降低到 170m。与综合方案比较,可以减少的投资如下:

①大坝坝顶高程由 185m 降低到 180m,可以减少大坝投资 700 万元;

②水库正常蓄水位由 175m 降低到 170m,可以减少水库淹没处理费用15 720万元;

③水库正常蓄水位由 175m 降低到 170m,可以减少船闸投资 380 万元;

④简化泄洪设备,可节省投资1 960万元。

即防洪可分离投资为　700 + 15 720 + 380 + 1 960 = 18 760(万元)。

(3)航运可分离投资

据分析,若航运不参加综合利用时,为满足与综合方案等效的防洪、发电要求,正常蓄水位约可降低到 173m,防洪限制水位和枯水期消落水位均可采用 140m,船闸规模可适当缩小(缩小到与天然航道的通过能力相同)。与综合方案比较,可以减少的投资如下:

①正常蓄水位由 175m 降低到 173m,坝高减少 2m,可以减少大坝投资 280 万元;

②水库正常蓄水位由 175m 降低到 173m,可以减少水库淹没处理补偿费用4 270万元;

③通航建筑物规模缩小,可以减少投资3 962万元。

即航运可分离投资为　280 + 4 270 + 3 962 = 8 512(万元)。

(4)剩余投资(不可分离投资)

剩余投资 = 298 280 − (118 763 + 18 760 + 8 512) = 152 245(万元)

此法应用边际费用的原理把各部门的专用投资费用最大限度地划分出来由各部门自行承担,从而减少了由于分摊比例计算不精确而造成的误差,是一种比较合理的方法,在美、欧、日本、印度等国家得到广泛采用。

第三节　费用分摊方法

国内外已提出和使用过的费用分摊方法有 30 多种,本节主要介绍实际工作中较常用的费用分摊方法。

一、按各部门最优等效替代方案费用现值的比例分摊法

此法的基本设想是:如果不兴建综合利用水利工程,则参与综合利用的各部门为满足自身的需要,就得举办可以获得同等效益的工程,其所需投资费用反映了各部门为满足自身需要付出代价的大小。因此,按此比例来分摊综合利用工程的投资费用是比较合理的。此法的优点是不需要计算工程经济效益,比较适合于效益不易计算的综合利用工程。缺点是需要确定各部门的替代方案,各部门的替代方案可能是多个,要计算出各方案的投资费用,并

从中选出最优方案,计算工作量是很大的。

采用此法时,一般应按替代方案在经济分析期内的总费用折现总值的比例,分摊综合利用水利工程的总费用。其分摊比例表达式如下:

$$第\ j\ 部门分摊比例\alpha_j \quad \alpha_j = C_{j替} \Big/ \sum_{j=1}^{m} C_{j替} \tag{6-1}$$

式中,$C_{j替}$为第 j 部门等效最优替代措施折现费用;m 为参与综合利用费用分摊的部门个数。

按此分摊比例计算各部门分摊的总费用现值 PA_j,该值减去各部门配套工程费用 PP_j 后即为所分摊的枢纽工程费用 PQ_j。

$$第\ j\ 部门分摊的总费用现值\ PA_j = PC \times \alpha_j \tag{6-2}$$

$$第\ j\ 部门分摊的枢纽工程费用现值\quad PQ_j = PA_j - PP_j \tag{6-3}$$

式中,PC 为综合利用工程的总费用现值。

按各部门分摊的枢纽工程费用的比例,再进一步计算各部门分摊枢纽工程投资和年运行费用的数额。

【例 6-3】 利用例【6-1】资料,折算时取生产期 50 年,社会折现率 10%,以工程开工第一年为基准年。试按等效最优替代方案投资费用比例法进行枢纽工程费用分摊。

解:(1)拟定各受益部门的替代方案,计算其投资和年运行费用并折算成现值

经反复研究比较,确定本综合利用工程各部门的替代方案如下:

防洪:采用在防洪受益区进一步加固堤防、扩大并完善分蓄洪区及与上游水库联合运用为替代方案。经计算,经济分析期内该替代方案的费用现值为63 752万元。

发电:采用建火电站为替代方案。经计算,该替代方案的费用现值为205 000万元。

航运:采用航道整治与陆运分流相结合为替代方案。经计算,该替代方案的费用现值为33 840万元。

(2)对综合利用工程投资和年运行费进行折现计算

为了与替代方案费用有相同的基础,需对综合利用工程的投资和年运行费用进行折现计算。计算结果,枢纽工程折现总费用为128 080万元;配套工程折现总费用为44 040万元,其中发电22 990万元,航运21 050万元。

表 6-3 综合利用水利工程费用分摊计算结果表 单位:万元

序号	项目	防洪	发电	航运	合计	说明
1	枢纽工程投资				298 280	原值
2	综合利用工程费用				172 120	
3	枢纽工程费用				128 080	
4	配套工程费用	0	22 990	21 050	44 040	
5	替代方案费用	63 752	205 000	42 309	311 061	
6	替代方案费用比例	20.5	65.9	13.6	100	(5)÷311 061
7	分摊总费用数额	35 285	113 427	23 408	172 120	(6)×(2)
8	分摊枢纽工程费用数额	35 285	90 437	2 358	120 080	(7)-(4)
9	分摊枢纽工程费用比例	27.55	70.61	1.84	100	(8)÷128 080
10	分摊枢纽工程投资	82 176	210 616	5 488	298 280	(9)×(1)

(3)计算各部门分摊枢纽工程投资的比例和数额

按式(6-1)计算各部门分摊比例;然后按式(6-2)计算各部门分摊综合利用工程总费用,再按式(6-3)将各部门分摊的总费用减去各部门配套工程费用即为各部门分摊的枢纽工程费用,最后计算各部门分摊枢纽工程费用的比例,并以此比例分摊枢纽工程投资。按替代方案费用比例分摊,计算结果如表 6-3 所示。

二、按各部门可获得效益现值的比例分摊法

兴建综合利用水利工程的基本目的是获得经济效益,因此按各部门获得经济效益的大小来分摊综合利用工程的费用也是比较公平合理的,也易被接受。不过综合利用工程各部门的效益是由共用、专用、配套工程共同作用的结果,如果按各部门获得的总效益的比例分摊共用工程费用,则加大了专用和配套工程大的部门分摊的费用;另外综合利用工程各部门开始发挥效益和达到设计效益的时间长短不同,一般情况是防洪、发电部门开始发挥效益和达到设计效益的时间较快;灌溉部门因受配套工程建设的制约,航运部门因受货运量增长速度的影响,均要较长的时间才能达到设计效益。如果按各部门的年平均效益的比例分摊共用工程费用,将使效益发挥慢的部门分摊的费用偏多,效益发挥快的部门分摊的费用偏少。因此,采用此法计算分摊比例较合理的做法是,按各部门效益现值减去各部门专用和配套工程费用现值之差(剩余的效益现值)占各部门剩余的效益现值总和的比例计算。其计算表达式如下:

第 j 部门分摊比例 α_j $$\alpha_j = \frac{(PB_j - PO_j)}{\sum_{j=1}^{m}(PB_j - PO_j)} \tag{6-4}$$

式中,PB_j——第 j 部门经济效益现值;PO_j——第 j 部门配套工程和专用工程费用现值。

第 j 部门分摊的共用工程费用现值 PP_j $$PP_j = (PC - \sum_{j=1}^{m} PO_j) \times \alpha_j \tag{6-5}$$

第 j 部门应承担的总费用现值 PA_j $$PA_j = PO_j + PP_j \tag{6-6}$$

【例 6-4】 利用例【6-1】资料,折算时取生产期 50 年,社会折现率 10%,以工程开工第一年为基准年。防洪效益采用有无综合利用工程时减少的洪灾损失值表示;发电效益按综合利用工程增加的有效电量与电量影子价格计算;航运效益按综合利用工程建成后增加的客货运量的影子运价和节省河道原通过客货运量的成本计算。试按等效最优替代方案投资费用比例法进行枢纽工程费用分摊。

解:(1)计算各部门可获得的经济效益,并折算成现值。经分析计算,防洪效益折现总值为54 600万元;发电效益总现值为239 784万元;航运效益折现总值22 890万元。

(2)按费用与效益计算口径对应一致的原则,计算各部门专用与配套工程的投资和年运行费用(防洪18 760万元;发电205 413万元;航运57 402万元),并将共用工程(186 405万元)、专用与配套工程的投资和年运行费用折算成现值(见例 6-3)。

共用工程费用=综合利用工程总费用-专用工程费用-配套工程费用

(3)计算各部门分摊共用工程投资费用的分摊系数。

(4)计算各部门应分摊的共用工程投资费用。

(5)计算各部门应承担的总费用。

计算结果如表 6-4 所示。

表 6-4　综合利用水利工程费用分摊计算成果表　　单位:万元

序号	项目	防洪	发电	航运	合计	说明
1	共用工程投资				186 405	原值
2	专用与配套工程投资	18 760	205 413	57 402	281 575	原值
3	共用工程费用				105 181	需各部门分摊
4	专用与配套工程费用	3 709	40 620	22 610	66 939	
5	各部门效益现值	54 600	239 784	22 890	313 274	
6	(5)-(4)	50 891	199 164	280	250 335	
7	各部门分摊比例(%)	20.3	79.56	0.14	100	(6)÷250 335
8	分摊共用工程费用数额	21 351	83 682	148	105 181	(7)×105 181
9	应承担的总费用	25 060	124 302	22 758	172 120	(8)+(4)
10	分摊共用工程投资	37 840	148 304	261	186 405	(7)×186 405
11	应承担的总投资	56 600	353 717	57 663	467 980	(10)+(2)

三、按“可分离费用—剩余效益法”分摊

可分离费用—剩余效益法(Seperable cost - remaining benefit method,简称 SCRB 法)的基本原理是:把综合利用工程多目标综合开发与单目标各自开发进行比较,所节省的费用被看做是剩余效益的体现,所有参加部门都有权分享。某部门的“剩余效益”PS_j 是指某部门的效益与其合理替代方案费用两者之中的较小值减去该部门的可分离费用的差值。此法分摊比例是按各部门剩余效益占各部门剩余效益总和的比例计算。其计算表达式如下:

第 j 部门分摊比例 α_j　$$\alpha_j = \frac{PS_j}{\sum_{j=1}^{m} PS_j} \tag{6-7}$$

【例 6-5】 利用例【6-1】至例【6-4】资料,试按“可分离费用—剩余效益法”进行费用分摊。

解:(1)按例【6-2】将综合利用工程投资划分为可分离投资和剩余共用投资两部分。

(2)按例【6-3】计算各部门替代方案投资和年运行费用,并折算成现值。

(3)按例【6-4】计算各部门效益并折算成现值。

(4)取替代方案费用和各部门效益现值两者中的较小值,作为该部门的合适费用(即合适效益)。

(5)将各部门的合适费用减去可分离费用即为各部门剩余效益,按各部门剩余效益计算分摊比例以及分摊剩余费用的份额。

(6)各部门分摊的剩余费用加各部门的可分离费用,即为各部门应承担的总费用。

计算结果如表 6-5。

表 6-5 综合利用水利工程费用分摊计算结果表　　单位:万元

序号	项目	防洪	发电	航运	合计	说明
1	配套工程投资	0	62 820	53 440	116 260	
2	可分离投资	18 760	118 763	8 512	146 035	
3	剩余投资				152 245	
4	可分离与配套工程费用	3709	35 908	24 403	64 120	费用与效益计算口径对应一致
5	替代方案费用	63 752	205 000	42 309	311 061	
6	各部门效益现值	54 600	239 784	22 890	313 274	
7	合适效益	54 600	205 000	22 890	282 490	Min{(5),(6)}
8	剩余效益	50 891	169 092	0	219 983	(7)-(4)
9	各部门分摊比例	23.13	76.87	0	100	(8)÷219 983
10	分摊剩余投资数额	35 214	117 031	0	152 245	(9)×152 245
11	应承担的总投资	53 974	298 614	61 952	414 540	(10)+(1)+(2)

为了发挥此法的优点,克服其不足,有的学者和专家在 SCRB 法的基础上,提出了“修正 SCRB 法”和“可分离费用—某某法”。

修正 SCRB 法主要考虑到综合利用工程各部门的效益并不是立即同时达到设计水平的,而是有一个逐渐增长过程,计算各部门效益时应考虑各部门的效益增长情况,在效益增长阶段分年进行折算。如增长是均匀的,可运用增长系列复利公式计算;达到设计水平后则运用复利等额系列公式计算。然后把两部分加起来,即可得出各部门在计算期的总效益现值。

“可分离费用—某某法”主要是考虑分离费用这一思路的合理性,近年来国内外开始把这一思路推广应用于按库容(或用水量)比例、按分离费用比例、按净效益比例、按替代方案费用比例、按优先使用权等方法分摊剩余共用费用。

四、按各部门利用建设项目的某些指标(用水量、库容等)的比例分摊法

水是水利工程特有的指标,综合利用各部门要从综合利用工程得到好处都离不开水,防洪需要利用水库拦蓄超额洪水,削减洪峰;发电需要利用水库来获得水头和调节流量;灌溉需要利用水库来储蓄水量;航运要利用水库抬高水位,淹没上游滩险和增加下游枯水期流量,提高航深;等等。同时,水利工程费用也是与水库规模大小成正比的,水库越大,费用也越多。因此,按各部门利用库容或水量的比例来分摊综合利用工程的费用是比较合理的。

此法概念明确、简单易懂、直观,分摊的费用较易被有关部门接受,在世界各国获得了广泛的应用,适用于各种综合利用工程的规划设计、可行性研究及初步设计阶段的费用分摊。此法存在的主要缺点有:一是它不能确切地反映各部门用水的特点,如有的部门只利用库容、不利用水量(如防洪),有的部门既利用库容、又利用水量(如发电、灌溉)。同时,利用库容的部门其利用时间不同,使用水量的部门随季节变化对水量的要求不一样,水量保证程度也不一样(如工业供水的保证程度一般高于农业供水)。二是它不能反映各部门需水的迫切程度。三是由于水库水位是综合利用各部门利益协调平衡的结果,水库建成后又是在统一

调度下运行的，因此，不能精确划分出各部门利用的库容或者水量。为了克服上述缺点，可以适当计入某些权重系数，如时间权重系数、迫切程度权重系数、保证率权重系数等。例如，对共用库容和重复使用的库容（或水量）可根据使用情况和利用库容时间长短或主次地位划分，对死库容可按主次地位法、优先使用权法等在各部门之间分摊，并适当计入某些权重系数。

【例 6－6】 利用例【6-1】资料，某综合利用水利工程具有防洪、发电、航运等综合利用效益，水库正常蓄水位 175m，水库总库容 393 亿 m^3；防洪限制水位 145m，145m 以下的死库容 171.5 亿 m^3；汛末最低水位考虑航运要求提高到 155m，水位 145m 至 155m 之间的库容为 33 亿 m^3，试用库容分摊法求各部门应分摊的费用。

解：(1)按例【6-2】划分专用工程费用和共用工程费用。

(2)分析确定各部门利用库容指标：

据计算，本工程从防洪限制水位 145m 到正常蓄水位 175m 之间共有库容 221.5 亿 m^3，为防洪与兴利（发电、航运）结合的库容，按各部门利用库容的时间和主次地位分摊。根据水库调度方案，防洪使用 5 个月，兴利使用 7 个月，分别分摊库容 92.3 亿 m^3 和 129.2 亿 m^3；兴利库容中从防洪限制水位 145m 提高到 155m 主要是为了满足航运的要求，对发电没有好处，其库容 33 亿 m^3 全部划为航运部门；155～175m 的兴利库容为 129.2－33＝96.2 亿 m^3，对发电、航运都有好处，但主要是根据发电要求调度的，按主次地位原则，全部划为发电部门。同理，死库容全部由发电承担。因此，防洪、发电、航运三部门利用库容指标分别为 92.3 亿 m^3、267.7 亿 m^3、33 亿 m^3。

(3)计算各部门分摊比例和分摊共用工程费用的份额：

计算结果如表 6-6。

表 6-6 综合利用水利工程费用分摊计算结果表 单位：万元

序号	项目	防洪	发电	航运	合计	说明
1	共用工程投资				186 405	原值
2	专用与配套工程投资	18 760	205 413	57 402	281 575	原值
3	共用工程费用		–		105 181	需各部门分摊
4	专用与配套工程费用	3 709	40 620	22 610	66 939	
5	各部门利用库容指标	92.3	267.7	33	393	
6	各部门分摊比例	23.49	76.426	0.084	100	(5)÷393
7	分摊共用工程费用数额	24 707	80 386	88	105 181	(6)×(3)
8	应承担的总费用	28 416	121 006	22 698	172 120	(7)+(4)
9	分摊共用工程投资	43 787	142 462	156	186 405	(6)×186 405
10	应承担的总投资	62 547	347 875	57 558	467 980	(9)+(2)

由于费用分摊涉及工程特性、任务、水资源利用方式和经济效益计算等许多因素，不确定性程度较大，在理论和实践上，至今还没有一种能为各方面完全接受的最好方法，但许多方法都从不同侧面反映了费用分摊的合理性。同时，不同部门、不同人对不同的分摊方法又有不同的意见，这就可能导致各部门、各人对所选费用分摊方法的意见分歧。为了避免按单一分摊方法所得结果可能出现的片面性，提高费用分摊成果的合理程度，我国有关规程规范

和许多专家学者都建议，对重要的大、中型综合利用水利工程进行费用分摊时，采用多种方法进行费用分摊的定量计算，然后通过分析方法确定各部门应承担综合利用水利工程费用数额，本节主要讨论如何在采用多种费用分摊方法计算的基础上，合理确定各部门应承担综合利用水利工程费用的综合比例及其份额问题。

采用多种方法进行费用分摊计算后，求各部门综合分摊系数和份额的基本思路是根据各种费用分摊方法对该工程的具体适应情况，分别给予不同的权重(权分)，然后进行有关运算，得出其综合分摊结果，最后，再结合考虑其他情况(如各部门的经济承受能力)，确定其分摊比例和份额。

采用综合分析方法如同多目标方案综合评价一样，关键在于合理确定各种分摊方法的权重系数。

第四节　费用分摊方法小结

对综合利用水利工程费用分摊的研究，一般可按以下的步骤进行：

1.确定参加费用分摊的部门

一个比较完整的综合利用水利工程的综合效益有防洪、发电、灌溉、工矿及城镇供水、航运、水产、旅游等，从一般原则上说，所有参加综合利用的部门都应参加费用分摊，但是由于参加综合利用的各部门在综合利用工程中所处的地位不同，如有的部门在综合利用工程中处于主导地位，对综合利用工程的建设规模和运行方式都有一定的要求；有的部门处于从属地位，对综合利用工程建设规模和运行方式都没有什么影响，主要是利用综合利用工程发挥本部门的效益；参加综合利用的各部门效益大小不同，效益发挥的快慢也不同。因此，不一定所有参加综合利用的部门都要参与费用分摊，应根据参加综合利用各部门在综合利用水利工程中的地位和效益情况，分析确定参加费用分摊的部门。

2.划分费用和进行费用的折现计算

根据费用分摊的需要，将综合利用水利工程的费用(包括投资和年运行费)划分为专用工程费用与共用工程费用，或可分离费用与剩余共用费用，并进行折现计算。

3.研究确定工程采用的费用分摊方法

目前，国内外研究提出的费用分摊方法很多，但由于费用分摊问题十分复杂，涉及面广，到目前为止，还没有一种公认的可适用于各个国家和各种综合利用水利工程情况的费用分摊方法。因此，需根据设计阶段的要求和设计工程的具体条件(包括资料条件)，选择适当的费用分摊方法。有条件时，可由各受益部门根据工程的具体情况共同协商本工程采用的费用分摊方法。对特别重要的综合利用水利工程，应同时选用 2～3 种费用分摊方法进行计算，选取较合理的分摊成果。

4.进行费用分摊比例的计算

根据选用的费用分摊方法，计算分析采用的分摊指标，如各部门的经济效益、各部门等效替代工程的费用、各部门利用的水库库容、水量等实物指标等；再计算各部门分摊综合利用水利工程费用的比例和份额。当采用多种方法进行费用分摊计算时，还应对按几种方法计算的成果进行综合计算与分析，确定一个综合的分摊比例和份额。

5.对费用分摊的比例和份额进行合理性检查

大凡涉及经济利益的事件都可能引起争议，综合利用水利工程费用分摊由于涉及不确定性因素多，更容易引起争论，目前还没有一个十全十美的方法能圆满地解决各单位的矛盾，但为了使分摊的结果相对合理一些，提出若干费用分摊原则是必要的。费用分摊是否合理，不在于方案优选中的总效益最大或总费用最小，关键在于是否"公平"，即应遵守若干公平性原则，其细则如下：

(1)各部门自身需要的专用工程费用和配套工程费用，应由相应部门承担。

(2)某个部门的效能因兴建本项目而受到影响时，为恢复其原有效能而采取的补救措施所需费用，应由建设单位承担。超过原有效能而增加的工程费用，应由该部门承担。

(3)各部门共同需要的共用工程的费用，应由各部门分摊。其费用分摊应体现综合利用任务主次和效益大小，各受益部门分摊的费用，应具有合理的经济效果。

(4)各受益部门分摊的总费用，应不小于该部门的专用工程费用和配套工程费用；如果使用可分离费用—剩余效益法分摊时，各部门分摊的费用应不小于其可分离费用。同时，各部门分摊的费用，也不能大于相应部门替代方案的费用。

(5)各受益部门分摊的总费用，应小于该部门的效益。鉴于综合利用水利工程中有些部门没有直接财务效益或其财务效益不能反映其真实效益，应采用其国民经济效益。

(6)任意若干部门分摊的费用之和都应小于或等于这几个部门联合兴建这项综合利用工程的费用。

(7)计算费用分摊比例和数额时所采用的费用和经济效益指标要口径对应，避免犯逻辑上的错误。

(8)鉴于费用分摊问题的复杂性和综合利用水利工程各部门的效益具有不确定性，对重要工程，应采用多种方法进行计算，分析各部门费用分摊比例和数额的变化范围，再由各部门协商确定。

(9)由于综合利用水利水电工程各部门效益的稳定程度不同，财务效益不同，在确定各部门分摊费用的比例和数额时，还应考虑各部门的经济承受能力。

6.分析确定各部门分摊的费用在建设期内年度分配数额

为了满足动态经济分析的需要，费用分摊时除研究各部门分摊综合利用水利工程费用总的数额外，还应研究各部门分摊费用在建设期内的年度分配数额，即费用流程。由于共用工程费用与各部门专用工程费用和配套工程费用的投入时间和年度分配情况都不相同。因此，不能按同一分摊比例估算各部门在建设期内各年度的费用，而应分别计算，其方法是：首先按各部门分摊比例乘以共用费用在建设期内各年度的费用数额，即得各部门各年度的共用费用数额，再加上本部门专用和配套工程费用在对应年度的费用数额，即为某部门分摊的费用在建设期各年度的数额。

思考与习题

1.综合利用工程为什么要进行投资分摊？较合理的投资分摊方法应符合什么基本原则？

2.现行投资费用分摊方法很多，有按主次地位分摊的，有按各部门用水量分摊的，有按所需库容分摊的，有按各部门效益分摊的，有按国际上一般采用 SCRB 法分摊的等，试述各在何种条件下采用？

3.如果综合利用水利工程某一部门（如水力发电）效益较大；某一部门（如航运）效益有得有失，得失相当；某一部门有负效益；某一部门占有专用库容较大或专用水量较多（如灌溉），但效益相对较小。对上述各部门如何进行投资费用分摊？

第七章 水利工程效益计算方法

第一节 概 述

在第二章介绍了综合水利工程投资、年运行费构成和计算方法，第六章介绍了如何将综合利用水利工程投资费用分摊到各组成部门。本章主要介绍参加综合利用各部门的经济效益计算方法及如何相加得到综合效益。

根据水利工程的功能，所掌握的资料情况和经济分析计算的要求，水利工程各部门的效益一般可用三种方法计算得出：一是计算水利工程兴建后可增加的实物产品产量或经济效益，作为该工程效益或功能效益，如灌溉、城镇供水、水力发电和航运等一般采用这种途径来估算效益；二是以水利工程兴建后可以减免的国民经济损失作为该工程效益或功能效益，目前防洪、治涝工程一般用这种途径来估算效益；三是以最优等效替代方案的费用（包括投资和运行费）作为工程的效益，当国民经济发展目标已定时，均可用这种途径来估算效益。

我国大多数水利工程都具有两项以上的综合利用效益，综合利用效益就是由参加综合利用各部门的经济效益相加而成。由于综合利用水利工程各部门经济效益发挥时间不同、计算途径不同，因此，计算综合效益时不能采用各部门效益简单相加的方法，必须首先使各部门经济效益计算的口径和基础一致，即要使各部门的效益具有可加性。一般各部门效益均应采用同一途径计算的成果（最好采用替代工程费用法），且应采用各受益部门效益在计算期内的折现总值相加。

第二节 防洪（防凌、防潮）效益计算方法

防洪工程是国民经济发展的基础设施，防洪本身不直接生产实物产品（无直接的财务收入），而是为社会提供安全服务，为受益区人民改善生活、生产条件，其效益主要表现在以下几方面：

（1）基本免除或减少因水灾而可能发生的人口伤亡；

（2）免除或减少洪水造成的国家、集体和个人财产的淹没损失，为防洪受益区提供一个安全的生产、生活环境；

（3）使原来经常遭受洪灾地区内的重要工农业生产基地和它们与外区联系有可靠安全的保障；

（4）提高防洪标准，增加土地利用价值，包括使因经常遭受洪涝灾害而废弃的大片荒地获得开发利用；

（5）解脱防洪地区在汛期用于修堤抢险的大量劳动力，从而得以投入其他社会生产

活动；

(6)减轻国家和地方政府防汛救灾的财政负担，包括减少洪灾区及影响区内的农村、城市、交通线的防洪费用，汛期临时迁移居民的人力、物力以及救灾、善后安排等财政支出。

因此，防洪效益是指有、无该防洪工程可减免的洪灾损失和可增加的土地开发利用价值，通常以多年平均效益和特大洪水年效益表示。相对而言，防洪受益区范围广，情况复杂，防洪效益不仅体现在能用货币表现的有形效益上，而且体现在不能用货币表现的无形效益上，所以计算较为困难，一般对防洪工程只进行国民经济评价。

多年平均防洪效益是在一次次洪水的洪灾损失的基础上进行的，计算方法有系列法和频率法两种。因此，首先应计算出洪水的洪灾损失，然后再按系列法或频率法计算多年平均防洪效益。现分述如下。

一、洪灾损失计算方法

洪灾损失可分为直接损失和间接损失，涉及到以下五个方面：人口伤亡损失；城乡房屋、设施和物资损坏造成的损失；工矿停产、商业停业，交通、电力、通信中断等所造成的损失；农、林、牧、副、渔各业减产造成的损失；防洪、抢险、救灾等费用支出。

洪灾损失的大小与洪水淹没的范围、淹没的深度、淹没的对象、历时以及决口流量、流速有关，由于不同频率的洪水所引起的洪灾损失不同，一般必须通过对历史资料的分析选定计算洪水年，然后计算洪灾损失。

1.直接洪灾损失的计算

对某次洪水，首先应对洪水的淹没范围、淹没程度、淹没区的社会经济情况、各类财产的洪灾损失率及各类财产的损失增长率进行调查分析，有条件的应进行普查(对洪水淹没范围很大，进行普查有困难的地区，可选择有代表性的地区和城镇进行典型调查)。在此基础上，求出在该次洪水条件下的单位综合损失指标，农村一般以每亩综合损失值表示，城镇一般以每人综合损失值表示。其次调查并计算发生本次洪水时有无该防洪工程情况的洪水淹没实物指标。最后用洪水淹没面积(农村)或受淹人口(城镇)的差值乘以单位综合损失指标(农村:元/亩;城镇:元/人)，即得出针对某一次洪水有、无防洪工程的直接洪灾损失。

【例 7-1】 某防洪工程保护中下游平原地区的防洪安全。针对某次已发生的洪水进行典型调查分析，得到有无该防洪工程的淹没面积及洪灾损失指标(按 1990 年生产水平和影子价格计算)，其计算成果如表 7-1 所示：

表 7-1　计算成果表

地区	淹没面积(万亩)		减灾面积(万亩)	亩均综合损失(元/亩)	直接经济损失(万元)
	无工程时	有工程时			
民垸	11.02	1.35	9.67	4 643	44 898
分蓄洪区	36.23	2.26	33.97	1 951	66 275
沙滩地	52.18	12.78	39.4	690	27 186
平原区	5.7	1.1	4.6	4 660	21 436
合计					159 795

2.间接洪灾损失的计算

防洪工程所减免的间接经济损失称为间接防洪效益。间接洪灾损失是指在洪水淹没区内外没有与洪水直接接触，但受到洪水危害、同直接受灾的对象或其他方面联系的事物所受到的经济损失。主要表现在淹没区内因洪水淹没造成工业停产、农业减产、交通运输受阻中断，致使其他地区因原材料供应不足而造成的经济损失，亦称为洪水影响的“地域性波及损失”。洪水期后，原淹没区内外因洪灾损失影响，使生产、生活水平下降，工农业产值减少所造成的损失，亦称为“时间后效性波及损失”。间接洪灾损失的大小与洪水大小和直接淹没对象有关，一般情况是：洪水越大，破坏作用越大，间接经济损失也越大。并且，直接洪灾损失中工矿企业、交通运输损失比重大的地区，其间接经济损失大于农业、住宅损失比重大的地区。

如何计算间接洪灾损失，目前国内外还没有成熟的方法。国外一般是通过对已发生的洪水引起的间接损失作大量调查分析，估算不同行业和部门的间接损失量，推算它们与直接损失的关系，用百分数 K 值表示。我国对洪水间接损失研究起步较晚，调查研究工作也做得比较少。在三峡工程论证和“七五”国家科技攻关中，曾对这个问题作过初步调查研究。据对“75.8”河南驻马店地区间接损失的调查和计算分析，农业间接损失量占“75.8”洪水直接损失总值的26.2%；又据对荆江地区1954年洪水灾情调查及洪灾后农业生产发展水平的分析计算，农村间接损失为直接损失的28%。

为了合理计算和正确评价水利工程的防洪效益，在重视和加强间接防洪效益调查研究的同时，如果短期内难以取得本项目间接防洪效益资料，可暂先根据本项目直接洪灾损失构成，参照国内外有关资料初步计算本项目间接防洪效益。具体计算时可将直接洪灾损失分为四类：①农业损失（包括农、林、牧、副、渔五业）；②工商业损失；③交通运输业损失；④住宅损失（包括公私房屋和其他财产）；然后分别乘以相应的 K 值即为各类的间接洪灾损失，各类的间接洪灾损失之和即为间接防洪效益。例如三峡工程大洪水的防洪间接效益按直接防洪效益的25%计算。

3.增加土地开发利用价值的计算方法

防洪项目建成后，由于防洪标准提高，可使部分荒芜的土地变为耕地，使原来只能季节性使用的土地变为全年使用，使原来只能种低产作物的耕地变为种高产作物，使原来作农业种植的耕地改为城镇和工业用地，从而增加了土地的开发利用价值。由于增加的土地开发利用价值主要体现在土地不同用途所创造的净收益的差值方面，因此，增加的土地开发利用价值按有、无项目情况下土地净收益的差值计算。农业土地增值效益等于由低值作物改种高值作物纯收入的增加，城镇土地增值效益等于工程对城镇地价影响的净变化。当防洪受益区土地开发利用价值增加而使其他地区的土地开发利用价值受到影响时（如一项工程可使城市发展转移到工程受益地区，致使替代地点地价跌落），其损失应从受益地区收益中扣除。具体计算方法举例说明如下：

【例7-2】 某水利项目建成后，由于防洪标准提高，使本项目防洪受益地区内原有（无本项目情况下）受洪水淹没的土地中的14.5万亩土地可由种植低产农作物（年净收益为62元/亩）改为种植高产农作物（年净收益为511元/亩）；4.40万亩土地可由农业用地（年净收益为500元/亩）改为工业和城镇建设用地（年净收益为2 500元/亩）。考虑农业种植周期短，当年可以见效，和农业用地改为工业和城镇建设用地后有一个建设、发展过程，故计算

其增加效益时,前者按100%考虑,后者打一个折扣,只按70%考虑。据此计算求得本项目建成后可增加的土地开发利用价值为:

$$(511-62)\times 14.5+(2\ 500-500)\times 4.4\times 70\% = 6\ 510.5+6\ 160=12\ 671(\text{万元})$$

二、多年平均防洪效益计算方法

1.实际年系列法

实际年系列法的基本原理是选一段洪水资料比较完整、代表性较好,并具有一定长度的实际年系列,分别求出各年有、无防洪工程情况下的直接洪灾损失值,然后再用算术平均法求其多年平均损失值,其差值即为防洪工程的多年平均直接防洪效益。

【例 7-3】 据调查,某江在1951~1995年共发生四次较大洪水(1954年、1956年、1985年、1990年),其直接洪灾损失值分别是15 000万元、30 000万元、60 000万元、100 000万元,建立防洪工程后能避免这四次洪灾损失。试用系列法计算多年平均直接防洪效益。

解:在这45年内,无防洪工程情况下的直接洪灾损失值合计为205 000万元,有防洪工程情况下的直接洪灾损失值为0,则相应多年平均直接防洪效益为(205 000 - 0)/45 = 4 555.56(万元)。

系列法以实际洪水资料为基础,是各种洪水在时间和空间上的实际可能组合,并且简单、直观、方便。缺点是若系列中大洪水年份(特别是特大洪水年)较多,则多年平均损失就可能偏大;反之,则可能偏小。因此,采用此法时必须使所用的系列具有较好的代表性,如果系列中缺少大洪水年时,应补充大洪水年的资料,并将大洪水年的洪灾损失按该洪水出现的频率(或重现期)平均摊到重现期各年,将与计算洪水系列年限对应的部分加入按系列法计算的防洪效益中;如果系列中有大于洪水系列年限的大洪水时,则将该次大洪水先从系列中抽出来,按其重现值计算其多年平均损失值,然后将与计算洪水系列年限对应的部分加入洪水系列的洪灾损失中。

2.频率法

频率法的基本思路是:首先根据洪水统计资料拟定几种洪水频率,然后分别算出各种频率洪水有、无防洪工程情况下的洪灾损失值,据此可绘出有、无防洪工程情况下的直接洪灾损失~频率关系曲线(如图7-1),两曲线和坐标轴之间的面积即为防洪工程的多年平均直接防洪效益。值得注意的是由于天然河道有一定的过流能力,因此曲线的右下方是直线。

频率法考虑了频率大小与洪水损失的关系,洪水出现的机率越小,对应的洪水量则越大,其直接经济损失也越大,这种方法在一定程度上反映了洪水随机性的特点,从概率统计理论上看是可取的。但对由多种洪水来源组成的洪水淹没区,因各种来源洪水的遭遇组成、峰量关系、洪水典型选择和各站频率洪水在地区上的代表性问题短期内难以研究清楚,不易选出有代表性的频率洪水。

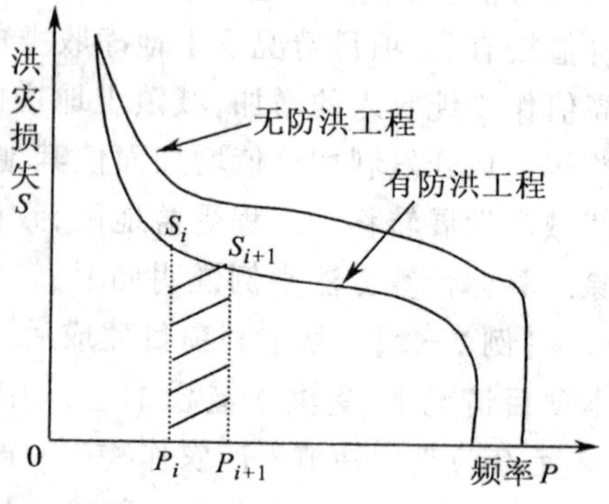

图7-1 洪灾损失~频率关系曲线

根据直接洪灾损失~频率关系曲线,将频率曲线化解为离散状态下求解多年平均洪灾损失 S_0,其计算公式为:

$$S_0 = \sum_{P=0}^{1}(P_{i+1} - P_i)(S_{i+1} + S_i)/2 = \sum_{P=0}^{1}\Delta P\bar{S} \tag{7-1}$$

式中：P_{i+1}，P_i——两相邻频率；

S_{i+1}，S_i——两相邻频率的洪灾损失。

【例 7-4】 某江现状情况能防御 1 年一遇的洪水，建立防洪工程后能防御 10 年一遇的洪水，其不同频率的洪灾损失见表 7-2。试用频率法计算多年平均防洪效益。

表 7-2 有、无防洪工程时不同频率的洪灾损失 单位：万元

频率 P	频率差 ΔP	无防洪工程			有防洪工程		
		洪灾损失 S	$(S_{i+1}+S_i)/2$	ΔPS	洪灾损失 S	$(S_{i+1}+S_i)/2$	ΔPS
1		0					
0.7	0.3	15 000	7 500	300			
0.5	0.2	30 000	22 500	4 500			
0.2	0.3	60 000	45 000	13 500			
0.1	0.1	100 000	80 000	8 000	0		
0.06	0.04	200 000	150 000	6 000	15 000	7 500	300
0.03	0.03	300 000	250 000	7 500	30 000	22 500	675
0.01	0.02	400 000	350 000	7 000	60 000	45 000	900
可能最大	0.01	500 000	450 000	4 500	100 000	80 000	800
小计		53 250			2 675		

解：根据表 7-2 所列数据，由公式(7-1)可知无防洪工程年平均损失为53 250万元；有防洪工程年平均损失为2 675万元；则该工程的多年平均防洪效益为：

$$53\,250 - 2\,675 = 50\,575 (万元)$$

目前在规划设计中，对拟建水利工程的多年平均防洪效益一般以工程建成前某一年生产水平和价格水平的效益表示。由于防洪效益随国民经济发展逐年增加，因此调查年度的防洪效益与正常运行期多年平均防洪效益的值是不同的，相差很大。例如三峡工程按 1992 年生产水平和影子价格计算的多年平均防洪效益为 13.78 亿元；据调查和预测，洪灾损失年增长率 j 取 3%；调查计算的 1992 年至正常运行期的第 1 年的时间为 21 年。考虑国民经济增长因素后，正常运行期第 1 年的防洪效益应为

$$b_1 = 13.78\times(1+0.03)^{21} = 25.64(亿元)$$

同理，正常运行期第 2 年的防洪效益 b_2 为 $b_1\times1.03 = 26.41$(亿元)；如此类推，正常运行期第 t 年的防洪效益 b_t 为

$$b_t = b_1(1+j)^{t-1} \tag{7-2}$$

设折现率为 i，以正常运行期第 1 年为基准年，正常运行期 n 取 40 年，则在整个生产期内的防洪效益现值 B 为：

$$B = \sum_{t=1}^{n} b_t(1+i)^{-t} = \sum_{t=1}^{n} b_1(1+j)^{(t-1)}(1+i)^{-t}$$
$$= \frac{b_1}{1+j}\left[\frac{(1+j)}{(1+i)} + \frac{(1+j)^2}{(1+i)^2} + \cdots + \frac{(1+j)^n}{(1+i)^n}\right]$$

$$= \frac{b_1}{1+j} \times \frac{(1+j)}{(i-j)} \times \left[\frac{(1+i)^n - (1+j)^n}{(1+i)^n}\right] \tag{7-3}$$

$$B = 25.64 \times \frac{1}{0.07} \times \left[\frac{1.1^{40} - 1.03^{40}}{1.1^{40}}\right] = 339.88(\text{亿元})$$

若以开工的第1年(1992年)为基准年,则 $B = 339.88 \times (1+0.1)^{-20} = 50.52$(亿元)

上述分析与计算结果表明:由于防洪效益随国民经济发展而逐年增加,正常运行期各年的平均效益要比目前通常习惯采用的工程开工前某一年为条件计算的多年平均效益大得多。为了正确反映水利工程的多年平均防洪效益,并与水力发电、供水等功能的多年平均效益的基础和概念一致起来,建议今后以防洪工程正常运行期各年防洪效益的平均值作为多年平均防洪效益的代表值。

3.其他方法

计算防洪效益除上述基本方法外,还有以下方法:

(1)等效替代法

该法的基本出发点是从水利工程和替代措施的比较入手,研究满足防洪要求(防洪标准相同)的最优等效替代措施所需费用,并以此作为水利工程的防洪效益。可能作为水利工程防洪替代方案的措施有:建立专门的防洪水库或其他综合利用水库;加高加固堤防;开辟分洪道;建立分蓄洪区;整治河道;从洪泛区迁出受洪水威胁的居民和财产;开垦其他土地以补偿因洪灾而减少的农业产品;以上单项替代措施的不同组合的综合替代措施等。

(2)保险费法

由于采用多年平均概念来衡量洪水灾害,可能冲淡毁灭性大洪水灾害的严重性,因此20世纪50年代在做长江流域综合利用规划时,前苏联专家曾介绍了保险费计算法。此法的基本含义是为补偿洪灾损失,在每年国家预算中,需提取一定数额的洪灾保险费,以扩大保险基金,作为补偿洪灾损失的预备费。防洪工程兴建后,由于洪灾减轻,每年需要的保险费相应减少,所减少的保险费,就是该防洪工程的多年平均效益。保险费为保险额(年平均损失)与风险费之和,其计算公式为:

$$\text{保险费} = M + \sigma = M + \sqrt{\sum (S_i - M)^2 / (n-1)} \tag{7-4}$$

式中:M 为保险额,年平均洪灾损失;S_i 为各年洪灾损失;n 为统计年限。

三、防洪保护费

防洪工程属国民经济基础设施,大江大河防洪排涝资金主要由国家和地方投资安排,征收防洪保护费是保证防洪工程良性运行的一种辅助措施。防洪工程把洪水期的超额洪水控制起来或安全排泄下去,减少了洪灾损失。因此,向防洪保护区收取防洪保护费是应该的、合理的。世界上许多国家和国内一些地区也较普遍采用了防洪减灾由政府和社会分担的方式,并通过宪法规定作为受益地区、部门、单位应尽的义务。美国等一些国家都采取防洪强制保险。我国广东省早在20世纪50年代就开始征收防洪保护费;淮河、松辽河等流域内的一些堤防、行蓄洪区或城市亦在执行征收防洪保护费制度;黄河、长江流域内有的地区或城市亦开始收堤防保护费,有的地区已制定收费办法。合理计收防洪保护费,是改善防洪工程的运行管理、搞好防洪安全的重要措施之一。

防洪保护费的征收范围应是直接受防洪工程保护的地区,可按下列原则确定防洪保护

费的收费标准:

(1)按为保障某一地区的防洪安全所付出代价的大小。付出代价大的地区收费标准应高于付出代价小的地区的收费标准,考虑我国许多防洪工程已建设运用多年,计算"所付出的代价"亦可以只考虑新增部分的费用,包括新建防洪工程的投资和新建、已建防洪工程的运行管理费用。

(2)按防洪保护区防洪标准高低。防洪标准高的地区的收费标准应高于防洪标准低的地区的收费标准。

(3)按防洪保护区的经济发展水平。经济发达地区的收费标准应高于经济欠发达地区的收费标准,城市收费标准一般应高于农村的收费标准,种植经济作物农村的收费标准一般应高于种植粮食作物农村的收费标准,某些经济困难的地区可以暂时免收防洪保护费。

目前农村一般按计税田亩收费,工矿企业按其营业额(销售额)或纳税营业额一定比例收费。所收取的防洪保护费只是补助性的,防洪投资主要还是靠国家与地方政府,同时在岁修和防汛抢险时期,防洪保护区的人民和部门仍应尽其义务。

第三节　治涝工程经济效益计算

农作物在正常生长时,植物根部的土壤必须有相当的孔隙率,以便空气及养分流通,促使作物生长。地下水位过高或地面积水时间过长,土壤中的水分接近或达到饱和时间超过了作物生长期所能忍耐的限度,必将造成作物的减产或萎缩死亡,这就是涝渍灾害。因此搞好排水系统,提高土壤调蓄能力,也是保证农业增产的基本措施。

内涝的形成,主要是暴雨后排水不畅,形成积水而造成灾害。在我国南方圩区,例如沿江(长江、珠江等)、滨湖(太湖、洞庭湖)的低洼易涝地区以及受潮汐影响的三角洲地区,这些地区的特点是地形平坦,大部分地面高程均在江、河(湖)的洪枯水位之间。每逢汛期,外河(湖)水位高于田面,圩内渍水无法自流外排,形成渍涝灾害,特别是大水年份,外河(湖)洪水可能决口泛滥,形成外洪内涝,严重影响农业生产。

平原地区的灾害,常常是洪、涝、旱、渍、碱交替发生。当上游洪水流经平原或圩区,超过河道宣泄能力而决堤、破圩时常引起洪灾。若暴雨后由于地势低洼平坦,排水不畅,或因河道排泄能力有限,或受到外河(湖)水位顶托,致使地面长期积水,造成作物淹死,即为涝灾。成灾程度的大小,与降雨量多少、外河水位的高低及农作物耐淹程度、积水时间长短等因素有关,这类灾害可称为暴露性灾害,其相应的损失称为涝灾的直接损失。有的由于长期阴雨和河湖长期高水位,使地下水位抬高,抑制作物生长而导致减产,即为渍灾,或称潜在性灾害,其相应损失为涝灾的间接损失。在土壤受盐碱威胁地区,当地下水位抬高至临界深度以上,常易形成土壤盐碱化,造成农作物受灾减产,即为碱灾。北方平原例如黄淮海某些地区,由于地势平坦,夏伏之际暴雨集中,常易形成洪涝灾害;如久旱不雨,则易形成旱灾;有时洪、涝、旱、渍、碱灾害伴随发生,或先洪后涝,或先涝后旱,或洪涝之后土壤发生盐碱化。因此必须坚持洪、涝、旱、碱综合治理,才能保证农业高产稳产。

治涝必须采取一定的工程措施,当农田中由于暴雨产生多余的地面水和地下水时,可以通过排水网和出口枢纽排泄到容泄区(指承泄排水区来水的江、河、湖泊或洼淀等)内,其目的是为了及时排除由于暴雨所产生的地面积水,减少淹水时间及淹水深度,不使农作物受涝;并及时降低地下水位,减少土壤中的过多水分,不使农作物受渍。在盐碱化地区,要降低地下水位至土壤不返盐的临界深度以下,达到改良盐碱地和防止次生盐碱化。条件允许时尚应发展井灌、井排、井渠结合控制地下水位,在干旱季节,则须保证必要的农田灌溉。

治涝工程具有除害的性质,工程效益主要表现在涝灾的减免程度上,即与工程修建前比较,修建工程后减少的那部分涝灾损失,即为治涝工程效益。

在一般情况下,涝灾损失主要表现在农田减产方面。只有当遇到大涝年份涝区大量积水时,才有可能发生房屋倒塌,工程或财产损毁、工矿企业停产、商业停业以及其他部门停工所造成的损失和政府部门为抢排涝水以及救济灾民所支出的医疗、临时安置费用等情况。涝灾的大小,与暴雨发生的季节、雨量、强度、积涝水深、历时、作物耐淹能力等许多因素有关。计算治涝工程效益或估计工程实施后灾情减免程度时,均须作某些假定并采用简化方法,根据不同的假定和不同的计算方法,其计算结果可能差别很大。因此在进行治涝经济分析时,应根据不同地区的涝灾成因、排水措施等具体条件,选择比较合理的计算分析方法。

治涝工程效益的大小,与涝区的自然条件、生产水平关系甚大。自然条件好、生产水平高的地区,农产品产值高,受灾时损失亦大,则治涝后效益也大;反之,原来条件比较差的地区,如治涝后生产仍然上不去,相应工程效益也就比较小。此外,规划治涝工程时,应统筹考虑除涝、排渍、治碱、防旱诸问题,只有综合治理,才能获得较大的综合效益。

在计算除涝治渍效益时,应根据调查资料估算所减免的这些损失。由于渍涝灾害损失与暴雨发生季节、地点、暴雨量、积涝水深、积涝历时、地下水埋深、作物种植情况、作物耐淹或耐渍能力以及治涝工程的标准和排水区经济发展情况等密切相关,因此在计算排水工程实施前后的效益时,应当首先进行实地调查和试验研究,取得上述基本资料后进行分析计算。

治涝(渍)效益可以用实物量或货币量来表达,其中所减免农作物损失的实物量的表达方式有以下几种:

(1)减产率是指农田受涝以后,与正常年景比较减产的百分数。这是一个相对指标。有一季作物减产率(指一季作物减产百分数),或单位面积减产率等不同定义。

减产率乘以正常年景的作物平均产出,即作物减产损失。在灾情过后,还要进行田间整理,清理淤积物等,或许还要增加投入。所以,减产损失要加上这一部分费用才是农田的灾害损失值。

(2)绝产率是指不同减产程度受涝(渍)面积折算为颗粒无收面积占涝渍区面积的百分数。这也是一个相对指标。用这一百分率乘以淹没面积再乘以年均单产便可估计农作物受淹损失。

(3)绝产面积法是指涝(渍)区颗粒无收的面积。这是一个绝对指标,由于涝(渍)实有轻重之分,在实际工程中常用减免的农作物绝产面积来表示排水工程的效益。

除减免的农作物损失外,对于排水工程所减免的其他损失,可根据减免的受灾面积上的具体情况进行调查估算,将估算结果以实物量或货币量表示。其中实物量可以按受损失的财产、设施类别进行统计。例如,损失房屋(间)、牲畜(头)、公路(km)、铁路(m)等,并将所有的损失值(包括农作物损失)按影子价格折算为货币值(价值量)。

一、除涝效益计算

1. 涝灾频率曲线法

这种方法可用于计算已建工程的除涝效益。计算时应收集下述资料：

(1)排水区的长系列暴雨资料；

(2)排水工程兴建以前，历年排水区受灾面积及其相应实情调查资料；

(3)排水工程修建后，涝灾发生情况的统计资料。

在此基础上，可按如下步骤计算除涝效益：

(1)对排水区的成灾暴雨进行频率分析。

(2)根据排水区受灾面积及其相应的灾情调查资料，用式(7-5)计算排水工程兴建前历年的绝产面积。

$$A_d = \sum_{i=1}^{m} A_i \cdot \gamma_i + A_c \tag{7-5}$$

式中：A_d 为绝产面积；A_i 为减产率 γ_i(%)的受灾面积；m 为减产等级数；A_c 为调查的完全绝产的面积。

减产成灾程度一般分为轻、中、重三个等级。如有的地方规定减产 20%～40%为轻灾，40%～60%为中灾，60%～80%为重灾。

根据换算的绝产面积，即可求出减产率 β，即

$$\beta = \frac{A_d}{A} \times 100\% \tag{7-6}$$

式中：β 为减产率；A 为排水区总播种面积。

(3)以暴雨频率为横坐标，相应年份的绝产面积为纵坐标，绘制排水区在工程兴建前历年的绝产面积频率曲线，如图 7-2 所示。

(4)根据工程兴建后历年的暴雨频率，查出相应的未建工程时的涝灾绝产面积，并与工程兴建后实际调查及统计资料的绝产面积相比较，其差值即为当年由于排水工程兴建而减少的绝产面积 ΔA，如图 7-2 所示。

(5)以当年减少的绝产面积 ΔA 乘以当年排水区的正常产量，即为排水工程兴建后效益的实物量，再与单位产量的价格相乘即可得工程兴建后，该年所获治涝效益的价值量。

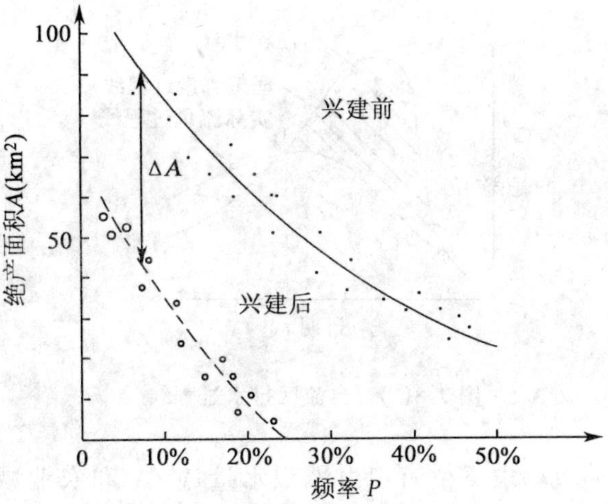

图 7-2　排水工程兴建前后暴雨频率～绝产面积相关图

(6)对各年的治涝效益价值量求多年平均值，作为排水工程的效益。

此法适用于治涝地区在工程兴建前后都有长系列的多年受灾面积和相应的暴雨资料。经过实际资料分析验证，排水区绝产面积与成灾暴雨频率之间相关密切，其相关系数 $\gamma = 0.85$ 左右。

2. 内涝积水量法

在排水地区造成作物减产的因素十分复杂,不仅与暴雨量有关,而且与涝水淹没历时、淹没深度、作物种类、生长季节等有密切关系。为了计算沿涝工程减免的内涝损失,特此作出如下几点假定:

(1)绝产面积随内涝积水量 V 而变化,即 $A=f(V)$。

(2)内涝积水量 V 是排水区出口控制点水位区的函数,即 $V=f(X)$,并假设内涝积水量仅随控制点水位而变,不受河槽断面大小的影响。

(3)假定灾情频率与降水频率和控制点的流量频率是一致的。

治涝工程效益的具体计算步骤如下:

(1)根据水文测站记录资料绘制治涝工程前排水区出口控制站的历年实测流量过程线,如图 7-3 的实际流量过程线。

(2)假设不发生内涝积水,绘制无工程时涝区出口控制站的历年理想流量过程线。理想流量过程线是指假定不发生内涝积水,所有排水系统畅通时的流量过程线,一般用小流域径流公式或用排水模数公式计算洪峰流量,再结合当地地形地貌条件,用概化公式分析求得理想流量过程线。

(3)推求单位面积的内涝积水量 V/A。把历年实测流量过程线及其相应的历年理想流量过程线对比,即可求出历年内涝积水量 V,如图 7-3(a)所示,除以该站以上的积水面积 A,即得出单位面积的内涝积水量 V/A。对于提排区,可用平均排除法作为实际排涝流量过程线,如图 7-3(b)。

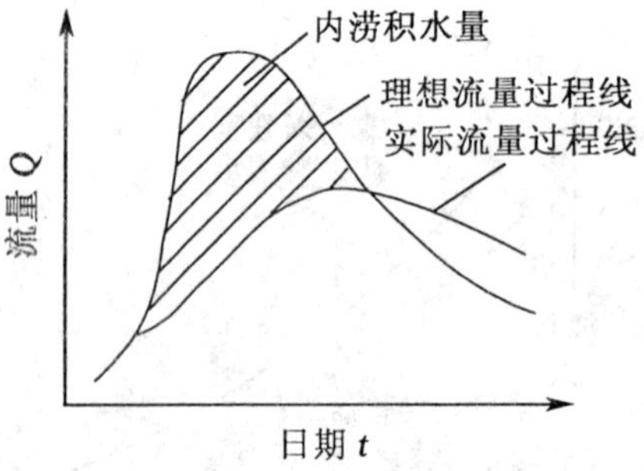

图 7-3(a) 自流区排水过程线

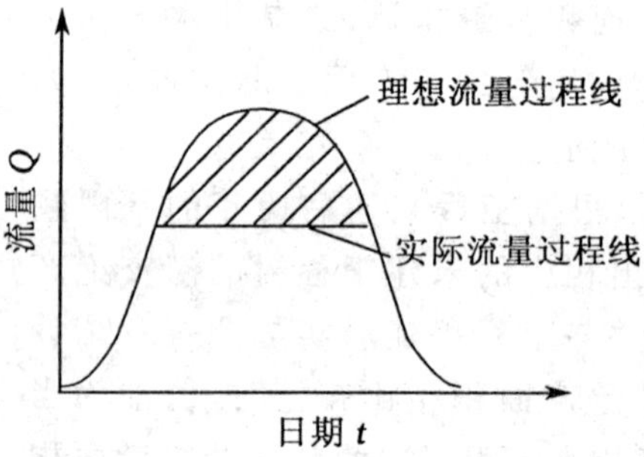

图 7-3(b) 提排区排水过程线

(4)求单位面积内涝积水量 V/A 和农业减产率 β 的关系曲线。根据内涝调查资料,求出历年农业减产率 β,把历年单位面积内涝积水量 V/A 和相应的历年农业减产率 β 的关系曲线绘制在图 7-4 上。该曲线即为内涝损失计算的基本曲线,可用于计算各种不同治理标准的内涝损失值。

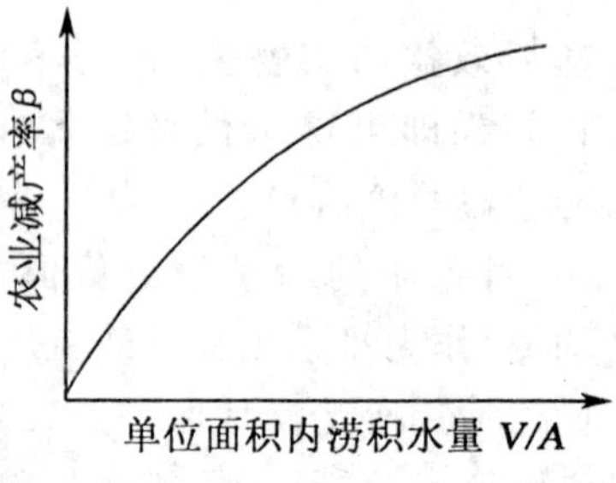

图 7-4 减产率 β~内涝积水量关系

(5)求不同治理标准的各种频率单位面积的内涝积水量。根据各种频率的理想流量过程线,运用调蓄演算,即可求出不同治理标准(例如不同河道开挖断面)情况下,各种频率的单位面积内涝积水量。

(6)求内涝损失频率曲线。有了各种频率的单位面积内涝积水量 V/A 及 $\beta \sim V/A$ 关系曲线后,即可求得农业减产率 β。乘以计划产值,即可求得在不同治理标准下各种频率内涝农业损失值。求出农业损失值后,再加上房屋、居民财产等其他损失,就可绘出原河道(治涝工程之前)和各种治涝开挖标准的内涝损失频率曲线,如图 7-5 所示。

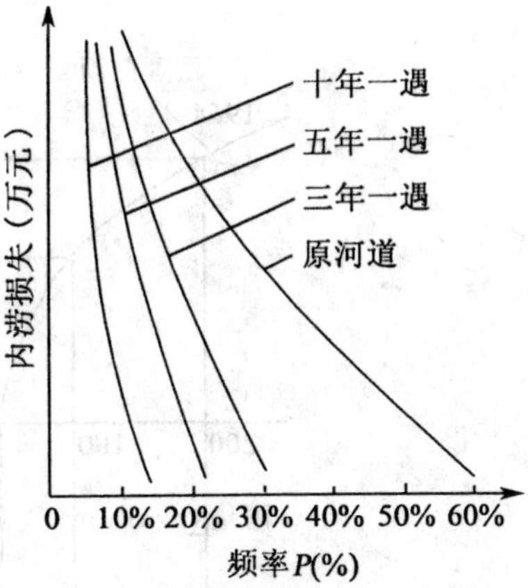

图 7-5　内涝损失～频率关系

(7)多年平均内涝损失和工程效益。对各种频率曲线与坐标轴之间的面积,取其纵坐标平均值,即可求出各种治涝标准的多年平均内涝损失值,它与原河道(治涝工程之前)的多年平均内涝损失的差值,即为各种治涝标准的工程年效益。

3.合轴相关分析法

本法是利用修建治涝工程前的历史涝灾资料,来估计修建工程后的涝灾损失。

(1)本法的几个假定

①涝灾损失随某一个时段的雨量而变;

②降雨频率与涝灾频率相对应;

③小于和等于工程治理标准的降雨不产生涝灾,超过治理标准所增加的灾情(或涝灾减产率)与增加的雨量相对应。

(2)本法的计算步骤

①选择不同雨期(例如 1 天、3 天、7 天、…、60 天)的雨量,与相应涝灾面积(或涝灾损失率)进行分析比较,选出与涝灾关系较好的降雨时段作为计算雨期,绘制计算雨期的雨量频率曲线,如图 7-6 所示。

②绘制治理前计算雨期的降雨量 P 和前期影响雨量 P_α 之和,$P+P_\alpha$ 与相应年的涝灾损失(涝灾减产率 β)关系曲线,如图 7-7 所示。

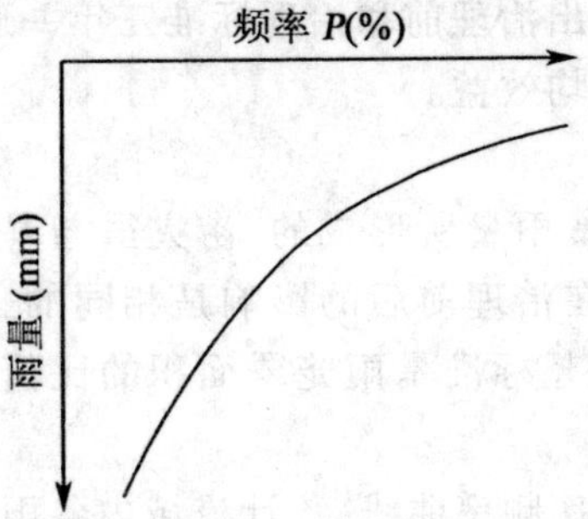

图 7-6　雨量频率曲线

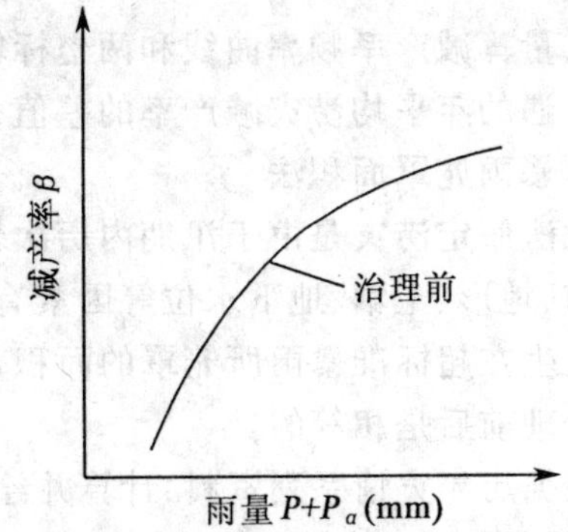

图 7-7　治理前雨量～涝灾减产率曲线

③根据雨量频率曲线、雨量$(P+P_\alpha)$～涝灾减产率曲线,用合轴相关图解法,求得治理前涝灾减产率频率曲线,如图 7-8 中的第一象限所示。

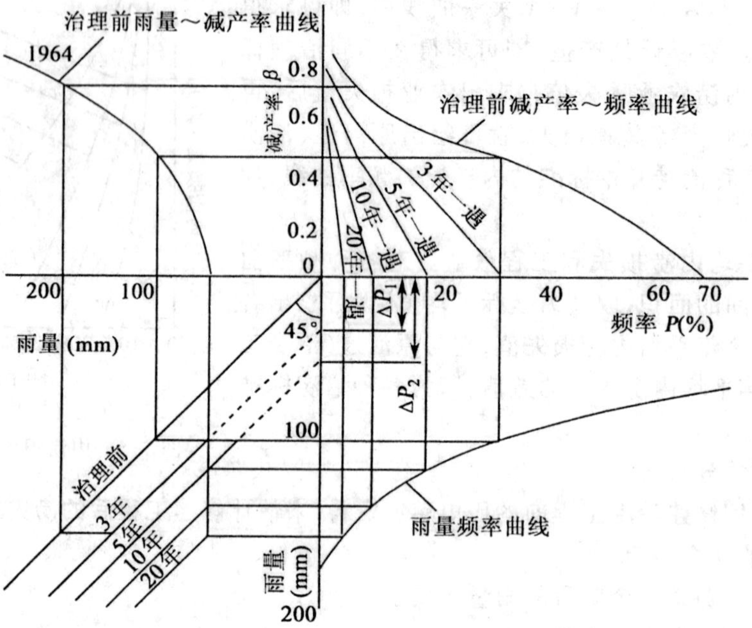

图 7-8　合轴相关图

④按治涝标准修建工程后，降雨量大于治涝标准的雨量($P+P_\alpha$)时才会成灾，例如治涝标准三年一遇或五年一遇的成灾降雨量较治理前成灾降雨量各增加 ΔP_1 和 ΔP_2，则三年一遇或五年一遇治涝标准所减少的灾害即由 ΔP_1 或 ΔP_2 造成的，因此在图 7-8 的第三象限作三年一遇和五年一遇两条平行线，其与纵坐标的截距各为 ΔP_1 和 ΔP_2 即可。对其他治涝标准，作图方法相同。

⑤按照图 7-8 中的箭头所示方向，可以求得治涝标准三年一遇和五年一遇的减产率频率曲线。

⑥量算减产率频率曲线和两坐标轴之间的面积，便可求出治理前和治理标准三年一遇、五年一遇的年平均涝灾减产率的差值，由此算出治涝的年平均效益。

4.暴雨笼罩面积法

此法假定涝灾是由于汛期内历次暴雨量超过设计标准暴雨量所形成的，涝灾虽与暴雨的分布、地形、土壤、地下水位等因素有关，但认为这些因素在治理前后的影响是相同的，涝灾只发生在超标准暴雨所笼罩的面积范围内，年涝灾面积与超标准暴雨笼罩面积的比值假设在治理前后是相等的。

根据历年灾情系列资料，计算并绘制治理前的涝灾减产率频率曲线，统计流域内各雨量站的降雨量 P 及其相应的前期影响雨量 P_α，绘制雨量($P+P_\alpha$)和暴雨笼罩面积关系曲线。计算治理前各年超标准暴雨笼罩面积及其实际涝灾面积的比值，用此比值乘以治理后不同治涝标准历年超设计标准暴雨的笼罩面积，即可计算出治理后各不同治涝标准的年平均涝灾面积和损失值，其与治理前年平均涝灾损失的差值，为治涝工程的效益。本法可用于较大的流域面积。

对于上述各种内涝损失的计算方法，由于基本假设与实际情况总有些差距，因而尚不很完善，但用于不同治涝效益方案比较还是可以的。必要时可采用几种方法互相检验计算成果的合理性。

二、治渍、治碱效益估算

治涝工程往往对排水河道采取开挖等治理措施，从而降低了地下水位，因此，同时带来了治碱、治渍效益。当地下水埋深适宜时，作物的产量和质量都可以得到提高，从而达到增产效果，其估算方法如下。

(1)首先把治渍、治碱区划分成若干个分区，调查治理前各分区的地下水埋深情况、作物种植情况和产量产值收入等情况，然后分类计算各种作物的收入、全部农作物的总收入和单位面积的平均收入。

(2)拟定几个治渍、治碱方案，分区控制地下水埋深，计算各地下水埋深方案的农作物收入、全区总收入，其与治理前总收入的差值，即为治渍、治碱效益。

【例 7－5】 某流域位于平原地区，面积 1 888km^2，农业人口 100 万人，耕地约 10.5 万 hm^2。该地区地势平坦，低洼易涝，土质粘重，盐碱地分布较广。该流域的治涝工程大致分为三个阶段：

(1)第一阶段从 1949 年至 1966 年，基本上无治涝工程状态，洪涝灾害交替发生，伴随着有渍害和盐碱化的问题，造成该地区农业产量低而不稳，年平均涝渍面积达 4 万 hm^2。

(2)第二阶段从 1967 年至 1983 年，兴建了干、支排水沟及疏通了外排河。干、支排水沟的标准为三年一遇。因经费紧张，斗渠以下的田间工程没有配套。

(3)第三阶段随着人民生活水平的提高，1983 年以后进一步提高治涝标准，对不同治涝(碱)标准进行经济效益分析。

1. 多年平均涝灾损失

根据对本流域治理前后资料分析，认为 3 日暴雨量与涝灾面积相关关系较好，故选择 3 日作为计算雨期。根据历年的调查资料，可以算出减产率 β，如表 7-3 所示，减产率 β 的计算公式为：

$$\beta=\frac{\text{涝灾面积}\times\text{作物减产程度}}{\text{作物播种面积}} \tag{7-7}$$

式中作物播种面积取 10 万 hm^2，对该流域 1967 年治理前后涝灾面积及减产率 β 等进行计算，结果见表 7-3。

表 7-3 治理前后涝灾面积与减产率分析

治理前(1950～1966 年)						治理后(1967～1983 年)					
年份(a)	3 日面雨量(mm)	涝灾面积(万 hm^2)	减产程度	绝产面积(万 hm^2)	减产率(%)	年份(a)	3 日面雨量(mm)	涝灾面积(万 hm^2)	减产程度	绝产面积(万 hm^2)	减产率(%)
1950	99	3.15	0.75	2.37	23.7	1967	103	0.31	0.64	0.20	2.0
1951	73	3.06	0.70	2.14	21.4	1968	43	0.06	0.60	0.03	0.3
1952	54	1.01	0.60	0.61	6.1	1969	116	1.19	0.66	0.79	7.9
1953	118	9.46	0.78	7.38	73.8	1970	84	0.35	0.65	0.23	2.3

续表

治理前(1950~1966年)						治理前(1967~1983年)					
年份(a)	3日面雨量(mm)	涝灾面积(万 hm^2)	减产程度	绝产面积(万 hm^2)	减产率(%)	年份(a)	3日面雨量(mm)	涝灾面积(万 hm^2)	减产程度	绝产面积(万 hm^2)	减产率(%)
1954	118	9.50	0.75	7.12	71.2	1971	90	2.59	0.65	1.69	16.9
1955	74	1.34	0.59	0.79	7.9	1972	94	2.11	0.69	1.46	14.6
1956						1973	79	0	0	0	0
1957	33	0.87	0.60	0.53	5.3	1974	122	3.35	0.64	2.14	21.4
1958	95	3.10	0.70	2.17	21.7	1975	54	0	0	0	0
1959	72	2.06	0.70	1.44	14.4	1976	68	0.01	0.70	0.01	0.1
1960	104	6.44	0.70	4.51	45.1	1977	158	9.45	0.81	7.66	76.5
1961	103	6.18	0.87	5.44	54.4	1978	73	0	0	0	0
1962	82	4.34	0.81	3.52	35.1	1979	82	0.06	0.60	0.03	0.3
1963						1980	130	3.44	0.67	2.30	23.0
1964	173	9.43	0.85	8.02	80.1	1981	103	2.73	0.60	1.63	16.3
1965	32					1982	76	0	0	0	0
1966	83	2.51	0.64	1.61	16.1	1983	30	0	0	0	0
平均	87.5	4.46		3.40	34.0			1.85		1.07	10.7

2.绘制合轴相关图

根据3日暴雨频率曲线及雨量~减产率关系曲线,可用合轴相关图法求得减产率频率曲线,参阅图7-8。图中第四象限为3日雨量频率曲线,第一象限为3日雨量减产率频率曲线,第三象限为一簇与45°对角线相互平行的斜直线,其在纵坐标的距离分别为ΔP_1,ΔP_2,…,分别表示相应不同治涝标准(三年一遇、五年一遇、…等)的成灾雨量较治理前成灾雨量的增加值。利用这一簇平行线进行转换,可以绘出不同治涝标准的减产率频率曲线,如图7-8中第一象限所示。

由减产率频率曲线,用求积法可以求出其与坐标轴所包围的面积及其不同治涝标准的多年平均减产率,由此可计算相应减少的受灾面积,见表7-4。

表7-4 不同治理标准的年平均涝灾面积税减少值

项目 \ 治涝标准	治理前	3年一遇	5年一遇	10年一遇	20年一遇
平均减产率(%)	30.3	12.5	6.7	3.4	1.8
减产率差值(%)	11.8	5.8	3.3	1.6	
涝灾面积减少值(万 hm^2)	1.18	0.58	0.33	0.16	

注:涝灾面积减少值=作物播种面积(10万 hm^2)×减产率差值

3.治涝效益

在国民经济评价中暂采用市场价格作为农产品的影子价格。考虑到今后本地区的经济发展水平,以近期农业中等水平的年产值b_0作为基数,另考虑年增长率j,则治涝工程在生

产期 n 年内每公顷平均年效益 b 为

$$b = b_0 \frac{1+j}{i-j}\left[1-\left(\frac{1+j}{1+i}\right)^n\right]\left[\frac{i(1+i)^n}{(1+i)^n-1}\right] \tag{7-8}$$

式中：b_0——基准年每公顷产值，假设 $b_0=2\ 625$ 元/hm²；

j——农业年增长率，假设 $j=2.5\%$；

i——社会折现率，假设 $i=6\%$ 及 $i=12\%$ 两种情况；

n——生产期，采用 $n=30$ 年。

当 $i=6\%, b=2\ 625\frac{1+0.025}{0.06-0.025}\left[1-\left(\frac{1.025}{1.06}\right)^{30}\right]\left[\frac{0.06\times1.06^{30}}{1.06^{30}-1}\right]=3\ 474$（元/hm²）

当 $i=12\%, b=2\ 625\frac{1+0.12}{0.12-0.025}\left[1-\left(\frac{1.025}{1.12}\right)^{30}\right]\left[\frac{0.12\times1.12^{30}}{1.12^{30}-1}\right]=3\ 204$（元/hm²）

由此可求出不同治涝标准的年平均效益，见表 7-5。

表 7-5 不同标准的治涝年效益

治涝标准	$i=6\%$			$i=12\%$		
	减涝面积（万 hm²）	每公顷效益（元/hm²）	年效益（万元）	减涝面积（万 hm²）	每公顷效益（元/hm²）	年效益（万元）
治理前→三年一遇	1.18	3 474	4 099	1.18	3 204	3 781
三年一遇→五年一遇	0.58	3 474	2 015	0.58	3 204	1 858
五年一遇→十年一遇	0.33	3 474	1 158	0.33	3 204	1 068
十年一遇→二十年一遇	0.16	3 474	556	0.16	3 204	513

注：表中三年一遇→五年一遇表示治涝标准由三年一遇提高到五年一遇，余同。

4. 治碱效益

据调查，1967 年本流域未治理前盐碱地面积达 2.76 万 hm²，1985 年经治理后（三年一遇标准）盐碱地为 0.92 万 hm²。表 7-6 中不同治涝标准的盐碱地改良面积，是根据渠沟排水断面的不断加深和田间配套工程的不断完善后求出的。盐碱地改良一般以水利措施为主，辅以农业、生物等综合措施，则增产效果更为明显。假设水利工程分摊的增产值秋作物为 450 元/hm²，夏作物为 810 元/hm²。现将盐碱地改良效益列于表 7-6。

表 7-6 盐碱地改良效益

治碱标准	秋作物		夏作物		年增产值（万元）
	改良碱地（万 hm²）	增产值（万元）	改良碱地（万 hm²）	增产值（万元）	
治理前→三年一遇	1.81	813	0.92	745.2	1 558
三年一遇→五年一遇	0.45	204	0.32	259.2	463
五年一遇→十年一遇	0.29	129	0.21	167.4	296
十年一遇→二十年一遇	0.17	75	0.11	91.8	167

由表 7-6 可以看出，低标准的盐碱地改良效果比较显著，较高标准的盐碱地增产效果不大。

5. 总效益

本流域遇大涝年份，尚有房屋倒塌、水利和公路等建筑物损坏以及居民财产等损失。骨干河道、干支渠占地，在投资中已作了赔偿，而未给赔偿的群众举办的田间工程占地，应计算其负效益从治涝效益中扣除。现将各种治涝标准的治涝效益、治碱效益、减少的财产损失值及田间工程占地负效益，一并列于表 7-7。

表 7-7　治涝工程年效益汇总　　单位：万元

治涝标准	治涝效益		治碱效益	财产损失减少值	负效益	总效益	
	$i=6\%$	$i=12\%$				$i=6\%$	$i=12\%$
治理前→三年一遇	4 099	3 781	1 558	148	-51.8	5 753.2	5 435.2
三年一遇→五年一遇	2 015	1 858	463	216	-59.2	2 634.8	2 477.8
五年一遇→十年一遇	1 158	1 068	296	179	-34.6	1 598.4	1 508.4
十年一遇→二十年一遇	556	513	167	136	-32.1	826.9	783.9

第四节　灌溉工程的经济效益分析

灌溉工程按照用水方式，可分为自流灌溉和提水灌溉；按照水源类型，可分为地表水灌溉和地下水灌溉；按照水源取水方式，又可分为无坝引水、低坝引水、抽水取水和水库取水等。

当灌区附近水源丰富，河流水位、流量均能满足灌溉要求时，即可选择适宜地点作为取水口，修建进水闸引水自流灌溉。在丘陵山区，灌区位置较高，河流水位不能满足灌溉要求时，可从河流上游水位较高处引水，借修筑较长的引水渠以取得自流灌溉的水头，此时引水工程一般较为艰巨。或者在河流上修建低坝或闸，抬高水位，以便引水自流灌溉。与无坝引水比较，虽然增加了拦河闸坝工程，但可缩短引水干渠，经济上可能是合理的。

若河流水量丰富，但灌区位置较高，则可考虑就近修建提灌站。这样，干渠工程量小，但增加了机电设备投资及其年运行费。

当河流来水与灌溉用水不相适应时，即河流的水位及流量均不能满足灌溉要求时，必须在河流的适当地点修建水库进行径流调节，以解决来水和用水之间的矛盾，并可综合利用河流的水利资源。采用水库取水，必须修建大坝、溢洪道、进水闸等建筑物，工程量较大，且常带来较大的水库淹没损失，投资亦较大。

对某一灌区，可能是综合各种取水方式，形成蓄、引、提相结合的灌溉系统。在灌溉工程规划设计中，究竟采用何种取水方式，应通过不同方案的技术经济分析比较，才能最终确定。

一、灌溉工程的经济效益

灌溉工程的经济效益，是指灌溉和无灌溉相比所增加的农、林、牧产品的产值，前面已经提到，灌区开发后农作物的增产效益是水利和农业两种措施综合作用的结果，应该对其效益在水利和农业之间进行合理的分摊。一般来说，有两大类计算方法：一类是对灌溉后的增产量进行合理分摊，从而计算出水利灌溉分摊的增产量，并用分摊系数 ε 表示部门间的分摊比例；另一类是扣除农业生产费用，求得灌溉后增产的净产值作为水利灌溉分摊的效益。

由于我国幅员辽阔，各地气象、水文、土壤、作物构成及其他农业生产条件相差甚大，因此灌溉效益也不尽相同。我国南方及沿海地区，雨量充沛，平均年降雨量一般在1 200mm以上，旱作物一般不需要进行灌溉，这类地区灌溉工程的效益主要表现为：

(1)提高灌区原有水稻种植面积的灌溉保证率；

(2)作物的改制，如旱地改水田，冬季蓄水的灌水田改种两季作物等；

(3)由于水利条件的改善或灌溉水源得到保证以及农业技术措施的提高，可能引起作物品种(例如杂交水稻)的推广等。

在西北地区，由于雨量少、蒸发量大，平均年降雨量一般仅为200mm左右。干旱是这类地区的主要威胁，因此灌溉工程的效益主要表现在农作物的稳产、高产方面。华北地区基本上亦属于这一类型。

二、灌溉效益计算方法

1.分摊系数法

灌区开发以后，农业技术措施一般有较大改进，此时应将灌溉效益进行合理分摊，以便计算水利工程措施的灌溉效益，其计算表达式为：

$$B = \varepsilon\left[\sum_{i=1}^{n} A_i(Y_i - Y_{0i})V_i + \sum_{i=1}^{n} A_i(Y_i' - Y_{0i}')V_i'\right] \tag{7-9}$$

式中：B——灌区水利工程措施分摊的多年平均年灌溉效益，元；

A_i——第 i 种作物的种植面积，hm^2；

Y_i——采取灌溉措施后第 i 种作物单位面积的多年平均年产量(kg/hm^2)，可根据相似灌区、灌溉试验站、历史资料确定；

Y_{oi}——无灌溉措施时，第 i 种作物单位面积的多年平均年产量(kg/hm^2)，可根据无灌溉措施地区的调查资料分析确定；

V_i——相应于第 i 种农作物产品的价格，元/kg；

Y_i'、Y_{0i}'——有、无灌溉的第 i 种农作物副产品如棉籽、棉秆、麦秆等单位面积的多年平均年产量(kg/hm^2)，可根据调查资料确定；

V_i'——相应于第 i 种农作物副产品的价格，元/kg；

i——表示农作物种类的序号；

n——农作物种类的总数目；

ε——灌溉效益分摊系数。

计算时，多年平均产量应根据灌区调查材料分析确定。若利用试验小区的资料，则应考虑大面积上的不均匀折减系数。当多年平均产量调查有困难时，也可以用近期的正常年产量代替。因采取灌溉工程措施而使农业增产的程度，各地区变幅很大，在确定相应数值时应慎重。对于各种农作物的副产品，亦可合并以农作物主要产品产值的某一百分数计算。

现将灌溉效益分摊系数的计算方法简要介绍如下。

(1)根据历史调查和统计资料确定分摊系数

对具有长期灌溉资料的灌区,进行深入细致地分析研究后,常常可以把这种长系列的资料划分为三个阶段:

①在无灌溉工程的若干年中,农作物的年平均单位面积产量,以 $Y_{前}$ 表示。

②在有灌溉工程后的最初几年,农业技术措施还没有来得及大面积展开,其年平均单位面积的产量,以 $Y_{水}$ 表示。

③农业技术有了很大的提高,而水利条件在没有改变的情况下年平均单位面积产量,以 $Y_{农}$ 表示。

④农业技术措施和灌溉工程同时发挥综合作用后,其年平均单位面积产量,以 $Y_{水+农}$ 表示。则

$$\text{灌溉工程的效益分摊系数}\quad \beta=\frac{(Y_{水}-Y_{前})+(Y_{水+农}-Y_{农})}{2(Y_{水+农}-Y_{前})} \tag{7-10}$$

(2)根据试验资料确定分摊系数

设某灌溉试验站,对相同的试验田块进行下述试验:

①不进行灌溉,但采取与当地农民基本相同的旱地农业技术措施,结果单位面积产量为 $Y_{前}$(kg/hm²);

②进行充分灌溉,即完全满足农作物生长对水的需求,但农业技术措施与上述基本相同,结果单位面积产量为 $Y_{水}$(kg/hm²);

③不进行灌溉,但完全满足农作物生长对肥料、植保、耕作等农业技术措施的要求,结果单位面积产量为 $Y_{农}$(kg/hm²);

④使作物处在水、肥、植保、耕作等灌溉和农业技术措施都是十分良好的条件下生长,结果单位面积产量为 $Y_{水+农}$(kg/hm²)。

$$\text{灌溉工程的效益分摊系数}\quad \beta_{w1}=\frac{Y_{水}-Y_{前}}{Y_{水+农}-Y_{前}}\quad\text{或}\quad \beta_{w2}=\frac{Y_{水+农}-Y_{农}}{Y_{水+农}-Y_{前}} \tag{7-11}$$

$$\text{农业措施的效益分摊系数}\quad \beta_{f1}=\frac{Y_{水+农}-Y_{水}}{Y_{水+农}-Y_{前}}\quad\text{或}\quad \beta_{f2}=\frac{Y_{农}-Y_{前}}{Y_{水+农}-Y_{前}} \tag{7-12}$$

两套表达式得出的 β_f、β_w 相差会很大,这主要是由于投入增幅大,存在二阶近似项处理问题。可采用求平均值的方法来处理,即

$$\beta_w=\frac{\beta_{w1}+\beta_{w2}}{2},\beta_f=\frac{\beta_{f1}+\beta_{f2}}{2}。 \tag{7-13}$$

$$\text{且}\ \beta_w+\beta_f=1$$

我国东部半湿润半干旱实行补水灌溉的地区,灌溉项目兴建前后作物组成基本没有变化时,灌溉效益分摊系数大致在0.2～0.6之间,平均为0.40～0.45左右。丰、平水年和农业生产水平较高的地区取较低值,反之取较高值;我国西北、北方地区取较高值,南方、东南地区取较低值。在年际间亦有变化,丰水年份水利灌溉作用减少,而干旱年份则水利灌溉作用明显增加。在实际确定灌溉工程的效益分摊系数时,应结合当地情况,尽可能选用与当地情况相近的试验研究数据。

2.扣除农业生产费用法

本法是从农业增产的产值中,扣除农业技术措施所增加的生产费用(包括种籽、肥料、植保、管理等所需的费用)后,求得农业增产的净产值作为水利灌溉效益;或者从有、无灌溉的

农业产值中,各自扣除相应的农业生产费用,分别求出有、无灌溉的农业净产值,其差值即为水利灌溉效益。这种扣除农业生产费用的方法,目前为美国、印度等国家所采用。

3.以灌溉保证率为参数推求多年平均增产效益

灌溉工程建成后当保证年份及破坏年份的产量均有调查或试验资料时,则其多年平均增产效益 B 可按式(7-14)进行计算

$$\begin{aligned} B &= A[Y(P_1 - P_2) + (1 - P_1)\alpha_1 Y - (1 - P_2)\alpha_2 Y]\cdot V \\ &= A[YP_1 + (1 - P_1)\alpha_1 Y - (1 - P_2)\alpha_2 Y - YP_2]\cdot V \\ &= A[YP_1 + (1 - P_1)\alpha_1 Y - Y_0]\cdot V \end{aligned} \tag{7-14}$$

式中:A——灌溉面积,hm^2;

P_1、P_2——分别为有、无灌溉工程时的灌溉保证率;

Y——灌溉工程保证年份的多年平均亩产量,kg/hm^2;

$\alpha_1 Y$、$\alpha_2 Y$——分别为有、无灌溉工程在破坏年份的多年平均亩产量,kg/hm^2;

α_1、α_2——减产系数;

Y_0——无灌溉工程时多年平均亩产量,kg/hm^2;

V——农产品价格,元/kg。

当灌溉工程建成前后的农业技术措施有较大变化时,均需乘以灌溉工程效益分摊系数 ε。

减产系数 α 取决于缺水数量及缺水时期,一般减产系数和缺水量、缺水时间存在如图 7-9 的关系。图中:

缺水系数

$$\beta = \frac{缺水量}{作物在该生育阶段的需水量} \tag{7-15}$$

减产系数

$$\alpha = 该生育阶段缺水后实际产量 \Big/ 水分得到满足情况下产量 \tag{7-16}$$

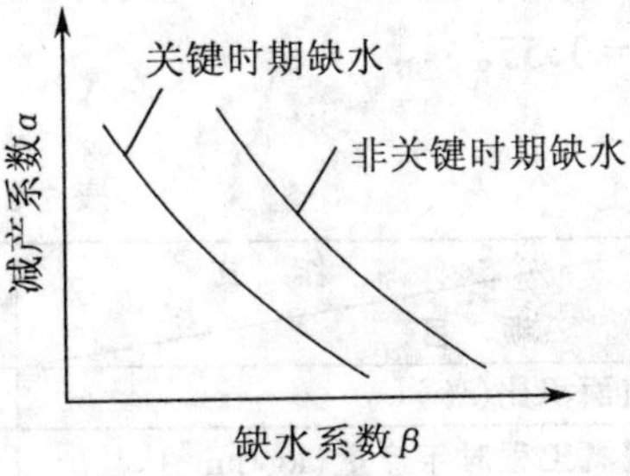

图 7-9 减产系数 α 与缺水系数 β 的关系

以上两个系数均可通过调查或试验确定。

4.其他方法

在计算灌溉工程效益时,如果没有调查资料或试验资料,也可采用如下其他方法。

(1)最优替代费用法

以最优等效替代工程的费用作为灌溉工程的效益,最优等效替代工程要保证替代方案是除了拟建工程方案之外的最优方案。

(2)缺水损失法

以减免缺水损失的费用作为灌溉工程效益。

(3)综合效益计算法

将灌溉效益与治碱治渍等效益结合起来进行综合效益计算,减少分摊计算和避免重算或漏算。

(4)影子水价法

水的影子价格反映了单位水量给国民经济提供的效益，因而灌溉水的影子价格可以作为度量单位水量灌溉效益的标准。某年的灌溉效益可根据以下公式计算：

$$B = W \cdot SP_w \tag{7-17}$$

式中，B 为灌区某年的灌溉效益；W 为灌区某年的灌溉用水量；SP_w 为灌溉水的影子价格。

由于不同地区以及同一地区不同年份灌溉水资源量及其分布都是不相同的，此外，各地水资源的供求状况，稀缺程度各异，使得确定灌溉水的影子价格有一定的难度。因此，该方法适用于已进行灌溉水影子价格研究并取得合理成果的地区。

【例 7－6】 某灌溉为主兼顾防洪、发电、供水的水库于 1991 年开工，计划五年内建成。按影子价格调整后投资为 13.5 亿元。1996 年起工程投产。水库总库容 $V_{总}=28$ 亿 m^3，其中灌溉库容 $V_{灌}=16$ 亿 m^3，防洪库容 $V_{洪}=7.7$ 亿 m^3，发电库容 $V_{电}=3.3$ 亿 m^3，供水（包括工业和生活用水）库容 $V_{供}=3.0$ 亿 m^3，发电、灌溉、供水共用库容 $V_{共}=3.8$ 亿 m^3，死库容 1.8 亿 m^3，估计水库的平均年运行费为2 000万元。

位于水库下游的灌溉工程，计算灌溉面积 26.68 万 hm^2，工程于 1994 年开工，7 年内建成。按影子价格调整后投资为 1.9 亿元，计划于 1996 年开始灌溉。灌溉面积逐年增加，至 2001 年达到设计水平，每年灌溉 26.68 万 hm^2。灌溉工程年运行费估计为 380 万元。灌溉工程的生产期为 40 年（2001～2040 年）。

本灌溉区的主要作物为冬小麦、棉花和玉米，单产及价格指标见表 7-8。在计算农作物的产值时，尚应计入 15％的副产品的产值。经调查和对实际资料分析，取灌溉效益分摊系数 $\varepsilon=0.55$。

表 7-8　灌区作物的单产和价格指标

项目＼作物	冬小麦	棉花	春玉米	夏玉米
种植面积比（％）	70	20	10	70
无灌溉工程时年产量（kg/hm^2）	2 925	390	2 437.5	2 190
有灌溉工程时设计年产量（kg/hm^2）	5 250	900	4 500	4 275
作物影子价格（元/kg）	1.5	7.6	1.0	1.0

注：冬小麦收获后即种植夏玉米

（1）水库投资分摊计算

①水库投资分摊，可按各部门使用的库容比例进行分摊。死库容可从总库容中先予以扣除，共用库容从兴利库容中扣除，则灌溉工程应分摊的水库投资比例为 $\beta_{灌}$，即

$$\beta_{灌} = \frac{(V_{灌}+V_{电}+V_{供})-V_{共}}{V_{总}-V_{死}} \times \frac{V_{灌}}{(V_{灌}+V_{电}+V_{供})} = \frac{V_{灌}-\dfrac{V_{灌}}{V_{灌}+V_{电}+V_{供}}V_{共}}{V_{总}-V_{死}}$$

$$= \frac{16-\dfrac{16}{16+3.3+3.0}\times 3.8}{28.0-1.8} = 0.507$$

②1991～1995 年各年灌溉部门应分摊的投资见表 7-9。

表 7-9　灌溉部门各年应分摊的建库投资　　单位:亿元

年份(a) 项　目	1991	1992	1993	1994	1995	合计
水库总投资	1.8	4.2	4.8	1.8	0.9	13.5
灌溉部门应分摊投资	0.9126	2.1294	2.4336	0.9126	0.4563	6.8445

(2)灌溉工程年运行费计算

①水库年运行费分摊,根据上述原则按各部门使用的库容比例进行分摊。已知水库的年运行费为2 000万元,则灌溉应分摊水库的年运行费为2 000×0.507=1 014万元。

②灌区达到设计水平年后年运行费为 380 万元。在投产期(1996～2000 年)内,灌区年运行费按各年灌溉面积占设计水平年灌溉面积的比例进行分配,再加上灌溉分摊水库部分的年运行费后即为灌溉工程的年运行费,见表 7-10。

表 7-10　灌溉部门各年应分摊的运行投资　　单位:万元

年份(a)	1996	1997	1998	1999	2000	2001	2002	…	2040
灌溉面积(万 hm^2)	4.67	9.34	14.01	18.68	23.35	26.68	26.68	…	26.68
年运行费(万元)	1 080.5	1 147	1 213.5	1 280.0	1 346.5	1 394	1 394	…	1 394

(3)灌溉工程国民经济效益计算

①根据灌区各种作物的种植面积比例,由公式 7-5 可计算设计水平年的灌溉效益为

$$B = \varepsilon\left[\sum_{i=1}^{n} A_i(Y_i - Y_{0i})V_i + \sum_{i=1}^{n} A_i(Y_i' - Y_{0i}')V_i'\right]$$

$$= 0.55[26.68\times70\%(5\,250-2\,925)\times1.5+26.68\times20\%(900-390)\times7.6+$$
$$26.68\times10\%(4\,500-2\,437.5)\times1.0+26.68\times70\%(4\,275-2\,190)\times1.0](1+15\%)$$
$$=82\,346(\text{万元})$$

②灌区投产后达到设计水平前的各年灌溉效益分别见表 7-11。

表 7-11　灌区各年灌溉面积及灌溉效益

年份(a)	1996	1997	1998	1999	2000	2001
灌溉面积(万 hm^2)	4.67	9.34	14.01	18.68	23.35	26.68
灌溉效益(万元)	14 410	28 821	43 232	57 642	72 053	82 346

第五节　城镇供水效益计算方法

新中国成立以来,随着工业的迅速发展和城市人口的大量增加,近几年全国约有 100 多个城市先后发生了较为严重的缺水,北京、天津以及滨海城市大连、青岛等大城市均曾出现过供水十分紧张的局面,主要原因是我国北方地区水资源比较缺乏。解决途径不外乎开源节流,一方面应大力采取各种节约用水措施,提高水的利用率,另一方面逐步建设跨流域调水工程,例如南水北调等工程。

城镇用水主要包括生活(指广义生活用水)、工业、郊区农副业生产用水。生活用水主要

指家庭生活、环境、公共设施和商业用水；工业用水主要指工矿企业在生产过程中制造、加工、冷却、空调、净化等部门的用水。据统计，在现代化大城市用水中，生活用水约占城市总用水量的30%～40%，工业用水约占60%～70%。城镇用水一般不考虑气候变化的影响，在某一规划水平年是不变的，它只在年内变化，并没有年际间的变化。

水利建设项目的城镇供水效益按该项目向城镇工矿企业和居民提供生产、生活用水可获得的效益计算，以多年平均效益、设计年效益和特大干旱年效益表示。

城镇供水财务效益按销售水价计算，而国民经济效益计算较复杂。比如城镇生活用水的重要性和保证率均高于工矿企业用水，因此其国民经济效益应大于工业用水，但由于生活用水的经济价值难以准确定量，因此在供水项目经济评价时，可按与工业用水效益相同来计算；亦可在工业用水效益计算的基础上乘一个权重系数求得，此权重系数应不小于城镇生活用水保证率与工矿企业用水保证率的比值。

在进行城镇供水效益计算时，应注意与经济费用计算口径对应一致。城镇供水建设，通常包括水源建设和水厂、管网建设，城镇供水经济效益的层次应与供水工程建设费用计算的层次相同。例如，采用水价法和分摊系数法时，若采用的水价和工业产值等于用户的水价和工业的全部产值时，则供水费用计算应包括水源建设和水厂、管网建设的全部费用 否则，其供水经济效益应按相应工程设施费占供水总费用的比例进行分摊，经济评价中只计入与费用计算口径相对应的那一部分经济效益。

另外要注意的是，在进行城镇供水效益计算时，其计算参数应采用预测值。对拟建供水工程来说，其目标是满足今后社会经济发展需要，某一供水区今后社会经济发展固然与这个地区的现况有联系，但也会有很大的差别，例如新建工业企业行业及各行业工业产值占城市总工业产值比例与现状不会完全相同，而不同行业工业万元产值用水量是不同的，同时，随着新技术、新工艺的采用，同一行业万元产值用水量也会减少。与已建工程相比，新建工程的供水工程建设和节水措施将会越来越困难，取得相同供水量需要付出的代价(费用)将越来越大。水源工程建设也有类似的情况。因此，计算新建城镇供水工程经济效益采用的经济参数应是在现状基础上的预测值，而不能简单地采用《统计年鉴》上的统计资料。

一、城镇供水效益计算方法

比较常用的城镇供水效益的计算方法有最优等效替代法、缺水损失法、分摊系数法、水价法。

1. 最优等效替代法

一般来说，可作为城镇供水替代方案的有：开发本地地面水资源；开发本地地下水资源；跨流域调水；海水淡化；采用节水措施；挤占农业用水或其他一些耗水量大的工矿企业(包括将某些耗水量大的工矿企业迁移到水资源丰富的地区)；以上几项替代措施不同的组合替代方案(各项替代措施替代多少供水量需根据拟建供水工程供水区的具体条件研究确定，必要时可研究几种不同的组合方案进行比较，选择最优方案作为综合替代方案的代表方案)。由于各地区的水资源条件千差万别，必须根据各地区的具体情况，对替代方案开展大量设计研究。

对可以找到等效替代方案替代该项目向城镇供水的，可按最优等效替代工程或节水措施所需的年费用计算该项目的城镇供水年效益。最优等效替代法在国外应用较广泛，但对我国水资源严重缺乏地区，难以找到合理的可行的替代方案，此法在应用上受到限制。

【例 7－7】 某拟建供水工程设计向 G 城供给 8 亿 m^3 的城镇工业和生活用水，根据对该城市附近地区水资源状况的调查研究，找不到一项措施能替代拟建供水工程，因此拟采用综合替代措施；综合替代措施根据“最优等效”的原则，首先开发经济指标较好的 H 供水工程，可供水 3.5 亿 m^3；其次采用节水措施，据调查研究，可节水 3 亿 m^3；再不能满足时采用造价较贵的海水淡化措施，计 1.5 亿 m^3。按最优等效替代法计算其供水效益。

解：(1)计算各项替代措施的费用

对三项措施进行设计研究，计算出各项措施的投资和年运行费，并按 12％社会折现率计算其每立方米水的年费用现值如下：

H 供水工程：3 元/m^3；

节水措施：3.8 元/m^3；

海水淡化措施：11.4 元/m^3。

(2)计算拟建供水工程的城镇供水效益

拟建供水工程的城镇年供水效益等于综合替代措施年费用，即：

城镇供水效益＝3.5×3＋3.0×3.8＋1.5×11.4＝39.0(亿元)

该供水工程每立方米水供水效益＝39÷8＝4.88(元/m^3)

2. 缺水损失法

缺水损失法是按缺水使城镇工矿企业停产、减产等造成的损失计算该项目的城镇供水年效益。本法适用于现有供水工程不能满足城镇工矿企业用水或居民生活用水需要，导致工矿企业停产、减产或严重影响居民正常生活的缺水地区。

采用本法时，应进行水资源优化分配，按缺水造成的最小损失计算。一般按限制一些耗水量大、效益低的工矿企业用水造成的多年平均损失计算，或按挤占农业用水所造成的农业损失计算。工业缺水损失，可根据缺水情况，按工矿企业停产、减产造成的减产值，扣除其耗用的原材料、能源等费用计算，如果停产时间较长，还应计入设备闲置的费用。农业缺水损失法(此时假定城市供水是调用灌溉水)，可根据缺水量和农作物的灌溉定额，推求影响面积，以缺水造成的农业减产值，扣除相应减少的农业生产成本计算。

与缺水损失法相类似的另一种方法是缺水影响法，即在缺水地区，当供水成为工矿企业发展的制约因素，不解决供水问题，工矿企业就不能在本地兴建，需要迁移厂址(如迁到水资源丰富的地区兴建)时可以采用缺水影响法。该法认为：缺水地区兴建工矿企业新增的产值扣除工业生产成本和建厂资金的合理利润(一般可采用反映社会平均利润率的社会折现率)后的效益均为供水的效益。与计算农业灌溉效益的扣除农业成本法不同的是，工业供水效益除扣除工业生产成本外，还要扣除建厂投资的合理利润，因为这笔建厂资金，如果投在缺水地区得不到合理利润，它就会转移到其他可获得合理利润的地区去。

缺水影响法的表达式如下：

$$B_{水} = B_{工} - C_{工} - \sum_{t=1}^{n'} I_{1i}(1 + i_s)^t \cdot i_s - I_2 \cdot i_s \tag{7-18}$$

式中：$B_{水}$ 为工业供水经济效益；$B_{工}$ 为有供水项目时的工业增产值；$C_{工}$ 为工业生产中不包括水的生产成本费用；I_{1i} 为新建工业企业第 t 年的投资；n' 为工业企业建设期(年)；I_2 为流动资金；i_s 为社会折现率。

【例 7-8】 某供水工程规划向A市供水，根据A市2010年国民经济发展规划资料计算分析，该市2010年万元产值取水量35m^3(1995年价格水平，下同)，每立方米水影响工业产值286元，工业固定资产投资520元，流动资金52元，不包括用水费用的工业产品成本费用198元，按工矿企业平均建设期3年，社会折现率12%。试按缺水影响法测算该工程向A市供水的影子价格(作为产出物)。

解：已知$B_工=10\,000/35=285.714$(元/m^3)　　$C_工=198$(元/m^3)

$I_{1i}=520/3=173.33$(元/m^3)；$n'=3$　　$I_2=52$(元/m^3)

$i_s=12\%$

按公式(7-18)求得A市(规划水平年)2010年单方水的影子价格为11.9元/m^3。

3.分摊系数法

按有该项目时工矿企业的增产值乘以供水效益的分摊系数近似估算。

采用分摊系数法关键是如何确定分摊系数，把供水效益从工业总效益中分出来。目前确定分摊系数的方法有"投资比法"、"固定资产比法"、"占用资金比法"、"成本比法"、"折现年费用比法"等多种方法；分摊媒介有分摊工业净产值和分摊工业毛产值两种情况。采用不同的计算方法，计算结果相差较大。过去一般是根据供水工程在工业生产中所占投资的比例分摊供水后工矿企业增加的净产值，再加上工业供水成本费用作为工业供水的经济效益。

【例 7-9】 某市拟建一供水工程。该城市现有供水工程投资占该市工业总投资的6.2%，该市的工业万元总产值的用水量为180m^3，设工业净产值为工业总产值的30%。试计算供水效益。

解：按"投资比法"确定分摊系数为6.2%

每立方米供水的效益为：$10\,000\div180\times30\%\times6.2\%=1.03$(元)

分摊系数法是目前在计算城镇供水经济效益中使用最多，又是争论最大的一种方法，进一步理解和完善这个方法，对合理计算城镇供水经济效益是具有现实意义的。在采用本法时，应同时采用其他方法进行验证。

4.水价法

按项目城镇供水量乘以该地区的水价计算。计算国民经济效益时采用影子水价，计算财务效益时采用销售水价。

随着我国工业化和城市化水平不断提高，城镇用水量占整个用水量的比重越来越大，合理计算城镇供水效益对正确评价供水工程的经济效益具有重要作用。但目前计算城镇供水效益的方法还不够完善，有些方法(如最优等效替代法)在理论上比较合理，但实际计算起来难度较大，特别是在我国水资源短缺的地区就找不到等效替代工程；有些方法(如分摊系数法)可以操作计算，但在理论上又存在一些不尽完善、不尽合理的地方。因此，在分析计算城镇供水效益时应采用多种方法进行计算，互相验证；通过综合分析，确定合理的城镇供水效益。

二、水利工程供水价格

1.水利工程供水影子价格测算方法

(1)采用替代措施按影子价格计算的分解成本计算影子水价

测算时首先选择最优等效替代措施方案(可以是综合替代方案)，分析计算其费用，并折算成年现值，然后除以供水量即可得每立方米水的影子价格(参见【例 7－8】)。

(2)按用水户的支付意愿测算影子水价

支付意愿是指消费者能为某种产品或劳务支付的价格，以此作为其影子价格。据世界银行和国际金融机构的资料分析，一般工矿企业支付水费的能力约为工业增产值的 2.5% 左右，可参照此值测算水的影子价格。

(3)按供水工程的分解成本和水的边际效益相结合的方法测算水的影子价格

以供水工程按影子价格计算的分解成本(按 m^3 计算)作为供水工程向某地供水影子价格的下限值(因为如果供水工程达不到这个水价，该供水工程的经济内部效益率就达不到社会折现率，该供水工程在经济上就不能成立)；以水在该供水工程供水区可能增加的边际效益作为影子水价的上限值，水的边际效益可按公式(7-18)近似计算(因为在缺水地区兴建工矿企业，如果其投资达不到社会平均利润——社会折现率，该工厂也就不会在该地区建设)。因此，范围是供需双方都能接受的价格应在这两种方法测算出的水的影子价格范围内。

2. 水利工程供水销售价格测算方法

水利工程供水价格由供水生产成本、费用、税金和利润构成。贷款、集资建设的水利工程供水价格按还本付息要求核定。水价测算的步骤如下：

(1)计算供水总成本费用和每立方米水成本。总成本费用按成本构成分项计算求得，单方水成本按净供水量除总成本费用求得。当供水工程中既有农业灌溉供水，又有工业和城镇生活供水时，由于农业灌溉供水与工业及城镇生活供水的投资来源不同(一般情况下，农业供水为拨款或低息贷款，工业供水多为银行贷款)，建设期利息不同，其每立方米水成本应分别测算。

(2)计算每立方米水投资。每立方米水投资按净供水量除固定资产总投资(包括建设期利息)求得。当供水工程中既有农业供水又有工业供水时，应分别计算农业供水和工业供水的单方水投资。

(3)测算每 m^3 水水价。农业供水水价中，粮食作物水价等于农业供水成本，经济作物水价可略高于农业供水成本。工业供水水价则按下式计算：

$$\text{工业供水水价} = \text{工业供水成本} + \text{工业供水每立方米水投资} \times \text{资金利润率} \tag{7-19}$$

(4)对测算水价进行合理性检查和用水户承受能力分析。

自 1985 年我国颁布《水费办法》以来，取得了巨大的进展，工业和生活水费一般都能达到按成本加盈余收费，但农业水费多数仍达不到按成本收费，且收费率较低。目前农业用水占的比重大(占总供水量的 80% 以上)，因此，全国水管单位多数仍属亏本运营，部分单位已无以为继。为了扭转这种困境，保障水利工程的良性运行，中国水行政和物价主管部门已决定进行第二次水费改革，其指导思想是按照市场经济法则，使水费纳入国家价格体系，加强对水利工程供水价格的管理和监督。具体方法是根据各地水资源状况和用水户的承受能力，对不同用水实行分类定价，实行基本水价和计量水价相结合的两部制水价。水价应根据物价指数的上涨情况适时调整，一般可每隔两三年调整一次。

3. 国外水价类型及收费标准简介

国外有许多国家在水法中，规定了征收水费的政策和原则。明确提出水价政策应为完成国家发展目标服务，征收水费的目的是偿还供水成本和促进高效率用水。

由于农产品的价格偏低，工农业产品仍存在着剪刀差，因此世界各国对大型工程农业灌溉用水实行补贴政策，而对工业和发电用水则采用供水成本加利润测算水价，并且用工业水费的盈余来补贴农业水费的不足。例如：欧洲各国平均补贴灌溉费用的40%；加拿大政府补贴工程投资的50%以上；日本补贴工程投资和年运行费用的40%～80%；美国垦务局所属工程国家补贴工程投资的50%。因此，城市生活和工业水价与灌溉用水水价是不同的，应区别对待。

(1)水价类别

①城市生活和工业水价

a.固定水价　不管用水量多少，单位水量价格是固定不变的。

b.累进水价　用水量超过规定的数量后，实行逐级累进提高水价的办法，这样可以节约用水，充分发挥水资源的最大效益。

c.高峰水价　在干旱缺水季节，为缓和高峰用水矛盾，提高用水高峰时期的水价。

d.累退水价　在湿润多雨、水源充足地区，用水量超过一定数量后，降低单位水量水价。

②灌溉用水水价

a.按用水量多少收费　灌溉管理单位收费多少，完全决定于天气的变化情况。这种收费办法使灌溉管理单位收入很不稳定，造成管理工作的困难。

b.按灌溉面积大小确定收费数额　这种收费办法与用水量无关，显然是不合理的，且易造成水资源的严重浪费。

c.按灌溉面积和用水量相结合收费　按灌溉面积大小确定基本水费数额，再加上按用水量多少计算的水费，即为总灌溉水费，前者称为基本水费，后者称为按量计算的水费。这种收费办法既可使工程管理单位的收入比较稳定，又考虑按量收费，可以避免水资源的浪费，有利于工程的运行管理。

(2)收费标准

①按供水成本，再加上利润和税金，确定水价。这种收费办法多用于工业用水水价。

②按效益制定水价，计算时不考虑供水成本，只考虑供水效益，把工业或农业产品产值扣除成本后的净效益部分，作为应交纳的水费。按这种办法收费，效益大的收费多，效益小的收费少，因此工业水价就比农业水价高许多。

③按供水成本收费，不考虑利税。这种收费办法多用于群众集资或贷款自办的小型灌溉工程。

④补贴水价。这种水价低于水的真实价值，多用于农业灌溉，其目的在于使农业能获得低廉的水价，另一方面工程管理机构也能维持日常的开支。此时水费仅用于支付工程运行管理和大修理费用。工程投资由政府负担或转嫁给工业部门用水价。

⑤边际成本水价。所谓边际成本，就是每增加(或减少)一单位产品时引起成本变动。边际成本水价就是按边际成本来确定水价。

第六节　水力发电效益计算方法

电力资源有水电、火电、核电、风力发电、太阳能发电等，但在今后一定时期内我国能源工业还是以水电和火电为主。因此，在水力发电经济评价中一般以火电作为其替代方案。为了合理计算水力发电效益，必须对水电和火电的生产特性和经济特性有较全面的了解。

一、水电与火电的生产特性和经济特性

1. 水电与火电投资的差别

水电是一次能源开发与一次能源向二次能源转换同时完成的,从系统分析的观点看,火电也应将一次能源建设和二次能源建设作为一个整体考虑,因此,相当于火电(以煤电为代表)的煤矿建设、运煤铁路建设和火电厂本身的建设三个环节。不过水电站建设受自然条件的限制,一般远离负荷中心,而火电则可建在负荷中心,这样可节省输变电工程费用;若将火电建在煤矿附近(一般称为坑口电厂),则可节省铁路运输费用。其次,水电是清洁的再生能源,较少污染环境,处理得好,水库还能美化和改善环境;而火电对环境的影响大,火电的排尘、硫、氮化合物和放射性物质的防护处理费用,随着环境保护要求的不断提高而大幅度增加。据国外资料介绍,火电增加的环保费约占火电站总投资的30%左右。因此,为了满足环保上的要求一致,火电投资还应计入投入的环保费用。

2. 水电与火电生产上的差别

水电机组启动、停机、增减负荷快,能灵活适应和改善电力系统的运行,在电力系统中调峰、调频、调相和担负事故备用的作用显著。水电机组运行简单,事故率低,检修时间短,自动化程度高。因此,水电站的厂用电率比火电站少,大致是1kW水电有效容量要顶1.1~1.3kW火电有效容量,1kW·h水电电量要顶1.05~1.07kW·h火电电量。

3. 水电与火电年运行费上的差别

水电前期投资大,建设期长,但水电建成后,年运行费很小;相比之下,火电则相反。火电的年运行费包括固定年运行费和燃料费,固定年运行费主要与装机容量有关,燃料费则与发电量的大小有关。必须说明,如果火电投资包括了煤矿建设、运煤铁路建设所分摊的费用,则燃料费应该只计算到电厂的燃煤所分摊的费用;若火电投资仅计算火电站本身的投资,则燃料费应该按照当地影子煤价(国民经济评价时)或现行煤价(财务评价时)计算。

二、水力发电效益计算方法

水力发电的经济效益主要是向电网或用户提供的电力和电量。同时,水电站一般担任电网的调峰、调频(维持电网规定的周波水平)和事故备用等,可提高电网生产运行的经济性、安全性和可靠性,取得电网安全与联网错峰等经济效益。由于兴建水电站后,可相应少建火电站,因而减少火力发电所需燃料用量和相应的开采与运输费用的替代效益。因此,水电建设项目的发电经济效益应包括售电经济效益、给电网带来的安全与经济效益、节省火电费用的替代效益。

由于水力发电有销电收入,因此水力发电效益有国民经济效益,也有财务效益。其国民经济效益常采用最优等效替代法或影子电价法计算,财务效益则按售电收入计算。

1. 最优等效替代法

最优等效替代法是按最优等效替代设施所需的年费用作为水电建设项目的年发电效益。在满足同等电力、电量条件下选择技术可行的若干替代方案,取年费用最小的方案为替代方案中最优方案。实际工作中一般是依据拟建工程供电范围的能源条件选择其他水电站、火电站、核电站等电站,或上述几种不同形式电站的组合方案作为拟建水电站的替代方案,在保证替代方案和拟建水电站电力电量基本相同的前提下,计算出替代方案的费用,其

值即为水利工程的发电效益。亦可通过电源优化,比较有无拟建水电站时整个电力系统的费用节省来计算发电效益。

【例7-10】 某水电站装机容量1 768万 kW,多年平均发电量 840 亿 kW·h,建设期 20 年和正常运行期 50 年。根据该电站供电范围内的能源条件分析,拟定燃煤凝气式火电站作为替代方案,火电替代方案由燃煤火电站及相应的煤矿、运输线路组成。试用最优等效替代法计算该水电站发电的国民经济效益。

解:(1)替代方案规模的确定

①火电站:考虑水、火电站在电力电量的差别,替代火电站的装机规模为 1 768×1.1=1 945(万 kW)。平均单位投资 3 120 元/kW(影子价格)。火电站建设工期 5 年,第 6 年开始发电,投资在 5 年内平均投入。年运行费(不包括燃料费)按火电站投资的 3%计算。替代火电站的年发电量为 840×1.05=882(亿 kW)。

②煤矿:由于替代火电站的规模很大,需建设专用煤矿。据分析,相应拟定煤矿建设规模为 5 000 万吨。吨煤投资 450 元/吨。煤矿建设工期 8 年,投资在 8 年内平均投入。煤炭成本 63 元/吨。

③铁路:需新建两条长 1 000km 的单线铁路。线路建设 1 000 万元/km;铁路机车车辆造价 125 元/km;铁路建设工期 10 年,投资 10 年内平均投入;铁路运输成本 69 元/(吨·千km)。

(2)计算参数

①计算期:按满足被替代水电站的装机容量和年发电量同等要求,根据火电站、煤矿、铁路的建设工期反推算开工建设时间,分别是第 16 年、第 13 年、第 11 年。

②基准点:选定在计算期的第一年年初。根据国家规定社会折现率采用 12%。

③替代项目的经济使用年限:均按 50 年考虑。

(3)替代火电方案费用计算

根据上述替代方案和计算参数,替代方案各项投资与年运行费如下:

火电站年平均投资为　1 945 万 kW×3 120 元/kW/5/年=1 213 680 万元/年

年运行费为　1 945 万 kW/年×3 120 元/kW/年×3%=182 052 万元/年

煤矿年平均投资为　5 000 万吨×450 元/吨/8/年=281 250 万元/年

年运行费为　5 000 万吨×63 元/吨/年=315 000 万元/年

铁路年平均投资为　1 000km×(1 000 万元/km+125 元/km)/年=1 000 012.5 万元/年

年运行费为　5 000 万吨×1 千 km×69 元/(吨·千 km)/年=345 000 万元/年。

现金流量如下表:

项目	0～10	11～12	13～15	16～21	22～70
年投资	0	100 001.25	381 250.25	1 594 931.25	0
年运行费	0	0	0	0	842 052

替代方案费用总现值为[1 213 680×$(F/A,i,5)$+ 281 250×$(F/A,i,8)$+100 001.25×$(F/A,i,10)$+842 052×$(P/A,i,41)$]×$(P/F,i,21)$=2 060 413 万元

即该水电站在计算期内的发电总效益现值为 206.04 亿元。

2. 影子电价法

即按水电建设项目向电网或用户提供的有效电量乘以电价计算。

其计算表达式为:

$$Be = \sum_{t=1}^{n} Q_t(1 - r) \times p \times (1 + i_s)^{-t} + \sum_{t=1}^{n} Q_t'(1 - r) \times (p - p') \times (1 + i_s)^{-t} \tag{7-20}$$

式中:Be 为发电经济效益(计算期总现值);Q_t 为第 t 年期望多年平均发电量,按预计可被电网吸收的电量计算;r 为厂用电率或输电损失率;P 为计算电价(按影子价格计算);Q_t' 为由于设计电站兴建使电力系统内其他电站在第 t 年由季节性电能变为保证电能的电量;P' 为季节性电能电价(按影子价格计算);i_s 为社会折现率;n 为计算期。

除上述两个常用计算方法外,还有产值分摊法,此法的基本思路是:电能的真正效益是它在工农业生产以及其他用电部门中所创造的使用价值。如能把各生产和服务部门的产值中电能所创造的那部分产值划分出来,就能计算出电能的效益。只要确定一个产值的分摊系数,就能达到上述目的。但这个分摊系数不易确定,在各行业中电能在各生产因素中所占权重是不一样的,故不同产业应有不同的分摊系数。

三、电价测算

1. 电力影子价格可按以下方法确定:

(1)根据电力系统增加单位负荷所增加的容量成本和电量成本之和确定。

(2)参照《经济参数》中作为投入物的电力影子价格,考虑输配电因素分析确定。

(3)根据供电范围内用户愿意支付的电价分析确定。

2. 电力销售价格及确定方法

由于我国过去执行计划经济,并对电价实行统一管理,各地区的电价水平相差不大,基本情况是:华南、华东地区的电价水平略高于全国平均水平,西北、西南地区的电价水平低于全国平均水平,华中地区居中。改革开放后,各地电价水平的差距开始拉大。从发展趋势上看,华南、华东地区由于能源短缺,发展煤电需从华北调入煤炭,成本高;发展核电,造价高;使用西南地区水电(西电东送),长距离输电费用高,因此,总的电价水平将会是比较高。西南地区水能资源丰富,该地区的电价,仍将低于华南、华东地区。

电力既是商品,又是公益事业,且具有垄断的特点。因此,电价既不能过高,增加用户负担;又不能太低,影响到电力工业本身的发展。为了兼顾用户利益和电力工业发展的需要,世界上许多国家和地区都把确定一个合理的资金利润率作为制订电价的基本原则。例如,加拿大规定电力工业的资金利润率为 15%～16%,日本政府规定电力部门的报酬率为 8%,香港特区规定中华电力公司资金利润率为固定资产净值的 13.5%～15%。有些国家(如法国)还采用边际成本作为制定电价的依据,并允许电力公司的电价以低于通货膨胀率 1% 的速度增长。从发电来看,在电力系统中各电源的作用不同、生产成本不同,为了反映这些特点,除制定电网平均电价外,还制定峰谷分时电价,枯丰季节电价,有些国家规定峰荷电价为基荷电价的 3～4 倍,事故备用电价为基荷电价的 9 倍。

1985～1989 年国务院先后批转了国家计委、国家经委、国家物价局、水利电力部、中国人民银行等单位有关实行多种电价和新电新价、新煤新价的规定[国发(1985)7 号、(1987)

水电财字第101号、计投资(1989)383号等文件]，对调整和制定电价提出了以下的原则和政策。现将其主要部分摘录如下：

(1)分时和季节电价

峰、谷分时电价：国发(1985)72号文规定低谷电价可比现行电价低30%～50%，高峰电价可比现行电价高30%～50%。(1987)水电财字第101号文规定：峰、谷分时电价以电网平均电价为基础，按实际情况上浮、下浮，峰、谷电价可适当拉开，高峰电价可为低谷电价的2～4倍。

丰、枯电价：在水电比重比较大的电网，实行丰、枯季节电价。丰水的“弃水”期电价可比平均电价低30%～50%；枯水期的电价可比平均电价高30%～50%。

(2)新电新价

对新建电站的上网电价，在还贷期间根据资金来源和还贷条件测算，还清借款后的年份按投资利润率(目前电力部暂定为12%)测算。

(3)发供电利润分配

中外合资、利用外资和集资电厂的利润分配按三七分成，即发电得利润的70%，供电得利润的30%；其余电厂按四六分成，即发电得利润的60%，供电得利润的40%，其中担负电网调峰任务的电厂可按三七分成。

3.上网电价的计算方法

目前确定水电上网电价大体上有以下四种方法：

(1)按还贷条件测算上网电价。这是目前以贷款为主兴建电站常用的测算上网电价的方法(水、火电站均是)。其计算公式为：

$$k+u+d=B \tag{7-21}$$

式中：k 为水电站建设期总投资(包括贷款利息)；u 为贷款偿还期内的水电站运行费用；d 为贷款偿还期的贷款利息；B 为水电站在偿还期内的售电收入及可用于还贷的其他收益。参照第五章第二节中财务评价指标的有关内容。

(2)采用合理资金利润率测算上网电价。对自有资金或拨款比重较大的水电站或已还清贷款的水电站，常用此法测算上网电价。其计算公式为：

$$\text{上网电价}=\text{单位电量成本}+\text{单位电量税金}+\text{单位电量投资}\times\text{资金利润率} \tag{7-22}$$

(3)比照同一供电系统的火电平均电价确定电价。如大亚湾核电站向香港供电电价5.5美分/kW·h(1993年价格水平)就是比照香港火电电价确定的。确定水电电价也可采用相同的方法。

(4)还贷期间根据资金来源和还贷条件测算电价。还贷期间按还贷条件测算电价；还清借款后的年份，按投资利润率12%测算上网电价。

第七节　航运效益计算方法

兴修水库、渠化天然河道，是改善航道、发展水运的重要工程措施之一。因此，一般来说，水利工程建成后对航运的影响，有利的方面是主要的，但由于水利工程建成后改变了河道的天然状况，也将产生一些新的矛盾和问题。

水利工程建成后，可以改善枢纽上下游的航道条件，例如：枢纽上游，由于水位抬高，滩险被淹没，库区形成优良的深水航道；枢纽下游，由于水库调节，枯水期流量加大，相应可增加枯水期航深；在汛期可削平洪水期的洪峰，减少洪水流速，对航运有利的中水期持续时间增长，从而为促进航运现代化，降低航运成本，增加水运的竞争能力创造条件。不过，水利工程建成后，隔断了原航道，改变了枢纽上下游的水流条件，也将给航运带来一些不利影响和可能产生一些新问题，主要有以下几个方面：

(1)增加船舶过坝的环节和时间。在天然情况下，船舶往来不受过坝限制，水利工程建成后，船舶往来受过坝的限制，在同时建好通航建筑物的情况下，每过一次坝，一般需要增加几十分钟的时间（如葛洲坝船闸每过一次需要 40～57min），如果调度和管理不当，还需要增加更多的时间等待过闸。如不同时建好通航建筑物，还将形成闸坝碍航。

(2)水库变动回水区泥沙淤积对航运的影响。水利工程建成后，由于水库蓄水改变了天然河道的“洪淤枯冲”规律，使汛期淤积的泥沙来不及随“走沙水”全部冲走，其中一部分可能形成累积性淤积，在遇到枯水年上游来水量小而水库水位又低时出现局部航深不足的情况，造成对航运的不利影响。同时，库尾泥沙淤积还可能对位于库尾的港口码头带来一些不利影响，例如，三峡工程建成后，重庆港港口水域扩宽，水流条件变好，但若干年后，随着库尾淤积增加，港区边滩增宽，码头将发生淤塞，如不采取措施，将给船舶航行和到港作业带来严重影响。

(3)电站日调节所产生的不稳定流对航运的影响。一般具有调节性能的水电站都担负电力系统的尖峰负荷，在进行日调节时下泄流量时多时少，使坝下水位时高时低，这种由于水电站日调节所产生的不稳定流对航行安全十分不利，需采取措施（如在下游修反调节水库等）予以解决。

(4)清水下泄对下游航运的影响。水利工程建成后，初期下泄水流中的含沙量显著减少，下游河床将发生长距离冲刷，引起同流量下水位降低（例如，葛洲坝水库蓄水后，坝下水位降低约 0.5m；据预测，三峡工程建成后，下游水位将降低 1.5～2.0m），对航运产生一定影响，需研究措施予以解决。

(5)工程建设期间对航运的临时影响。在通航河流上修建水利工程，施工期间（主要是截流后至通航建筑物投入运行前这段时间）将影响船舶正常运行，甚至临时断航或减少客货运量。

因此，分析与计算水利工程的航运效益时需从有利和不利两个方面全面加以考虑。

一、航运效益的特点

水利工程航运效益是指项目提供或改善通航条件所获得的效益。和其他部门的效益相比，航运效益有以下一些特点：

(1)既有正效益（有利影响），又有负效益（不利影响），从部门效益来说，水利工程效益中航运部门的负效益的比例要比其他部门的负效益大。

(2)航运效益发挥的过程比较长，一般要经过几十年的时间才能达到设计水平。航运设计规范规定：航运建筑物的设计水平年为航运建筑物建成投入运行后的 15～25 年（水电站设计水平年一般为第一台机组投入后的 5 年）。据三峡工程规划设计资料，三峡船闸建成投入 30 年以后才能达到 5 000 万吨的设计能力（因为运量的增长有一个过程）。

(3)航运部门为实现水利工程的航运效益的配套工程量大。航运效益主要由航道、船舶、港口三部分组成,而航道效益又是通过船舶效益体现出来的,兴建水利工程后改善了枢纽上下游的航道条件,为发展航运创造了有利条件,但要实现这个效益,还需要有相应的船舶和港口码头的建设,其所需要的投资费用远大于航运部门应承担的水利枢纽工程的投资费用。

(4)社会效益是航运效益的主要方面,而这部分效益的数量化计算还比较困难,因此,目前计算的航运直接效益只是水利工程航运效益中的一小部分。例如:据三峡工程论证航运专家组分析,三峡工程航运直接效益表现为改善河流的航运条件,减少船舶运行费用等;三峡工程的航运社会效益则是改善长江航运,为加强我国西南地区与中部地区、沿海地区及其他地区的经济联系创造了极为有利的条件,对于加强西南的经济发展具有积极的促进作用。又据"七五"国家重点科技攻关成果,三峡工程航运间接效益为航运直接效益的176%(社会折现率12%时)~187%(社会折现率10%时)。

航运是一个系统,一般来说,通航里程越长,航运网络越发达,航运经济效益越好,因此,水利工程航运效益的发挥情况(程度)还与河道梯级渠化的程度有关。为此,应加快河流的梯级开发,特别是对改善和发展河流有重大影响的水利工程(例如位于调节水电站下游的反调节水库)应提前建设。

根据航运效益的特点,航运经济效益的评价应重视系统观点,按整个航运系统和运输全过程考虑。

二、航运效益计算方法

航运效益的计算一般采用最优等效替代方案法和对比法两种。

1.最优等效替代方案法

可作为水利工程航运作用替代措施方案的有:疏浚、整治天然航道;修建铁路、公路分流;或采用整治天然航道和修建铁路或公路分流相结合的方案。一般情况是:在运量较小的中小型河流上,航运替代方案可采用修建公路(原为不通航的中小河流)或整治天然河道结合公路分流(原为通航的中小河流);在运量较大的大江大河上,航运替代方案可采用整治天然河道结合铁路分流的方案。例如:三峡工程航运替代方案经反复研究比较后,选用了"以整治川江航道扩大通过能力的水运为主,辅以出川铁路分流的方案"。

替代方案规模的确定一般按水利工程建成后,水库航道的通过能力与水利工程建成前天然河道通过能力之差来确定。考虑水库航道(特别是湖泊型水库)的通过能力很大(例如:三峡工程建成后据测算水库通过能力在1亿吨以上),充分利用需要相当长的时间,因此,在作经济分析时一般可按水利工程通航建筑物的设计通过能力与天然航道通过能力之差来计算。例如,不建三峡工程时,航运替代方案规模即是按三峡工程通航建筑物设计通过能力5 000万吨/年,与三峡工程投入前川江经过整治后的通过能力1 550万吨/年之差确定,即:5 000 - 1 550 = 3 450(万吨/年)。

由于计算航运效益的客货运量的增长是随着国民经济发展逐步增加的,因此,水利工程建成后扩大的航道通过能力,大部分要在水利工程建成后相当长的一段时间才能发挥作用,相应替代这一部分航运效益的工程措施亦应安排在这一时期内建成投产(要考虑相应的施工建设期),不需与水利工程同时兴建,以免造成投资积压。

【例7-11】 三峡工程的航运作用主要表现在根本改善重庆至宜昌600多公里川江航

道的条件，从而可以扩大通航能力，降低航运成本。同时，由于三峡水库调节，增加下游枯水期流量，对荆江航道亦有一定改善。经计算，三峡工程建成后，万吨级船队一年有一半的时间可从武汉直达重庆，川江通航能力(下水，单向)可从目前的1 000万吨/年左右提高到5 000万吨/年，航运成本可降低35%以上；荆江航道的枯水航深可提高0.5m左右。同时，三峡工程建设过程中和建成以后，也将给航运带来某些不利影响，如施工期减航，建成若干年后可能出现的库尾泥沙淤积等。试计算三峡工程的航运效益。

解：(1)三峡工程航运替代方案

若不建三峡工程，为满足同等运输目标，需采用其他的运输工程措施，经多方案比较后，拟采用合理整治川江(从下水通过能力1 000万吨/年提高到3 000万吨/年)和铁路分流(2 000万吨/年)相结合的方案，出川铁路采用从重庆至枝城转长江水运的方案。

(2)替代方案(整治航道结合铁路分流)的投资费用如下：

航道整治投资(172 660万元，10年平均投入)及航道运行维护费用(622万元)；

新增船舶投资(186 593万元，一次投入)及船舶运行费用(65 046万元)；

新增川江港口码头及枝城铁路转水运港口码头的建设投资(157 714万元，10年平均投入)；

分流铁路工程建设投资(524 784万元，10年平均投入)及其工程维护费用(7 347万元)；

铁路机车、车辆购置费用(70 819万元，一次投入)及车辆运行费用(81 100万元)。

(3)将替代方案的投资费用折现计算，现金流量如下表：

项　目	0～30	31～39	40	41～60
年投资	0	85 515.8	342 927.8	0
年运行费	0	0	0	154 114

替代方案费用总现值为　$[342\ 927.8\times(P/F,i,40)+85\ 515.8\times(P/A,i,9)\times(P/F,i,30)+154\ 114\times(F/A,i,20)\times(P/F,i,60)]=64\ 878$(万元)

折现计算结果表明，三峡工程航运效益现值为64 878万元。

2.对比法

所谓对比法就是按有、无水利工程项目对比节省运输费用、提高运输效率和提高航运质量可获得的效益计算。采用对比法时，航运效益主要表现在①替代公路或铁路运输所能节省的运费；②提高和改善港口靠泊条件和通航条件所能节省的运输、中转及装卸等费用；③缩短旅客和货物在途时间，缩短船舶停港时间等所带来的效益；④提高航运质量，减少海损事故所带来的效益。一般以计算期的总折现效益或年折现效益表示。

如上所述，水利工程的航运效益包括水利工程建成后扩大航道通过能力，增加客货运量所带来的效益，以及在河道原有通过能力范围内降低航运成本和节省航道维护费所带来的效益，同时，水利工程建成后也可能给航运带来一些不利影响(负效益)，因此，水利工程比较完整的航运效益可用下式表达：

$$B=B_1+B_2-B_3$$

式中：B为航运经济效益；B_1为扩大航道通过能力，增加客货运量的效益；B_2为节省原航道通过能力范围内的成本和费用的效益；B_3 为航运负效益。

【例 7-12】 某河流 H 河段的航道在天然情况下通过能力为 300 万吨/年，A 水利工程建成后，改善该河段 350km 航道条件，航道通过能力提高到1 000万吨。处理和补偿给航运带来不利影响需支出的费用(负效益)。按增加航运收益和节省航运费用的方法计算 A 工程的航运效益如下：

解：(1)分析测算影子价格：

测算结果，水运影子价格为：94.15 元/(千吨·公里)。

(2)调查分析和预测有无 A 工程的航运成本(包括航道维护费)：

调查分析和测算结果：无 A 工程的航运成本：46.16 元/(千吨·公里)；有 A 工程的航运成本：20.66 元/(千吨·公里)。

(3)计算航运效益：

300 万吨以下按节省航运费用计算，301～1 000 万吨按增加航运收益计算，则计算水平年航运效益为：

$$[(1\,000-300)\times 94.5\times 10\times 350+300\times(46.16-20.66)]\times 10\times 350=25\,830(\text{万元})$$

第八节　水利工程其他效益计算方法

水利工程除有以上主要效益外，还有旅游效益、水产效益、水土保持效益、改善水质效益等。

一、旅游效益

水利工程建成后，水利工程和水库及其周围地区环境得到美化，旅游景点增加，提高了该地区的旅游价值。水利旅游的主要活动内容有：游览观光；度假、避暑、疗养；游泳、划船、钓鱼等水上娱乐及体育活动等。

旅游经济效益主要包括两方面：一是直接增加旅游经济收入；二是间接促进地区交通、商业、服务业、工艺手工业等的发展。旅游经济效益按该项目提供的旅游场所，结合其他配套设施可得的效益，采用平均旅游人次乘以每人次的旅游费用估算。人次的旅游费用，可根据该项目旅游条件、旅客情况，参照类似工程拟定。

旅游社会效益主要表现在提供游览、娱乐、休息和体育活动的良好场所，丰富人民的精神生活，增进身心健康，以及提供就业机会等。

旅游环境效益主要有：为发展旅游业对水域及周围山川、道路、村庄等环境进行改善；应当引起注意的是，若因旅游引起对水域的污染，则是一种负效益，须从旅游环境效益中扣除。

二、水产效益

水利工程建成后，水库的水域宽广，水源充沛，水质良好，饵料丰富，可以放养鱼、蟹等水生动物，库边可种植苇、藕、菱等水生植物并饲养鸭、鹅、水獭等。水库养殖所获得的经济效益主要是：直接增加水产品的产量和产值并间接促进水产品加工业的发展，其水产效益按利用该项目提供的水域，结合其他措施进行水产养殖所获得的效益计算。主要计算方法有增加收益法和最优等效替代法。增加收益法是按水利工程建成后增加的水产品的产量乘以价格计算。等效替代法是以替代方案的费用(目前一般选择精养鱼作为替代方案)作为水库的水产效益。水库养殖的社会效益,主要是丰富人民的生活,增加当地的就业机会等。

三、水土保持效益

为了防治水土流失,保护、改良与开发、利用水土资源,在土地利用规划基础上,对各项水土保持措施作出综合配置,对实施的进度和所需的劳力、经费作出合理安排的总体计划。

水土保持效益有三个方面:

(1)经济效益:直接经济效益如梯田、坝地增产粮食,造林种草,增产果品、牧草、枝条等。

(2)社会效益:首先是水土保持实施区对下游的削洪减沙作用,其次为河道洪水淹没面积减小,通航里程增加;以及水库淤泥减少、有效库容增加等。此外,由于梯田、坝地高产,促进了陡坡退耕,节省出大量土地和劳力,用于林牧副各业,促进整个农村经济发展,也是社会效益的一个重要方面。

(3)生态效益:水土保持的经济效益和社会效益,都与生态效益密切相关。蓄水保土为作物的生长创造良好的生态环境,是各项措施最主要的生态效益。由于蓄水保土,使基本农田和林地、草地内的土壤水分、肥力、结构等得到改善,有利于农作物生长和抗旱高产,也有利于提高林草的成活率、保存率和生长量。在林草合理分布的地方,特别是在农田防护林网内,温度、湿度等条件得到改善,有利于减轻霜冻、旱风等自然灾害,提高作物产量。至于在较大范围内,宏观地改善生态环境,则需在较长期之后,待水土保持各项措施全面完成,特别是需待林草苍郁后,才能达到。

四、水质改善效益

水质改善效益是兴建污水处理厂或增加河流清水流量,提高河湖自净能力等水质改善措施后(见水质管理),所能获得的经济效益、社会效益和环境效益的总称。这些效益是有、无这些措施相比较而言的,并考虑这些措施采用后各年社会经济的发展状况,而不是采取这些措施前后的对比。

经济效益主要是:提高工农业产品的质量,增加经济收入;增加可利用的水资源,减免开发新水源的投资和运行费;减少水污染造成的损失。

社会效益主要有:提高生活用水的卫生标准,降低水污染致病的发病率,增进人民的身体健康;避免工业品、农产品、水产品因水质不良受到污染,减少有害物质对人、畜的危害等。

环境效益主要是:避免或减轻江河、湖泊、土壤及地下含水层等受到污染,保护或改善生态环境;保护旅游水域的环境,提供良好的娱乐、休息场所。

思考与习题

1.水利工程防洪效益主要表现在哪几方面?当国民经济年增长率为 $j=0$ 或 $j\neq0$ 两种情况时,如何计算防洪效益?

2.某坝址有100年实测洪水资料及各年洪灾损失纪录,遇到大洪水时洪灾损失很大;遇到中小洪水时洪灾损失很小;遇到一般年份则无洪灾损失;修建水库后洪灾损失大大减轻,试问如何用随机变量表达该水库的防洪年效益?

3.给出不同地区若干年以前若干省、区典型洪水的灾害损失率的调查资料,如果现在规划某地区防洪工程时拟采用这些数据,如何考虑对这些数据加以修正?

4.从系统工程观点看,应如何计算水电、火电的投资、年运行费及年费用?

5.供水工程北段投资61 740万元,南段投资67 304万元,合计静态投资12.9亿元(1990年价格水平,尚不包括自来水厂及其配水管网投资),初步估算工业供水水价高达0.80元/m³,生活用水水价0.326元/m³,农业灌溉用水0.0895元/m³,如进一步考虑自来水厂投资及物价上涨因素,应如何确定各类供水水价?

6.试问多目标水利工程的防洪、发电、灌溉、航运、城镇供水等部门的年效益是否均为随机变量?它们之间存在哪些关系?

7.已知某洪泛区内经分析得出洪水频率与洪灾之间、洪水频率与为防御该频率洪水所采用的防洪工程措施年费用之间的关系。如下表:

频率(%)	60	40	20	10	6	2	0.5
损失(万元)	0	30	90	215	310	435	500
费用(万元)	0	15	20	23	28	40	80

假设工程措施能防御所有小于设计洪水的洪灾,对于大于设计洪水的洪灾不起作用。

①绘出洪灾损失～频率曲线。

②假定有一项能防御6%洪水的防洪工程,问该工程的年费用为多少?该工程的年效益为多少?效益费用比为多少?净效益为多少?

③绘出总效益与设计频率曲线。

④绘出边际效益与设计频率曲线。

⑤绘出边际费用与设计频率曲线。

⑥求出最优方案的设计频率,并求出:此方案的年费用为多少?此方案的年效益为多少?此方案的效益费用比、净效益为多少?

8.某水库主要任务为发电,初步设计拟定了两个规模方案,其有关经济指标如下表:

序号	项目	方案一	方案二
1	正常水位(m)	100	105
2	装机容量(万 kw)	20	25
3	年均发电量(亿 kw·h)	7	7.5
4	工程投资(亿元)	4.4	4.8
5	工程施工期(年)	8	8
6	正常年运行费(亿元)	0.06	0.07

火电为其替代方案,考虑与水电容量的差别,$N_{火}=1.1N_{水}$;考虑与电量的差别,$E_{火}=1.1E_{水}$;火电建设期为3年,考虑与水电的同时建成;单位千瓦投资为1 500元;固定年运行费为其投资的4%;燃料费为每度电0.05元。试优选方案。

9.一般在什么条件下产生洪、涝、渍、碱灾害?这些灾害既有区别,又有联系,主要区别表现在哪几个方面?相互联系表现在哪几个方面?

10.计算治涝工程效益一般采用内涝积水量法与合轴相关分析法,其计算理论与计算方法有何区别?各需要什么资料?如采用暴雨笼罩面积法,须收集降雨量P及其前期影响雨

量 P_α,P 与 P_α 有何区别？如何计算前期影响雨量 P_α？

11. 进行排涝标准扩建工程分析时，如果当社会折现率 $i=12\%$，治涝标准由三年一遇提高到五年一遇，经济净现值 $ENPV$ 为负值，这说明什么问题？如果进一步计算内部收益率，当治涝标准由三年一遇提高到五年一遇，$EIRR=8.6\%$，这说明什么问题？

12. 如何估算治渍、治碱效益？两者有何关系？如何确定治渍标准与治碱标准？其与治涝标准有何联系？

13. 灌水方法有哪几种？各有何优缺点，各在何种条件下适用？

14. 如何计算灌溉工程的效益？如何确定灌溉效益的分摊系数？试评述式(7-10)、式(7-11)、式(7-12)、式(7-14)，各在何种条件下适用？存在什么问题？

15. 试对某灌溉工程进行财务评价。已知按现行价格计算，水库总投资为2.0亿元，年运行费(经营成本)400万元；水库下游的灌溉工程的投资为8 500万元，年运行费(经营成本)180万元。该工程的财务收益为灌溉水费收入，冬小麦灌溉水费150元/hm^2，棉花180元/hm^2，玉米75元/hm^2，设基准收益率 $i_c=6\%$，问财务净现值 $FNPV=?$，财务内部收益率 $FIRR=?$

16. 试求上一题中灌溉工程的固定资产、折旧费、年运行费、折合单位灌溉面积的投资与成本费。试对上一题中灌溉工程的国民经济评价及财务评价结果进行讨论。

第八章　水利工程经济风险分析

第一节　概　　述

一、风险与不确定性

风险一般指事件发生的后果与预期后果有某种程度背离的概率,并且这种背离可能带来损失。由于自然界和人类的社会活动中存在着大量不确定性因素,包括客观存在的不确定性与由于人们认识水平的局限所引起的不确定性,使人们不能准确地预测未来事件发生的状况和后果,从而产生了实际发生的后果与人们预期后果的背离。

风险是由不确定性因素产生的。造成风险的原因来自两个方面:一是由于客观事物本身具有随机性、不确定性;二是由于人们对客观事物所存在风险的信息掌握不够,从而导致认识与客观实际存在偏差。风险是一种客观存在,它普遍存在于我们的生产、生活中,人们无法消除,只能通过一定措施减少其发生的机会及其所造成的影响。

对项目经济评价而言,风险是指预期结果中出现不利因素所造成的后果。自然条件、经济状态等随机因素的不可预见(即存在不确定性)是产生风险的原因,所以风险与不确定性密切相关。美国水资源委员会曾对风险和不确定性作过区分,即风险指各种可能的后果可以用已知的(或能用专家们一致估计的)概率分布去描述;而不确定性指多种可能的后果不能用已知的或专家们一致估计的概率分布去描述,即各种后果出现的概率未知且不能由专家们一致估定。在实际工作中,通常对这两者并不严加区分,有时甚至将两者交替使用。

二、风险的分类

人们对风险事件的分析总是有一定的目的。根据不同的角度,用不同的标准和方法,可以把风险分为不同的类型。

按风险发生的形态来划分,风险可以分为静态风险和动态风险两类,这是风险分类中最重要的一种分类。静态风险主要是指自然灾害和意外事故带来的风险,它是由自然界的不确定性和人们对自然规律认识的局限性造成的,如洪灾风险、地震灾害风险等。静态风险可能造成的后果主要是给人们带来损失,各种自然灾害或事故只会给人们造成损失,而不可能带来意外的收益,因此静态风险也称为纯风险。动态风险则主要是人们在改造客观世界过程中,由于人们自身的行为和社会经济系统中各种不确定性所造成的。动态风险是随社会、经济、政治等各种复杂的不确定性因素的变化而变化的。这种风险可能引起的后果是双重的,它既可能给风险的承担者带来损失,也可能带来额外的收益。

在水利事业中既有静态风险问题，也有动态风险问题。例如，洪水灾害在一般情况下属于静态风险，因为只能带来损失而不会引起额外收益。但是蓄滞洪区土地资源的合理开发利用问题就是一种动态风险问题，在多数年份因不发生大洪水，蓄滞洪区中土地利用可以取得收益，而在少数大洪水年份，它既有获得收益的机会，又有遭受损失的机会，故此时应作为一种动态风险问题来研究。在水利事业中这种动态风险也是很多的。

风险渗透在社会生活各个领域之中，不同的行业、不同的部门对风险有不同的分类方法。如保险业，按风险产生的原因和涉及的对象把风险分成财产风险、人身风险和责任风险。一般说来，根据风险的起因可以把风险分为自然风险、社会风险、经济风险和政治风险等类。自然风险指由于物理和实质危害因素所造成财产毁损的风险，如水、火灾害等；社会风险指由于人们行动反常或不可预料的行动，如爆发战争等所造成的风险；经济风险指在产销过程中由于各项有关因素的变动或估计错误导致费用增加或收益减少的风险；政治风险指由于政权更替、种族矛盾、宗教冲突、叛乱和战争等引起的风险。风险分类还有许多方法，例如按风险性质可分为纯粹风险和投机风险；按风险发生的原因可分为主观风险和客观风险等。

在我国的建设项目经济评价中，主要是考虑经济风险，其内容主要包括：

(1)投资风险指由于工程技术因素（如工程地质条件、水文条件、设备制造、施工技术等的变化影响工期和工程量）、经济因素（材料价格、外汇汇率等的变化影响工程的价格）和社会因素（如资金供应、资金管理和其他社会因素对资金的影响）的不确定性而可能产生的投资风险。

(2)效益风险指由于水文条件、设备质量、市场需要和工程建设工期等因素的不确定性导致水利产品数量和水利产品价格的变化而可能产生的效益风险。

(3)综合经济风险。无论何种不确定性因素产生的影响最终总是以对工程经济效果指标的影响而体现出来的，因此，对水利工程经济风险分析的核心，是分析全部风险因素（变量）因发生可能变化时对工程综合经济效果指标的影响程度。

三、风险分析

风险分析的目的是为了避免或减少损失，找出工程方案中的风险因素，对它们的性质、影响和后果作出分析，对方案进行改进，制定出减轻风险影响的措施或在不同方案间作出选优。

风险分析是使用有关的概率论方法，预测各种风险因素对项目评价指标影响的一种定量分析方法。风险分析的一般程序是风险识别、风险估计、风险评价、风险处理和风险决策的循环过程，见图 8-1 所示。

在一个水利工程项目的经济评价中，通常都会遇到多个风险变量，每个风险变量又有许多可能取值，而每个可能值及其发生的概率各不相同。当这些因素都反映到总体指标（如经济净现值）上时，就会得到大量的不同数值，应用数理统计方法或计算机模拟法对这些数值进行处理，就可以得到经济指标的概率分布，进一步估算出统计特征值，如期望值、标准差、偏态系数等。这些结果和参数将为决策者提供有价值的信息和依据。

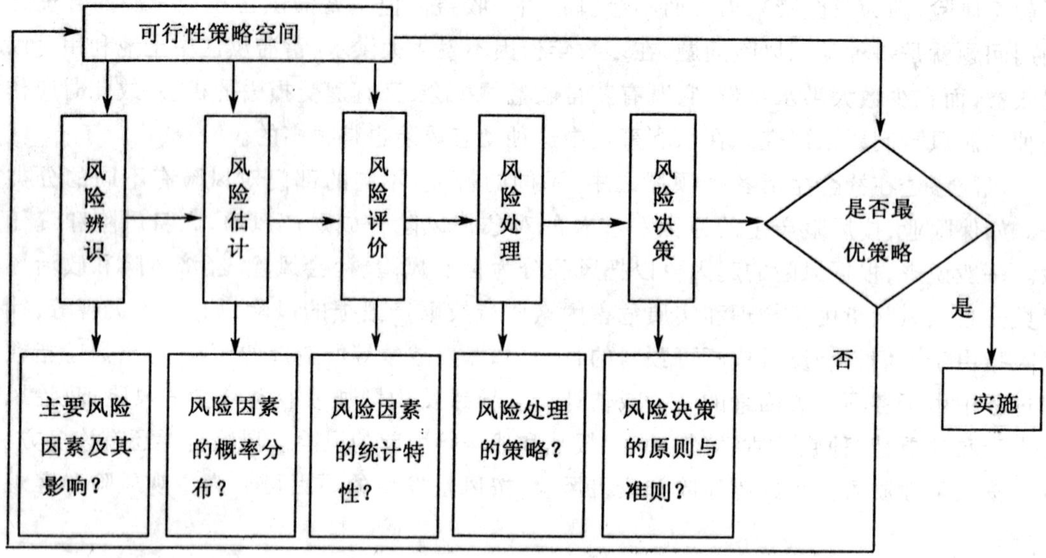

图 8-1　风险分析基本程序

第二节　风险辨识

一、风险辨识目的

风险辨识即风险识别，是风险分析的第一个阶段。这个阶段的主要任务有：

(1)对于所研究的系统和问题，有哪些风险应该考虑，特别要找出其中影响较大，需要着重研究的主要风险问题；

(2)找出引起这些风险的主要原因，即主要的风险因素是什么；

(3)分析可能引起什么后果，其严重程度如何。

风险辨识是风险分析中的一个重要阶段，对风险决策能否取得较好的效果有极为重要的影响。风险辨识的任务是要针对所研究的工程项目在某阶段所要研究的主要问题，找出在该问题中所存在的主要风险因素。不能遗漏掉主要的风险因素，但也要注意剔除那些与所研究的主要问题无关的因素及影响不大的次要因素，以免使问题复杂化。

由于水利工程项目在建设和管理过程中，纵向的每一个阶段，以及在每个阶段横向的各个方面，广泛地存在着由于不确定性所引起的各种风险因素。为保证项目风险分析成果的质量，就必须找出影响工程项目经济性能的风险因素。因而，对同一个系统，在不同阶段、不同问题的研究中，所要考虑的主要风险因素是不尽相同的。例如对于同一项水利工程，在施工建设阶段研究如何保证施工进度时，需要着重找出影响施工进度的风险因素；在工程建成后运行管理阶段，则要着重考虑影响工程安全和工程效益的主要风险因素。实质上，风险辨识就是对风险作定性的预测。

辨识工程项目风险因素目前一般采用“分解”的方法，即依据水利工程项目可分解的特点，将工程项目按类别和层次分解成若干个子项目，找出其中各自存在的风险因素，然后再进行综合，得出全部的风险因素。

辨识工程可能存在的风险因素是一项技术性很强的工作，它的准确程度既取决于风险分析人员的判断能力，同时也取决于工作经验的积累。当工程项目的风险因素一时难以确认时，为避免失误，则应当按工程各部分的功能、特征、特点采用“分层”的方式对项目进行分解。例如在辨识三峡水利枢纽工程项目建设费用的风险因素时，就是按工程各部分的作用和特征将其分为大坝、溢流坝、导流围堰、电站厂房、机电设备、工程运行管理等子项目的建设费用来进行考察。有些子项目(如大坝投资)还是太大，准确地辨识其风险因素仍有困难，可以再将大坝这一子项目的建设费用分为土石方开挖量、混凝土浇筑量、设备材料价格、劳动力价格等孙项目来进行考察。再例如，在分析计算防洪经济效益风险，辨识工程在减少洪灾损失方面的风险因素时，首先是按农业的组成将其分为农、林、牧、副、渔及公私财产等子项目来进行考察，由于这些子项目仍太大，因而在此基础上，又对其进行了细分，如对林业这一子项目，就将其分解为用材林、果木林、经济林等孙项目。

总之，风险辨识就是要用分解的方法，将项目分成比较简单的、容易被认识的基本单元，以便工程技术人员从中找出其可能存在的风险因素。

关于风险辨识的理论和方法还很不成熟，主要以专家组的经验判断为依据进行预测。下面介绍常用的风险识别方法。

二、常用的风险辨识方法

常用的风险辨识方法有：专家调查法(包括智暴法、德尔菲法、主观概率法、交叉影响矩阵法)、幕景分析法和层次分解法(也称风险树法)。

1.专家调查法

由于辨识阶段的主要任务是找出各种潜在的不确定性影响，并对其后果作出定性而非定量的估计，又由于有些不确定性很难在短时间用统计的手段、实验分析的方法或因果关系论证得到证实，主要是依靠实际的经验和推断的方法，为了克服个别分析者的局限性，采用集中一些有专门经验的专家意见的集中调查法，这在风险识别阶段是很有用的。专家调查法的方法很多，并没有固定的模式，应用时可以根据实际情况灵活地采用或根据需要创造新的方法。下面简要地介绍几种专家调查方法：

(1)Brainstorming 法

直译为“头脑风暴法”，又称“智暴法”。这是一种通过召开专家讨论会，促进产生新思想的方法。这种方法的特点是采用召开小型的专家讨论会的形式，参加会议的要有熟悉本问题的不同专业领域的专家，人数不要太多。用这种方法进行某项事业的风险识别时，要鼓励发表新思想和新意见，要求与会者充分听取别人的意见，通过互相启发，互相切磋可能产生出新的思想。其优点在于集中的信息量较大，考虑问题比较方便全面。但也有容易屈服于专家及大多数人的意见、会议组织难等缺点。

(2)特尔菲法(Delphi Method)

特尔菲法是美国兰德公司的O.赫尔默和N.达尔基首先提出并采用的。特尔菲法是集中许多人的聪明智慧进行预测的一种方法。和智暴法不同，特尔菲法是采用书面调查的方式，反复征询专家意见。特尔菲的特点是通过匿名信的方式向有关专家进行调查，通过有控制的反复多次的反馈形式来收集预测所需要的信息资料。被调查的专家之间互不影响，避免了对权威人士的随声附和和对多数意见的随大流现象，使每一个被调查的专家可以充分地发表和修正自己的观点。一般要求，当收集到的专家意见大体一致时即可停止调查，再对所得的资料进行整理，作出最后的预测。

特尔菲法要求被调查的专家必须是掌握本专业知识并有丰富的工作经验，有较好的分析和预测能力，可对所调查的问题给予回答的内行。但是运用特尔菲法进行经济风险识别时也存在不足之处：①受主观因素的影响较大（主持人的主观因素、选定专家时的主观影响、整理汇总专家意见的成员的主观影响等等）；②这种方法实质上还是集中多数人的意见，而这种意见正确与否无从证明。在实际应用此方法时，可以结合具体情况有所创新和发展。

(3) 交叉影响分析法

交叉影响分析法正是对特尔菲法的改进，扩大了特尔菲法的可能性，增加了特尔菲法的利用效率和范围，它用概率的形式说明一事件发生对与这个事件相关的其他事件发生可能性的影响以及影响程度。这种方法首先是由格登（T. J. Gorden）和汉瓦德（H. Hayward）于1968年提出的。此法用矩阵表示一系列事件交叉影响的关系，故又称交叉影响矩阵法，矩阵中的数据可以用主观方法获得。采用此法可获得更为精确的辨识结果。

(4) 主观概率法

主观概率法是指专家人员对风险因素在未来发生的可能性作出的主观概率判断。许多随机现象，特别是具有随机性质的经济现象，其可能出现的结果很多，此时可以用概率分布函数描述其随机变化规律。因而可通过对专家所作的风险主观概率建立概率分布函数进行风险辨识。建立分布函数常用方法是区间分离法（Interval Splitting Method）。该法要求被调查者根据自己的主观判断确定辨识出的随机变量的最低、最高值，以及各不同分位点的值，由此描绘出随机变量的概率分布。

2. 幕景分析法

幕景分析法是一种能够辨识出可能引起风险的关键因素及其影响程度的方法。所谓幕景就是描述未来风险事件的一个场景，它将分析结果以图表或曲线等简明易懂的形式表示出来，用以向决策人员提供未来某种效益最好的、最可能发生的和最坏的前景，并可详细给出这三种情况下可能发生的事件和风险，供决策和分析时考虑。它研究的重点是诸多因素中某一因素变化时，整个情况所发生的变化以及会有什么风险发生。这种方法能够扩展风险分析人员的视野，增强其精确分析未来的能力。不确定性分析中的敏感性分析就典型地运用了幕景分析法的基本思想。

但这种方法也有很大的局限性，即所谓"隧道眼光"（Tunnel Vision）现象，因为所有的幕景分析都是围绕着分析者目前的考虑、价值观和信息水平进行的，因此所得到的结论就可能产生偏差。实际运用中可结合其他方法，以提高风险辨识的准确度和可靠性。

3. 层次分解法（即风险树法）

层次分解的方法是人们在研究复杂事物时常用的一般性的方法。这种方法的主要特点就是把复杂的事物，按一定的分解原则，分层次地逐步分解为若干个比较简单，容易分析和认识的事物，以便于对这些较简单的事物进一步作具体、深入地研究。在复杂的系统中，由于不确定性的广泛存在而引起的风险因素很多，研究中不能把所有的风险因素杂乱无章地罗列在一起，使分析工作无法进行。而利用层次分解法可以使风险识别工作有条不紊地分层次逐步深入下去，分析各种风险因素之间的因果关系，并便于风险识别各个层次的主要风险因素。

层次分解法是对复杂大系统的研究中常用的方法，利用这种方法进行风险识别时要经历一个由简到繁，再由繁到简的过程。在开始的由简到繁的过程，为了不遗漏重要的风险因素，需要从多方面考虑各种可能引起风险的因素，并进行比较深入细致地分解。在此基础上结合所研究的实际问题的特点，对已列举的各种风险因素作认真的分析和筛选，找出影响较大，需要深入研究的主要的风险因素。

层次分解法可以用直观的图形的形式，即"树"的形式来表示。树是系统分析中常用的一种简单、直观的方法。它把所研究的系统作为树的主干，把第一个层次分解的各个子问题作为主干上的第一层分枝，第二层子问题则是由第一层分枝上分出的第二层分枝，这样逐层分枝下去，如图 8-2 所示，就象树的生长形态一样，故这类分层次的图形分解法统称为"树"。把研究风险分析时所用的树称为"风险树"。

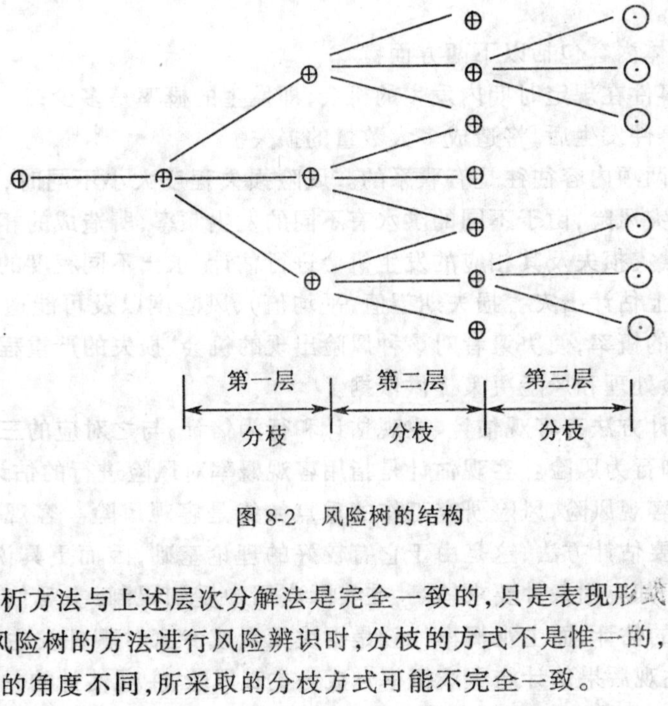

图 8-2　风险树的结构

风险树的分析方法与上述层次分解法是完全一致的，只是表现形式不同而已。需要说明的是，在采用风险树的方法进行风险辨识时，分枝的方式不是惟一的，不同的分析者由于经验和考虑问题的角度不同，所采取的分枝方式可能不完全一致。

水利工程项目的风险因素很多，要逐一对这些风险因素进行量化，计算工作量就会很大，有时还有可能因数据太多而使计算无法进行。事实上，也没有这种必要。因为工程中存在的各种风险因素对工程经济效果的影响程度是不同的，有的影响很大，有的影响甚微，有的甚至在计算期内根本不出现。因此，在获得了影响工程经济指标的全部风险因素后，通常进行分级处理，以减少计算量。所谓风险因素分级就是将项目可能存在的风险因素按其对工程经济效果的影响程度和可能发生的机率来进行分类，其目的是为了简化计算。目前一般是将工程的风险因素分成高、中、低三个等级，即将对工程经济效益影响较大，出现机率较多的因素定为高级，次之的定为中级，再次之的定为低级。对于高级的风险因素，一般需逐一加以分析和量化；对于中级的风险因素则视具体情况而定，有的可能需要加以数量化，有的则不需要;对于低级的风险因素,可不进行具体的分析和计算。

第三节　风险估计

通过第一阶段的风险辨识,找出了所研究项目的经济评价中存在的风险类型及其产生的原因以后,第二阶段,即风险估计的任务就是要用定量的方法确定这些风险发生的机会有多大以及会产生多大的风险后果。

一、风险估计的内容

风险估计就是对风险进行量化分析和描述,求出各主要风险因素对水利工程项目可能产生的有利或不利的影响。对于某种风险,必须先弄清楚该种风险产生的影响程度及相应发生的概率后,才能据此进一步研究,选择正确处理这类风险的方法。对于影响小,出现机会少的风险有时可以忽略。但是,对于影响后果严重或出现概率大的风险,则必须认真研究处理的方法和对策。

风险估计的具体内容包括以下两方面:

(1)估计风险事件在规定时期内发生的机会,即发生的概率是多少;

(2)研究风险事件发生后,将造成多大数量的损失。

风险估计的这两项内容往往是有联系的。风险损失程度大小不同时,其相应发生的机会也不同。例如洪灾风险,由于不同的洪水有不同的发生频率,所造成的相应洪灾损失值也不同,故应对不同洪灾损失及其相应的发生机会进行估计,求出不同程度的洪灾损失的概率分布。并在此基础上估计出灾害损失期望值(平均值)、风险度以及可能遭遇的各种特大灾害的损失值和对应的概率,使决策者对该种风险出现的机会、损失的严重程度等有比较清晰的定量了解,为风险处理和风险决策提供依据。

常用的风险估计方法有客观估计、主观估计和行为估计;与之对应的三种风险分别是客观风险、主观风险和行为风险。客观估计是指用客观概率对风险进行的估计,客观概率与客观后果估计合成为客观风险,风险研究工作的重点始终是客观风险。客观估计在任何时候都是我们采用的主要估计方法,这是由于它有较好的理论基础,因而更具说服力,易于被人们所接受,当然由于其应用条件要求较高,在实际应用中受到限制;主观估计是以主观概率为基础对风险作出的估计,而主观概率一般是由决策者或专家对事件发生的概率作出的一种主观上的判断,主观后果估计与主观概率合成为主观风险,主观估计的一种极端情况是直觉判断,它实质上是运用了专家们长期积累的经验。

主观估计缺乏严格的数学理论基础,应用时会出现误差,有时甚至会出现一些严重背离实际的现象。人们意识到事件发生概率及其后果的主观估计与客观估计实际上是两种极端情况,由此,将这两种估计尽可能地揉合到一起,提出了行为风险估计(也称合成风险估计),以尽量减少主观估计中“人为”不确定性的影响,增加估计中的客观性,包含了合成估计或行为估计的风险称为行为风险。行为后果估计就是在考虑客观或主观估计的同时要对当事人的行为进行研究和观测,反过来对主观估计或客观估计作出修正。实际上行为风险估计是对主观估计(多专家)和客观估计所获得信息进行不断综合反馈、协调的动态过程。行为估计不仅克服了客观估计中常见的信息量不足的困难,同时减少了纯主观估计中“人为”因素的影响。

对于风险因素进行概率估计的方法通常有两种，一种是根据大量试验资料，用统计的方法计算得出的概率，其数值是客观存在的，且不以人的意志为转移，这种概率称为客观概率；另一种是人们凭自己的经验主观确定的概率分布，因为在实际的风险分析中，不仅所遇到的事件常常不可能做试验，而且有很多事件又发生于将来，不可能做出准确的分析，因而也就很难计算出其客观概率，但由于决策的需要，又必须对事件出现的可能性做出估计，于是便由有关专家对事件的概率做出一个主观估计，这就是主观概率；考虑到主观概率是人们凭借自己的经验而确定的，带有一定的主观性，为了避免判断失误和发生偏差，其概率分布一般总是由多个有经验的专家集体讨论决定。

二、几种常用的分布形式

水利工程项目经济风险分析涉及到大量的不确定性因素。这些不确定性因素中有的可以用客观概率加以描述，如径流系列的随机特性；有的则无法用客观估计方法研究，如工期的不确定性、工程费用的变动等。因此，可适当采用行为估计的方法对一些风险变量的随机变化规律加以研究。常用的概率描述有两种形式，一种是离散分布形式，另一种是连续分布形式。由于在行为估计中用离散分布很难确定其事件发生状态的概率大小，因此，人们提出行为估计的连续分布描述形式。这一方法的思路是：运用专家估计法（或敏感性分析）给出随机变量的三个估计值，即最大值 b、最小值 a 和最可能值 m，然后选用某种理论连续分布对风险变量进行拟合。

下面介绍在水利工程经济风险估计中常用到的正态分布、三角分布、威布尔分布、P—Ⅲ型分布和贝塔分布。

1.正态分布

许多统计问题的变量都服从正态分布，加上其计算方便，实际应用较为广泛。正态分布是一对称钟形分布，大约有 68% 的值落在均值正负一个标准差之间，94% 的值落在均值正负两个标准差之间，99.7% 的值落在均值正负三个标准差之间。其概率密度函数为：

$$f(x,\sigma,u)=\frac{1}{\sigma\sqrt{2\pi}}\exp\left(-\frac{(x-u)^2}{2\sigma^2}\right)\qquad a\leqslant x\leqslant b \tag{8-1}$$

严格讲，x 的定义域为$(-\infty,+\infty)$，但对一些实际问题，变量 x 往往都有一定变化范围（如$[a,b]$）。设通过行为估计得到 a,b,m 三个估计值，则数字特征为：

$$u=m \tag{8-2}$$

$$\sigma=\frac{b-a}{6} \tag{8-3}$$

式中：m 为风险变量随机样本的最可能值；a,b 分别为风险变量的最小值和最大值；u,σ 分别为风险变量的均值和标准差。

2.三角分布

主观概率分布推求目前最为常用的方法是“三角分布”法。三角分布是一种简单的分布形式；它适合于数据缺乏，但能得到变量的最高、最低和最可能值时使用。因而也是风险分析中常用的一种分布形式，尤其当变量的分布形式相当集中，分析者可以估计变量范围的极值，而极值的概率又很低时，这种分布更能确切地反映变量的分布。

该法的一个突出优点是：对所论风险变量只需专家们提供最小值、最可能值和最大值三个数值，无需他们直接给出具体的概率，因此可减少专家们的计算工作量。“三角分布”的最小值是某一绝对低的值，低于该值的其他任何数值均不能存在，即最小值的概率是零；如果某一专家认为他预期的最小值会发生，那就应该请他挑选一个更低的最小值；最可能值是专家们认为最有可能发生的数值，它是分布的高频值(众值)，而不是均值；最大值是绝对的高限值，也就是不再存在任何大于它的数值，因而同样地最大值本身的概率也为零，如果某位专家认为他期望的最大值是某一可能发生的值，那就应要求他把值定得更高一些。若假定风险变量 x 的最小值、最可能值、最大值分别为 a、b、c，那么 a、b、c 三个数值就可以构成一个“三角分布”(如图 8-3)，其概率密度函数形式为：

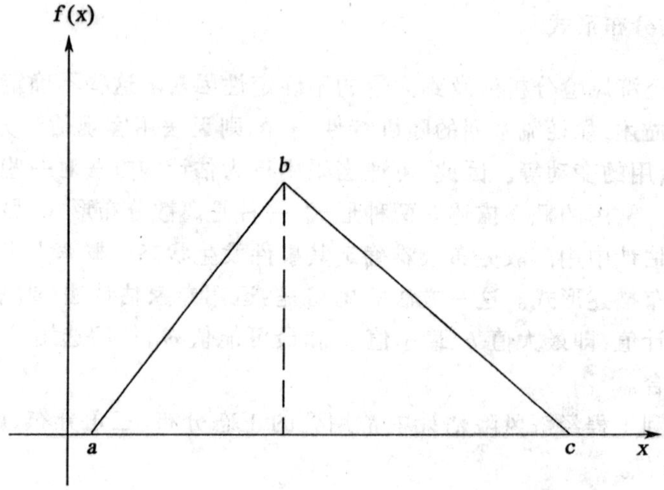

图 8-3 三角分布图

$$f(x)=\begin{cases}\dfrac{2(x-a)}{(b-a)(c-a)} & a\leqslant x\leqslant b\\ \dfrac{2(c-x)}{(c-a)(c-b)} & b\leqslant x\leqslant c\\ 0 & x<a \text{ 或 } x>c\end{cases} \tag{8-4}$$

对应于 x 值($a\leqslant x\leqslant c$)，各点的累计概率为：

$$CF=\begin{cases}\dfrac{(x-a)^2}{(b-a)(c-a)} & a\leqslant x\leqslant b\\ \dfrac{b-a}{c-a}+\dfrac{(c-b)^2-(c-x)^2}{(c-b)(c-a)} & b\leqslant x\leqslant c\end{cases} \tag{8-5}$$

其数字特为：

$$u=\frac{a+4m+b}{6} \tag{8-6}$$

$$\sigma=\frac{b-a}{4} \tag{8-7}$$

现以煤价风险变量的数量化来说明“三角分布”法的具体应用。煤价是计算水利工程发电效益的一项重要参数，它的大小直接影响工程的经济效果。为此邀请了 5 位熟悉这方面情况的专家对这一风险因素进行了评估,表 8-1 是他们的评议结果。依据表 8-1 的评议结果(取其均值),运用(8-5)式即可计算出煤价这一风险因素的概率分布(如图 8-4)。据此,即可换算出煤价这一风险变量发生变化时对工程发电效益的影响及其概率分布。

表 8-1 煤价不确定性风险评价结果表 单位:元/吨

专家代号	最小值	最可能值	最大值
A	70	130	240
B	100	150	400
C	80	125	300
D	85	120	280
E	90	130	300
算术均值	85	131	304

注:表中数值是指华东、华中地区的标煤价格,对应于 1990 年价格水平。

3. 威布尔分布

威布尔分布在工程中的应用较广泛,有学者在研究防洪工程的益本比及净效益的概率分布时曾采用过这种分布形式。其密度函数形式为:

$$f(x)=\begin{cases}\dfrac{\beta}{\eta-a}\left(\dfrac{x-a}{\eta-a}\right)^{\beta-1}\exp\left[-\left(\dfrac{x-a}{\eta-a}\right)^{\beta}\right] & a\leqslant x\leqslant b\\ 0 & \text{其他}\end{cases} \tag{8-8}$$

其中 β,η 是参数,下面推导 β,η 的近似计算式。对威布尔分布有:

$$X_{\text{中位数}}=(\eta-a)(\ln 2)^{1/\beta} \tag{8-9}$$

$$X_{\xi}=(\eta-a)\left(\ln\frac{1}{1-\xi}\right)^{1/\beta} \tag{8-10}$$

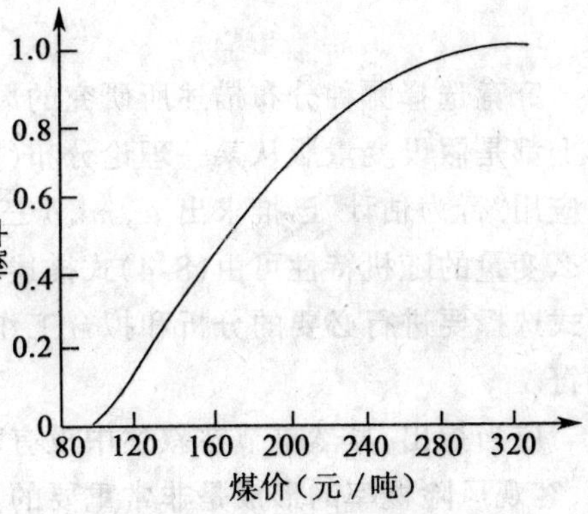

图 8-4 煤价概率分布图

其中:u,σ^2 为均值和方差;X_{ξ} 为对应于分位数 ξ 的 x 值;$\Gamma(\cdot)$ 为伽马函数,$\Gamma(k)=\int_0^{\infty}s^{k-1}e^{-s}ds$;若取 $X_{\text{中位数}}=(1\pm\lambda)m$,最大值 b 对应于某一分位数 ξ。

4. P—Ⅲ型分布

径流分析中常用的 P—Ⅲ型分布具有如下的概率密度数:

$$f(x)=\frac{\beta^{\alpha}}{\Gamma(\alpha)}(x-b)^{\alpha-1}e^{-\beta(x-b)}\quad(b\leqslant x<\infty) \tag{8-11}$$

式中:$\alpha,\beta>0$;$\Gamma(\alpha)$为 Γ 函数,已有专门计算表可查;e 为自然对数的底;b 为皮尔逊Ⅲ型曲线零点与系列零点的距离;参数 α,β,b 可以用基本参数期望值 $E(x)$、偏差系数 C_v、偏态系数 C_s 表示如下:

$$\alpha=\frac{4}{C_s^2},\quad \beta=\frac{2}{E(x)C_vC_s},\quad b=E(x)\left(1-\frac{2C_v}{C_s}\right) \tag{8-12}$$

5. 贝塔分布

贝塔分布的两端边界有限,且形状可灵活多变,它的密度函数形式为:

$$f(x)=\begin{cases}\dfrac{1}{B(q,r)}\ \dfrac{(x-a)^{q-1}(b-x)^{r-1}}{(b-a)^{q+r-1}} & a\leqslant x\leqslant b\\ 0 & 其他\end{cases} \tag{8-13}$$

式中:$B(q,r)$为贝塔函数,q、r 为参数;即:$B(q,r)=\int_0^1 t^{q-1}(1-t)^{r-1}\mathrm{d}t$

其中:$t=\dfrac{x-a}{b-a}$

贝塔分布的数字特征为:

$$u=a+\frac{q}{q+r}(b-a) \tag{8-14}$$

$$\sigma^2=\frac{qr}{(q+r)^2(q+r+1)}(b-a)^2 \tag{8-15}$$

最可能值 m 为:

$$m=a+\frac{1-q}{2-q-r}(b-a) \tag{8-16}$$

究竟选择哪种分布描述所研究的风险变量才比较合理,迄今为止,还难以定论。人们基本上都是假设变量服从某一理论分布(如正态分布、三角分布等),然后再进行风险分析。如果应用"行为估计"已推求出 a,m,b 三个估计值,并有充分的理由选定变量服从三角分布,那么变量的随机特性可由(8-4)式描述。若没有任何依据来确定变量的分布,则变量的分布形式选择要进行必要的分析和拟合工作,使所选的分布形式能尽可能地与变量的实际分布相符。

应当指出,虽然本节在叙述中没有对客观风险概率的形成作详尽的介绍,但在实际应用中,客观风险概率的形成是非常重要的。对于任一风险变量(因素),为了使分析出的概率分布准确可靠,只要条件允许,就应尽可能地采用客观概率。只有在客观概率无法求出时,才考虑采用主观概率。

三、常用的风险估计方法

1. 风险树估计方法

风险树以分层分枝形式表示,将所研究的风险事件作为"树"干,称为顶事件,再找出导致这一事件发生的主要风险因素(称为中间事件),这样逐层向下分枝,直至找到引起顶事件的最下层的风险因素(称为底事件),顶事件、中间事件和底事件之间的逻辑关系图即构成风险树。具体分析时我们从基本事件的风险概率分布出发,运用风险树进行定性、定量分析,逐步求出底事件以至顶事件的风险概率分布,由此作出整个系统的定量风险分析。

2. 一次二阶矩法(也称风险度法)

一次二阶矩法(FOSM)仅用均值 u(一阶矩)和方差 σ(二阶矩)来描述所有基本变量的统计特征,当功能函数为非线性时,则设法对其进行线性处理。一次二阶矩法包含有中心点法、验算点法和 JC 法。其基本思路是：求得变量的均值 u（一阶矩）和方差 σ（二阶矩）后，令 β 为可靠性指标，β 的计算式为：$\beta=\dfrac{u}{\sigma}$

3. 风险率近似方法

风险率在水利工程评价中被定义为：在工程的整个运行期间求得某一决策指标小于（当决策目标极大化）或大于（当决策目标极小化）某一规定指标的可能性或概率。它分两种方法：一个是主观概率分析法，这是在缺乏资料的情况下，通过组织有关专家，对各种风险验算取值的概率作出分析，并通过若干因素之间不同取值情况的组合分析，对整体决策指标作出定量估计的一种方法；另一个是单一变量概率分析法，例如，假定某一指标服从某种分布，并已知其最大、最小和可能值三个估计值，就可通过三个估计值对其统计参数进行估计，然后对密度函数进行定积分，计算出风险率指标。

4. 外推法

这是一种合成风险估计方法，可分为前推法、后推法和旁推法。前推法是根据历史的经验和数据推断出未来事件发生的概率和后果；后推法应用于当没有直接的历史经验数据时，此时把未知的想象的事件及后果与某一已知的事件及其后果联系起来，也就是把未来风险事件归算到有数据可查的造成这一风险事件的一些起始事件上，在时间序列上由前向后推算；旁推法是利用其他类似地区或状态的数据对本地区或状态的风险事件进行外推。

5. 分析技术法与数理统计法

分析技术法是一种将输入变量的不确定性估计转化为投资效果评价标准（或指标）概率分布的精确的数学分析方法。由于这种方法是一种解析计算方法，因而只能使用于比较简单的方案，且风险变量（因素）不能太多（2～3 个），风险因素也能较容易确定，如勘探方案、设备更新方案等。数理统计分析法是依据水利工程经济效益具有随机性的特点直接应用数理统计理论进行分析计算的一种简单风险分析方法。同分析技术法一样，该法也只能适用于比较简单的方案。

6. 蒙特卡罗模拟方法

由于水利工程项目一般来说投资都比较大、建设周期长，其风险也相应较大。要估计出多个随机因素对整个项目的影响，无论采用上述的哪种方法都是难以实现的。在对整个工程项目的经济风险因素的概率估计中，蒙特卡罗模拟方法得到了广泛的应用。蒙特卡罗模拟方法可以看成是对实际可能发生情况的模拟或试验，由于该法的应用和随机数密切相关，因此，先简单介绍该随机数的性质和产生的方法。

(1)随机数的产生

一个随机数序列，$R_1,R_2,\cdots$，必须具有两个重要性质：均匀性和独立性。也就是说，在其定义域内，它在任意一点上出现的概率密度是相等的且相互独立，序列呈均匀分布。

从理论上讲，利用一种具有均匀分布的随机数，可以通过函数变换、组合、舍取技巧或近似等方法，产生其他任意分布的随机数。由于[0,1]区间上均匀分布的随机数是一种最简单、最易产生的随机数，因此，在计算机上产生其他任何分布的随机数时，几乎都是先产生[0,1]区间上均匀分布的随机数，然后再转换为所需要的分布形式。[0,1]区间上均匀分布随机数的密度函数与分布函数如下：

$$\text{密度函数 } f(x)=\begin{cases}1 & 0<x<1\\ 0 & \text{其他值}\end{cases} \tag{8-17}$$

$$
分布函数\ F(x)=\begin{cases}0 & x<0\\ x & 0\leqslant x<1\\ 1 & \geqslant 1\end{cases} \tag{8-18}
$$

匀随机数的产生方法一般有：随机数表法、在计算机上附加一硬设备产生随机数法、利用数学公式产生均匀随机数等方法。由于利用数学公式产生均匀随机数，既方便、迅速，又有利于计算机工作，因而被广为采用。用数学公式产生的随机数，人们称之为伪随机数。

产生伪随机数的方法很多，如平方取中法、倍积取中法、同余数法，目前最为广泛应用的是线性同余数法。线性同余数法最初由 Lehmer(1951 年)提出，根据下面的递归关系式产生 0 到 $m-l$ 之间整数序列 $X_1, X_2, \cdots$，

$$
X_{i+i}=(aX_i+c)\bmod m,\quad i=0,1,2,\cdots \tag{8-19}
$$

初始值 X_0 称为种子，a 为常数乘数，c 是增量，m 是模。a，c，m 及 X_0 的选择对随机数的统计性质和周期长度都有明显影响。在用计算机产生随机数时，无论式(8-19)中参数怎样改变，其算法都一样。已经有标准的应用软件，实用中直接调用即可。

(2)蒙特卡罗随机模拟模型

蒙特卡罗随机模拟法是通过对随机变量的统计试验、随机模拟，来求解数学、物理、工程技术问题近似解的数值方法，也称随机模拟法，通常需要建立模型求解。假定变量 $y=f(x)$，其 x 为服从某一概率分布的随机变量。在实际问题中 $f(x)$往往是未知的或者是一个非常复杂的函数式，用解析法不能求得有关 y 的概率分布(包括分布律及其统计参数，如期望值、方差等)。所谓蒙特卡罗方法就是通过直接或间接抽样求出每一随机自变量 x，然后确定函数值 y。这样反复地独立模拟计算多次，便可得到函数 y 的一批抽样数据 y_1，$y_2, \cdots, y_N$。当独立模拟次数相当多时，即可由此来确定函数 y 的概率特征。并可用样本值

$$
y=\frac{1}{N}\sum_{i=1}^{N} y_i \tag{8-20}
$$

近似作为函数 y 的期望值。样本标准差

$$
S_y^2=\frac{1}{N}\sum_{i=1}^{N}(y_i-y)^2 \tag{8-21}
$$

作为精度的统计估计。式中：N——模拟计算次数，即 y 的子样数；y_i——试验所得的函数 y 的第 i 个子样 $i=1,2,\cdots,N$。

下面用一个例子来说明该法的具体应用。

【例 8－1】 某地区拟修建一座大型水利枢纽工程。经计算，该工程在社会折现率为 10% 的条件下，计算期内的经济净现值为 78.21 亿元(其他与之有关的数值列于表 8-2)。要求结合工程的特点，用蒙特卡罗随机模拟法对该项目的风险程度进行分析。

依据《项目经济评价方法》，工程项目的经济净现值($ENPV$)可由下式求得：

$$
ENPV=\sum_{i=1}^{N}(CI_i-CO_i)(1+i_s)^{-i} \tag{8-22}
$$

式中：CI_i——第 i 年的现金流入量；CO_i——第 i 年的现金流出量；i_s——社会折现率。

表 8-2 某水利枢纽工程有关指标

项　　目	折现现值(亿元)
工程建设投资	111.09
工程移民费用	40.46
工程运管费用	12.7
工程发电效益	179.13
工程防洪效益	54.57
工程航运效益	8.76
经济净现值	78.21

显然当社会折现率一定时,经济净现值仅是现金流入量 CI 和现金流出量 CO 的函数;但根据该工程的特点分析又知,CI 和 CO 分别是工程发电效益、防洪效益、航运效益和工程建设投资、移民费用、工程运行管理费用的函数,并受工期的影响。于是式(8-22)可改写为:

$$ENPV = a\left\{\sum\left[(b_1 + b_2 + b_3) - (p_1 + p_2 + p_3)\right](1 + i_s)^{-i}\right\} \tag{8-23}$$

或

$$ENPV = a\left[(B_1 + B_2 + B_3) - (P_1 + P_2 + P_3)\right] \tag{8-24}$$

式中:a 为工期对 $ENPV$ 的影响因子;b_1,b_2,b_3 分别为工程在第 i 年的发电、防洪、航运效益;p_1,p_2,p_3 分别为工程在第 i 年的建设投资、移民费用和运行管理费用;B_1,B_2,B_3 分别为工程发电、防洪、航运的效益现值;P_1,P_2,P_3 分别为工程建设投资、移民费用、运行管理费用的现值。

式(8-24)即为依据工程特点所建立的数学模型。从该式可看出,影响工程经济净现值的主要因素有 7 个,在基本方案 $ENPV$ 的计算中,这 7 个影响因素(变量)是认为不变的,而实际上,由于客观事物的复杂性,这些因素在将来往往是变化不定的。为此,必须找出这些变量的变化范围及其相应的概率分布,以构成模拟模型。具体地说,就是要将式(8-24)中各变量 $a,B_1,B_2,B_3,P_1,P_2,P_3$ 视为随机自变量,并分析其变化范围,求出其相应的概率分布。

利用前面介绍的方法,通过分析计算得上述各变量的概率分布如表 8-3。

有了概率分布函数,就可进行随机模拟。进行蒙特卡罗模拟,就是将随机数与累积概率相比较,哪个落入区间,自变量就取哪个组标(即取与累积概率相对应的变量值)。随机数利用计算机调用产生伪随机数的程序获得。

在进行随机模拟之前,要确定好各自变量的次序。现假定各随机自变量的次序为 a,B_1,B_2,B_3,P_1,P_2,P_3。在进行模拟试验时,每次取 7 个随机数,依次对应于 a,B_1,B_2,B_3,P_1,P_2,P_3 的累积概率,然后将它们分别与表 8-2 中的累积概率相比较,落入哪个区间,自变量就相应取哪个组标。

利用蒙特卡罗方法进行随机模拟的方法虽然简单,但计算工作量很大、必须借助计算机来完成。图 8-5 给出了利用蒙特卡罗方法进行随机模拟的计算框图。手算作一次模拟试验的步骤如下:

①利用计算机程序或随机数表取 7 个随机数为 0.26,0.84,0.24,0.2,0.84,0.4,0.44;

表 8-3　随机变量概率分布表

	组　标	1.0	0.853	0.7	0.562				
a	概　率	0.372	0.536	0.082	0.01				
	累积概率	0.372	0.908	0.99	1.00				
	组　标	161.22	179.13	197.04	215.00	232.87	250.78	286.61	322.43
B_1	概　率	0.1	0.25	0.2	0.15	0.1	0.1	0.05	0.05
	累积概率	0.1	0.35	0.55	0.7	0.8	0.9	0.95	1.00
	组　标	16.371	48.02	60.79	78.7	121.58	166.17		
B_2	概　率	0.06	0.40	0.285	0.195	0.035	0.025		
	累积概率	0.06	0.46	0.745	0.94	0.975	1.00		
	组　标	6.04	6.66	7.18	7.53	7.88	8.32	8.76	
B_3	概　率	0.1	0.24	0.29	0.21	0.09	0.05	0.02	
	累积概率	0.1	0.34	0.63	0.84	0.93	0.98	1.00	
	组　标	106.75	108.98	110.09	111.97	122.2	133.31	144.42	
P_1	概　率	0.004	0.003	0.181	0.34	0.245	0.175	0.052	
	累积概率	0.004	0.007	0.188	0.528	0.766	0.948	1.00	
	组　标	40.46	42.00	44.5	48.55	50.58	52.6		
P_2	概　率	0.3	0.2	0.15	0.15	0.1	0.1		
	累积概率	0.3	0.5	0.65	0.8	0.9	1.00		
	组　标	12.7	13.08	13.33	13.59				
P_3	概　率	0.45	0.45	0.09	0.01				
	累积概率	0.45	0.9	0.99	1.00				

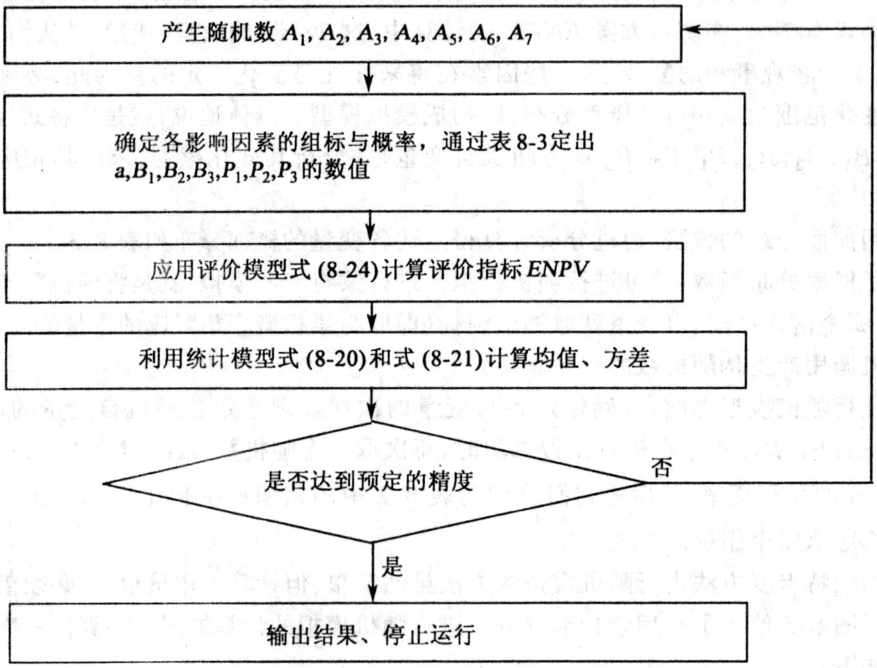

图 8-5　用蒙特卡罗方法进行随机模拟的计算框图

②将上述随机数依次与 $a,B_1,B_2,B_3,P_1,P_2,P_3$ 组中的累积概率比较，找出它们各自落入的区间、得出组标(各变量) $a,B_1,B_2,B_3,P_1,P_2,P_3$ 的数值。现以第 5 个随机数为例来说明这些数值的取得：第 5 个随机数 0.84 对应于 P_1，因而将随机数 0.84 与表 8-2 中 P_1 组的累积概率相比较，知其落在 0.766～0.948 区间内，对应的组标为 122.2～133.31 区间，用插值法求得其值为 $0.84/0.94\times133.31=111.98$；同理可得 $a=1.0,B_1=-233.15,B_2=24.97,B_3=6.30,P_1=111.98,P_2=41.23,P_3=12.70$。

③将上述 $a,B_1,B_2,B_3,P_1,P_2,P_3$ 的数值代入式(8-24)，便可得函数 $ENPV$(经济净现值)的第一个子样：

$$\begin{aligned}ENPV&=a[(B_1+B_2+B_3)-(P_1+P_2+P_3)]\\&=1.0\times[(233.15+24.97+6.30)-(111.98+41.23+12.7)]\\&=99.51(\text{亿元})\end{aligned}$$

类似地可进行第二次、第三次、……、第 N 次模拟计算，得出函数 $ENPV$ 的 N 个子样。当模拟计算的次数相当多时，由式(8-21)和式(8-22)，就可求出函数 $ENPV$ 的数学期望值与方差)。

从这 N 个子样中，找出函数 $ENPV$(经济净现值)小于零或等于零的子样个数，假设有 m 个，那么经验频率 $F=\dfrac{m}{(N+1)}$ 就是该项目的失败风险，也称为投资失败率。

本例模拟计算是借助电子计算机来完成的，模拟计算次数为 800，结果见表 8-4。由表 8-4，可绘出工程经济净现值($ENPV$)的样本分布曲线(概率曲线)，如图 8-6 所示。

表 8-4　某工程净现值($ENPV$)随机模拟结果　　单位:亿元

经济净现值区间	发生次数	区间均值	单个概率	累积概率
$ENPV\leqslant0$	5	−2.853	0.006	0.006
$0<ENPV\leqslant30$	30	21.282	0.038	0.044
$30<ENPV\leqslant60$	177	48.303	0.221	0.265
$60<ENPV\leqslant90$	255	75.265	0.319	0.584
$90<ENPV\leqslant120$	166	103.745	0.208	0.792
$120<ENPV\leqslant140$	67	128.781	0.084	0.876
$140<ENPV\leqslant160$	49	148.243	0.061	0.937
$160<ENPV\leqslant180$	16	172.574	0.02	0.957
$180<ENPV\leqslant200$	14	190.810	0.018	0.975
$200<ENPV\leqslant220$	13	208.602	0.016	0.991
$220<ENPV\leqslant240$	3	228.164	0.004	0.995
$240<ENPV\leqslant260$	4	247.748	0.005	1.000
$260<ENPV\leqslant280$	1	279.257	0.001	1.000
$280<ENPV\leqslant300$	0	0	0	
$ENPV>300$	0	0	0	
数学期望值	89.556			

由表8-4和图8-6可以看出，该工程经济净现值大于零的概率为99.4%，经济净现值小于零的概率仅为0.6%，可见该工程抗风险的能力是很强的。由图8-6还可以看出：经济

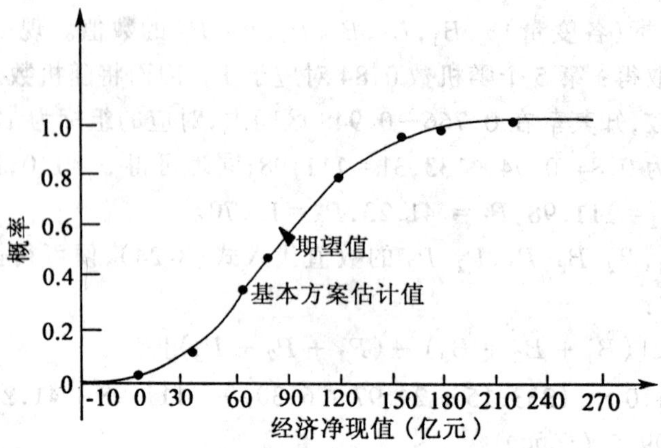

图 8-6　某水利枢纽工程经济净现值概率曲线

净现值的期望值为 89.556 亿元，它大于基本方案中的经济净现值(78.21 亿元)，两者相差 14.5%，这意味着该工程在基本分析中对工程费用和工程效益的估算都偏于安全。

④两个值得注意的问题

相关概率问题　在上例中，对经济净现值的风险分析是在假定各影响因素(变量)是随机的、独立的、互不相关的基础上进行的，因此，没有考虑各因素(变量)的概率相关问题。但在实际问题中，又往往存在着各变量之间的概率相关问题。例如在水利工程中，若地质情况出现了不利的变化，则工程量就会增大，工程量增加得过多，无疑将会引起投资增多和工期延长。此时投资和工期这两个变量就存在着一定的相关关系。若在这种情况下对工程进行风险分析，仍将它们作为相互独立、互不相关的变量来考虑，就有可能引起最终的分析结果失真。因此，在对工程项目进行风险分析之前，应对工程项目中各风险因素(变量)进行相关分析，找出它们各自之间的相关关系。对于具有强相关的风险因素，应将它们进行“叠加”，生成一个新的独立的风险因素；对于具有弱相关的风险因素，原则上应按数学上的有关方法进行处理，但考虑到采用数学处理的复杂性，因此为了简化计算，有时也可将它们作为相互独立的风险因素来对待。

计算精度问题　用蒙特卡罗方法求解实际问题的精度估计，一般可用式(8-22)来进行估算。但实际情形中，由于求解问题模型的复杂性，直接用式(8-22)进行误差计算的收敛速度较慢，改进收敛速度不仅复杂，而且还具有一定的技巧，所以计算工作量较大。为了减少计算工作量，节约机时，因此，在估算求解实际问题的精度时，可考虑用误差理论来进行估算，即通过计算模拟次数之间的相对误差来进行估算。例如模拟 500 次和 600 次的结果分别为 A 和 B 则其相对误差 $\varepsilon = |B - A| \div B$，若相对误差 ε 满足所要求的精度，那么就可以停止模拟，否则，就需增加模拟次数，直至满意为止。一般地讲，只要模拟计算次数达到 500～800 次，便可获得令人满意的结果。

7. 最大熵方法

基于最大熵原理的最大熵风险估计方法与蒙特卡罗方法一样，能够求解具有多个风险因数的风险变量概率估计问题。应用这种方法，需要建立基于最大熵原理的风险估计模型，计算工作量较大，因此，一般只应用于大型水利工程的经济风险分析中。这种方法的一个突出特点是，由此法所得的估计是最少带有人为偏见的估计，并能给出风险指标的概率密度函数形式，从而可得到有关风险的所有信息。由于这一方法比较复杂，有兴趣的读者可以阅读其他参考文献。

以上介绍了几种常用的风险估计方法，各种方法都有其自身的优缺点，实际应用中可根据工程本身的具体情况，来采用较合适的风险估计方法。

四、水利工程经济风险分析的主要评价指标

风险是非期望事件发生的概率及其后果的函数，故其评价指标包括对风险大小和后果的衡量指标。经济评价指标一般指经济(财务)净现值、效益费用比、投资回收期等，下面以经济净现值为例进行说明。

经济净现值是反映项目对国民经济净贡献的绝对指标，它是指用社会折现率将项目计算期内各年的净效益流量折算到建设期初的现值之和。其表达式为：

$$ENPV = \sum_{t=1}^{n}(B - C)_t(1 + i_s)^{-t} \tag{8-25}$$

式中：B 为效益流入量；C 为费用流入量；$(B-C)_t$ 为第 t 年的净效益流入量；n 为计算期；i_s 为社会折现率。

风险分析和评价中常用到风险变量的均值和方差。期望值 u 反映了风险变量的平均水平，方差($\mathrm{Var}(X)=E(x-u)^2$)反映了风险变量相对于期望值的变化程度，变化程度越大则变量的风险性也就越大。下面给出衡量风险的几种常用指标：

1. 风险度

仅仅有期望值和方差有时还不能评价出方案的优劣，故此引入风险度的概念。风险度(也称变异系数)定义为标准差与平均值的比值，即：$\beta=\dfrac{\sigma_x}{u_x}$，式中：$u_x$ 为均值(期望值)；σ_x 为标准差。风险度越大则风险性也越大。

2. 投资失败率和成功率

投资的经济指标小于某一临界值的概率即为投资失败率。它客观地反映了工程项目风险的大小，对于净现值来说即是小于零的概率。用公式表示为：$P^*=P(ENPV<0)$ 投资成功率是相对于失败率而言的，它为净现值大于零的概率，即：$S^*=1-P^*=P(ENPV>0)$。

3. 风险最大损失值

这个指标表示某个风险投资方案的可能损失值。可定义为：$F^*=I\times P^*$(I 为投资额)。对于几个不同的方案，可根据 F^* 的大小来判断优劣，F^* 越小，方案越优。

4. 风险最大盈利值 R^*

这个指标代表某一投资方案的可能盈利值，可定义为：$R^*=ENPV\times S^*$，对于几个不同的方案，R^* 越大，方案越优。

5. 风险投资损益比

这个指标反映单位风险损失值可能带来的收益，是项目决策的依据之一。可定义为：$G^*=R^*/F^*$，G^* 越大，方案越优。

第四节　水利工程经济评价风险分析实例

一、简单风险因素情形下的经济风险分析实例

1.分析技术法

分析技术法的计算原理比较简单:设风险变量的不确定性可用离散概率分布来描述,各风险变量(因素)相互独立,评价指标用收益率(也可用其他指标)来表示,则项目的风险就可用各风险变量取值的各种组合来进行计算。在这种条件下,各个风险变量的联合概率就是评价指标收益率的概率,各个风险变量可能取值个数的乘积也就是评价指标可能取值的个数。例如,某项目有三个风险变量(V_1, V_2, V_3),它们分别有4,5,3三种取值,则可能的收益率就有 $4\times5\times3=60$(种)。每种收益率发生的概率可通过插值法求得,60种收益率的概率之和为1。

评价指标的期望值=每种计算指标值×相应的概率

下面以一个简化的例子来说明分析技术法的应用。

【例8-2】　一座具有综合利用效益的大型水利工程,工程枢纽部分概算总投资为111.085亿元。经初步分析该部分投资的不确定性,主要受设计、设备制造技术水平和材料、劳动力价格两风险因素的影响,由于这两个风险因素对投资影响的客观概率难以估计,因而根据以往的经验和可利用的信息分析出了它们与投资费用的概率分布关系,详见表8-5。现要求据此利用分析技术法推算工程投资不突破概算的概率。

表8-5　对工程建设投资费用构成影响的风险因子及其概率

风险因素 项目	设计设备制造水平的不确定性				材料、劳动力价格的不确定性			
导致建设费用增减值(亿元)	-4.334	-0.867	0	0.867	0	2.221	5.554	7.775
对应的编码代号	a_1	b_1	c_1	d_1	a_2	b_2	c_2	d_2
可能发生的概率	0.01	0.49	0.49	0.01	0.35	0.35	0.25	0.05

解:由表8-5可知:影响该工程枢纽建设投资的风险因子有两个,每个有4种取值,按分析技术法原理,则有 $4\times4=16$ 种可能的投资费用值,见表8-6。根据表8-6,可得出各种可能投资增减值的概率如表8-7。

由表8-7,通过线性插值法,可知该工程枢纽建设投资不突破概算(对应于投资增减值为零)的概率为35%。

应当指出:分析技术法不仅适用于风险变量为离散型概率分布时的风险估计,而且对风险变量为连续型概率分布时的风险估计也同样适用。但是,在后一种情形下,它只能用于一些基本的概率分布(如正态分布)。否则,这种分析将相当复杂,下面通过一个简单的例子来说明分析的过程。

表 8-6　影响工程费用各种可能发生的事件

序号	16种可能组合	可能增加的费用(亿元)	单个概率
1	a_1　a_2	−4.334	0.0035
2	a_1　b_2	−2.113	0.0035
3	a_1　c_2	1.220	0.0025
4	a_1　d_2	3.441	0.0005
5	b_1　a_2	−0.867	0.1715
6	b_1　b_2	1.354	0.1715
7	b_1　c_2	4.687	0.1225
8	b_1　d_2	6.908	0.0245
9	c_1　a_2	0	0.1715
10	c_1　b_2	2.221	0.1715
11	c_1　c_2	5.554	0.1225
12	c_1　d_2	7.775	0.0245
13	d_1　a_2	0.867	0.0035
14	d_1　b_2	3.088	0.0035
15	d_1　c_2	6.241	0.0025
16	d_1　d_2	8.642	0.0005
			$\sum$1.0000

表 8-7　投资各种可能增减值的概率　　　　投资单位:亿元

序号	费用增减值		单个概率	分组的概率(累积)	累积概率	区间费用均值
	区间	数值				
1	<−4	−4.334	0.0035	0.0035	0.0035	−4.334
2	−4~−2	−2.113	0.0035	0.0035	0.007	−2.113
3	−2~<0	−0.876	0.1715	0.1715	0.1785	−0.867
4	0~2	0	0.1715	0.349	0.35	0.863
5		0.876	0.0035			
6		1.22	0.0025		0.5275	
7		1.354	0.1715			
8	2~4	2.221	0.1715	0.1755	0.703	2.917
9		3.088	0.0035			
10		3.441	0.0005			
11	4~6	4.687	0.1225	0.245	0.948	5.12
12		5.554	0.1225			
13	6~8	6.241	0.0025	0.0515	0.9995	6.98
14		6.908	0.0245			
15		7.775	0.0245			
16	>8	8.642	0.0005	0.0005	1.000	8.64

【例 8-3】　某电站的发电成本可分解为基本生产过程成本、其他生产成本与管理费用三个部分,各部分生产成本的期望值为:基本生产过程成本 0.1 元/kW·h,其他生产过程成本 0.02 元/kW·h,管理费 0.03 元/kW·h,总生产成本 0.15 元/kW·h。现在要计算总生产成本的置信区间,若置信度 $\alpha=5\%$,即估算者认为基本生产过程成本在0.080 0~0.120 0元/kW·h内概率为 90%,低于 0.0800 元/kW·h 和高于 0.1200 元/kW·h 的概率均分别为 5%;其他生产过

程与管理费的置信度分别为0.0200±0.0020,和0.0300±0.0090,若各项费用的估计值服从正态分布,且相互独立,现欲求总生产费用的置信区间。显然,不能认为生产费用的下限为0.080 0+0.018 0+0.021 0=0.119 0(元/kW·h),上限为0.120 0+0.022 0+0.039 0=0.181 0(元/kW·h)。为了估计置信度 $\alpha=5\%$ 的生产费用置信区间,首先必须计算基本生产过程、间接费的费用指标差。由于 $\alpha=5\%$,故 $P=95\%$ 的上限值为 1.64α。

基本生产过程 $1.64\sigma_{基}=0.020\ 0$　　$\sigma_{基}=0.012\ 2$

其他生产过程 $1.64\sigma_{基}=0.020\ 0$　　$\sigma_{基}=0.012\ 0$

间接费 $1.64\sigma_{基}=0.009\ 0$　　$\sigma_{基}=0.005\ 0$

根据数理统计的原理

$$\sigma_T^2=\sigma_{基}^2+\sigma_{其}^2+\sigma_{间}^2=(0.012\ 20)^2+(0.001\ 2)^2+(0.005\ 5)^2=0.018\ 1$$

$$\sigma_T=0.018\ 1^{1/2}=0.013\ 4$$

由此可知,在置信度为5%时,偏差为:$1.64\times0.013\ 4=0.022\ 0$,生产费用($P=90\%$)在0.150 0-0.022 0至0.150 0+0.022 0之间。即上限值为0.172 0元/kW·h,下限值为0.128 0元/kW·h。

2. 数理统计分析法

该法是依据水利工程经济效益具有随机性的特点直接应用数理统计理论进行分析计算的一种简单风险分析方法,同分析技术法一样,该法也只能适用于比较简单的方案。下面用一个例子来说明该法的具体运用。

【例8-4】 某小水电站建设需投资3 000万元,施工期3年,第一年投资600万元,后两年每年1 200万元。由于电站处于无实测水文资料地区,故只得用多种方法推求预测该电站年发电效益。该电站年发电效益与其相应概率关系见表8-8。经初步测算,该电站的年运行费为150万元,问该电站发电效益及其净现值的期望值为多少?工程净效益现值为零的概率又为多少?

表8-8　某电站年发电效益与概率

年效益(万元)	500	600	800	1 000	1 200
相应概率	0.1	0.2	0.45	0.2	0.005
净现值(万元)	-486	1 873	3 031	4 574	6 118
累积概率	0.1	0.3	0.75	0.95	1.0

解:

(1)求发电效益的期望值 B_E

$$B_E=500\times0.1+650\times0.2+800\times0.45+1\ 000\times0.2+1\ 200\times0.05=800(万元)$$

(2)求净现值的期望值 B_E

依题意,按有关规程规范,取社会折现率为12%,经济计算期23年(其中施工期3年),据计算得不同年效益情形下的净现值(见表8-8)。根据表中结果,求得其期望值为:

$$B_E=-486\times0.1+1\ 873\times0.2+3\ 031\times0.45+4\ 574\times0.2+6\ 118\times0.05=2\ 910.65(万元)$$

(3)求工程净现值为零的概率

用插值法推求,根据表8-8中计算的净现值结果和概率,可知工程净现值为零的概率为

0.104,即 10.4%。换句话说,该工程发生经济亏损的机率为 10.4%,说明该工程在经济上有一定的抗风险能力。

二、多风险因素情形下的经济风险分析实例

在实际工作中,水利工程的风险因子往往有许多个,不仅如此,而且每个风险因子还有多种甚至无限多种(如连续分布)取值,在这种情况下,只能采用以随机模拟为基础的蒙特卡罗法、最大熵法或其他需要建模求解的方法进行风险估计。现以两个实例来说明用蒙特卡罗法估计风险变量的概率特征的步骤。

【例 8-5】 某水库建成后,多年平均减少农田淹没面积 39.3 万亩,减少城镇淹没人口为 2.9 万人,按 1990 年价格计算,工程在社会折现率为 12% 的条件下,计算期内(50 年)的防洪效益现值为 84.71 亿元,现要求结合防洪效益的特点,对该工程的防洪经济效益现值 P_v 的风险程度进行分析。

按前一节所述的蒙特卡罗法随机模拟步骤进行:

(1)效益风险因子的辨识及分级

按前述风险因素的识别方法,经有关专家和工程技术人员评议,对该工程防洪效益具有影响的风险因子有 8 个。按高、中、低三个等级划分:高级别的风险因子有 5 个,中级别的风险因子有 1 个,低级别的风险因子有 2 个,详见表 8-9。为简化计算,计算中只选定高级别的风险因子作为该实例工程防洪效益风险分析中的基本风险因子。

表 8-9 某水库防洪效益风险因子及其风险等级

风险因素	风险等级		
	高	中	低
1.发生特大洪水时间的不确定性	*		
2.洪灾损失经济指标的不确定性	*		
(1)农田淹没损失单位指标的不确定性	*		
(2)城镇淹没损失单位指标的不确定性	*		
(3)防洪效益增长率的不确定性	*		
3.洪水频率模型的不确定性		*	
4.其他的不确定因素	*		
(1)水库泥沙淤积对防洪效益影响的不确定性	*		
(2)上游建库和水土保持对防洪效益影响的不确定性			*
(3)中下游防洪措施影响的不确定性			*

(2)基本风险因子估计

基本风险因子数量化在本例中除了能直接用数理统计理论求出其概率分布的风险变量外(见表 8-10),其余的采用"三角分布"法来推求。按专家们给出"三角分布"的三个估计值(算术均值)(见表 8-11),即可求得各基本风险因子的概率分布。

(3)防洪效益现值风险分析

防洪效益现值风险分析实质上就是分析工程基本风险因子发生变化时可能对工程效益现值的影响程度,也就是将上述 5 个基本风险因子的概率曲线组合成一条能反映工程防洪

效益现值特征的概率曲线。

假设本工程防洪效益现值 P_v 为

$$P_v = f(x) \tag{8-26}$$

表 8-10 特大洪水发生时间的概率分布

发生时间	第 16 年	第 42 年	第 62 年	计算期内不发生特大洪水
概 率	0.15	0.04	0.03	0.78

注：发生时间以工程开工年为第 1 年，特大洪水为工程设计防护的在历史上有记录发生过的洪水。

表 8-11 专家对防洪效益不确定因素发生变化的概率评估

风险因素	最大值	最可能值	最小值	效益计算采有值
农田淹没综合损失(元/亩)	6 480	4 086	2 700	3 900
城镇淹没综合损失(元/人)	21 240	13 968	10 440	12 000
防洪效益增长率(%)	6.286	3.643	1.929	3.0
水库泥沙淤积对防洪效益的影响	1.18	1.025	0.869	1.0

注：表中所列数值为各专家评估值的算术均值。

其中自变量 x 为该工程的基本风险因子：$x(x_1, x_2, x_3, x_4, x_5)$，依据本工程的具体情况，则有：

$$P_v = \sum_{j=1}^{50}\left(\frac{9x_1 + 0.0393x_2 + 0.0029x_3}{x_5}\right)\left(\frac{1 + x_4}{1.12}\right)^j \tag{8-27}$$

显然，在已知 $x_i(i=1,2,\cdots,5)$ 概率分布的条件下，每假定一组 $x_i(I=1,2,\cdots,5)$，利用式(8-27)就可求得一个 P_v 值。利用蒙特卡罗模拟原理，经反复模拟 800 次后，得该工程防洪效益现值变化的概率曲线如图 8-7。

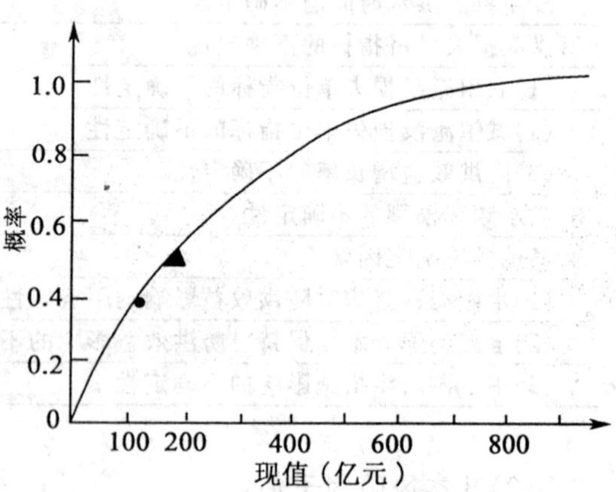

图 8-7 某工程防洪经济效益现值概率曲线

● 为基本方案估计值； ▲ 为期望值

从图 8-7 中可以看出，该工程的防洪效益现值为 172.4 亿元，远大于基本方案中的估计值 84.71 亿元，两者相差高达 104%。由此可见，本工程建成后可获得稳定的防洪效益，工程在这方面的经济风险很小。

【例 8－6】 拟在某地区修建一座水利枢纽工程，经分析计算，该工程在社会折现率为12% 的条件下，计算期内经济净现值为 5.21 亿元(其他与之有关的参数见表 8-12)。要求结合工程特点，对该项目经济效果指标：经济净现值 $ENPV$ 的风险程度进行分析。

表 8-12　某水利枢纽工程有关经济指标表

项　　目	折现值(亿元)
工程建设费用	7.41
工程移民费用	2.70
工程年经营成本	0.85
工程发电效益	11.94
工程防洪效益	3.64
工程航运效益	0.58
经济净现值	5.21

解：

(1)工程风险因子辨识与分级

按前述风险因素识别方法，经有关专家和工程技术人员评议，该水利枢纽工程可能存在的风险因子共有 81 个，按高、中、低三个等级划分。高级别的风险因子有工程建设投资、工程移民费用、工程经营成本、工程发电效益、工程防洪效益、工程航运效益和工期的不确定性等 7 个。为简化计算，本例仅选择上述 7 个高级别的风险因子作为该水利枢纽工程经济风险分析中基本风险因子。

(2)工程基本风险因子估计

工程基本风险因子的估计采用“三角分布”法，按专家们给出“三角分布”的三个估计值(算术均值)，求得该水利枢纽工程基本风险因子概率分布的表格形式如表 8-13。

(3)工程经济净现值风险分析

根据该水利枢纽工程的特点和前述确定的基本风险因子，该水利枢纽工程的经济净现值 $ENPV$ 可用下式表示：

$$ENPV = X_7\left(\sum_{i=1}^{3} X_i - \sum_{i=4}^{6} X_i\right) \tag{8-28}$$

式中：X_1、X_2、X_3 分别为工程发电、防洪、航运效益现值；X_4、X_5、X_6 分别为工程建设投资、移民费用、经营成本现值；X_7 为工期对 $ENPV$ 的影响因子。$X_i(i=1,\cdots,7)$ 均服从于表 8-13 所列的概率分布。在此条件下，显然每假定一组 X_i，利用式(8-28)就可以得一个 $ENPV$ 值。依照蒙特卡罗模拟原理，反复模拟 800 次后，求得该水利枢纽工程经济净现值($ENPV$)的样本分布曲线(概率曲线)如图 8-8。

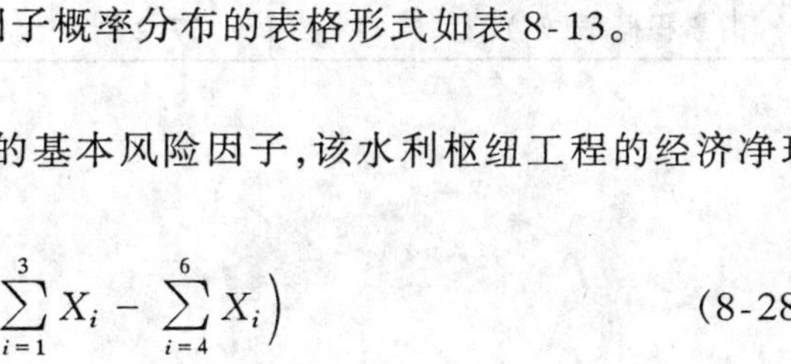

图 8-8　水利工程经济净现值概率曲线

从图 8-8 可以看出：该工程成功的概率(经济净现值大于零的概率)为 97.4%，失败的概率(经济净现值小于零的概率)仅为 2.6%，可见该工程的抗风险能力是很强的。由图 8-8 还可以看出，该工程经济净现值的期望值 6.07 亿元，它大于基本方案中的估算值 5.2 亿元，两者相差 14.9%，这意味着该水利枢纽工程在基本分析中对工程费用和工程效益的估算均偏于安全。

表 8-13 工程基本风险变量概率分布表

X_1	工程发电效益现值(亿元)	10.75	11.94	13.14	16.72	21.50
	概　　率(%)	10	25	20	35	10
	累积概率(%)	10	35	55	90	100
X_2	工程防洪效益现值(亿元)	1.09	3.20	4.05	5.25	11.08
	概　　率(%)	6	40	28.5	19.5	6
	累积概率(%)	6	46	74.5	94	100
X_3	工程航运效益现值(亿元)	0.40	0.44	0.48	0.50	0.58
	概　　率(%)	10	24	29	21	16
	累积概率(%)	10	34	63	84	100
X_4	工程建设投资现值(亿元)	7.12	7.34	7.46	8.15	9.63
	概　　率(%)	0.4	18.4	34	24	23.2
	累积概率(%)	0.4	18.8	52.8	76.8	100
X_5	工程移民费用现值(亿元)	2.70	2.80	2.97	3.24	3.51
	概　　率(%)	30	20	15	13	12
	累积概率(%)	30	50	65	88	100
X_6	工程经营成本现值(亿元)	0.85	0.87	0.89	0.91	
	概　　率(%)	45	45	9	10	
	累积概率(%)	45	90	99	100	
X_7	工期对 *ENPV* 的影响因素	1.000	0.853	0.700	0.562	
	概　　率(%)	37.2	53.6	8.2	1	
	累积概率(%)	37.2	90.8	99	100	

参 考 文 献

[1]郑伯坤.工程经济学.武汉:武汉水利电力大学出版社,1998.4

[2]施熙灿,蒋水心,赵宝璋合编.水利工程经济(第二版).北京:中国水利水电出版社,1997.6

[3]颜学恭,邹进泰.中国水利技术经济.北京:中国水利水电出版社,1999.2

[4]陈卫东,周华明主编.工程经济分析简明教程.上海:同济大学出版社,1997.1

[5]中国技术经济研究会主编.技术经济手册(水利卷).北京:中国科学技术出版社,1990.12

[6]傅家骥,仝允桓主编.工业技术经济学(第三版).北京:清华大学出版社,1996.9

[7]吴添祖主编.技术经济学概论.北京:高等教育出版社,1998.6

[8]赵国杰主编.工程经济与项目评价.天津:天津大学出版社,1999.9

[9]王丽萍,傅湘.洪灾风险及经济分析.武汉:武汉水利电力大学出版社,1999.8

[10]黎安田,丘忠恩,王忠法主编.大型水利水电工程综合经济评价理论与实践.北京:科学出版社,1997.1

[11]刘晨晖.企业投资经济学.武汉:湖北科学技术出版社,1988.8

[12]中国水利经济研究会,水利部规划计划司.水利建设项目社会评价指南.北京:中国水利水电出版社,1999.9

[13]水利部.中华人民共和国行业标准 SL72－94,水利建设项目经济评价规范.北京:水利电力出版社,1994

[14]国家计划委员会.建设项目经济评价方法与参数.北京:中国计划出版社,1987

[15]电力部.水利部水利水电规划设计总院.水电建设项目经济评价实施细则,1992

[16]电力部.水利部水利水电规划设计总院.水电建设项目财务评价暂行规定(试行),1992

[17]许志方.沈佩君.水利工程经济学.北京:水利电力出版社,1987

[18]吴恒安主编.实用水利经济学.北京:水利电力出版社,1988

[19]J.L·李格斯著,吕薇等译.工程经济学.北京:中国财政经济出版社,1989

[20]Grand. Eugene L. W. G Lreson and R. S. Leuvenworth: Principles of Engineering Economy. John Wiley & Sons. Inc. New York,1982

[illegible]

[illegible]